U1009753

| 乡村教育振兴丛论 |

雷万鹏／主编

教师特质与学生非认知能力发展研究

王浩文／著

华中师范大学出版社

新出图证(鄂)字 10 号

图书在版编目(CIP)数据

教师特质与学生非认知能力发展研究/王浩文著.—武汉:华中师范大学出版社,2023.7

(乡村教育振兴丛论/雷万鹏主编)

ISBN 978-7-5769-0136-8

Ⅰ.①教… Ⅱ.①王… Ⅲ.①农村学校—小学教育—教育工作—研究 Ⅳ.①G622.0

中国国家版本馆 CIP 数据核字(2023)第 091782 号

教师特质与学生非认知能力发展研究

© 王浩文 著

责任编辑:王中宝　　**责任校对:**巴　铭

编 辑 室:学术出版中心　　**电话:**027-67863280/7792

出版发行:华中师范大学出版社有限责任公司　　**封面设计:**罗明波

社址:湖北省武汉市洪山区珞喻路 152 号　　**邮编:**430079

电话:027-67863426(发行部)　　**传真:**027-67863291

网址:http://press.ccnu.edu.cn　　**电子邮箱:**press@mail.ccnu.edu.cn

印刷:湖北新华印务有限公司　　**督印:**刘　敏

字数:288 千字

开本:710mm×1000mm　1/16　　**印张:**20

版次:2023 年 7 月第 1 版　　**印次:**2023 年 7 月第 1 次印刷

定价:110.00 元

欢迎上网查询、购书

敬告读者:欢迎举报盗版,请打举报电话 027-67867353

总　序

乡村要振兴，教育必先行。乡村教育是全面推进义务教育优质均衡发展和乡村振兴的重要基石，乡村教育高质量发展也是促进社会流动、推动新型城镇化发展、加快中国式现代化发展的重要力量。改革开放以来，乡村教育在经费投入、办学条件、师资队伍建设等方面有了巨大改变，乡村教育发展取得了显著成就。与此同时，随着城镇化快速发展和人口流动，乡村留守儿童关爱服务体系虚化、乡村小规模学校发展边缘化、城乡教师流动浅层化、乡村儿童家庭教育弱化、乡村家校社协同育人体系碎片化等问题集中显现。补齐乡村教育发展短板、推进城乡教育一体化发展、以人的现代化促进经济社会现代化是新时代的重大战略议题。

乡村振兴背景下农村小规模学校发展现状如何？家庭环境对城乡学生的人力资本投资产生何种影响？如何制定科学的学校布局调整政策以顺应人口流动与城镇化发展需求？城乡一体化发展进程中政府教育支出偏好与行为怎样？乡村教师流动与城乡义务教育优质均衡发展的关系如何？回答上述问题，需要在科学理论的指导下，扎根中国大地进行持续的实证研究。“乡村教育振兴丛论”运用教育学、经济学、社会学和人类学等多学科分析范式对上述问题进行了深入的实证研究。“丛论”聚焦乡村教育发展的难点焦点问题，从乡村儿童发展、教师队伍建设、家庭教育能力提升、区域教育治理等视角探讨了乡村教育发展政策选择与制度创新。研究成果有助于人们深刻反思乡村教育的定位、功能、困境与出路，有助于人们深度理解制约乡村教育发展的体制机制问题，有助于探索乡村教育发展的内生动力与发展动能。

“乡村教育振兴丛论”获2022年国家社会科学基金重大项目和国家出版基金项目资助。“丛论”共有6卷，具体包括：《城镇化进程中的教育变迁》从整体上探讨了城镇化进程中义务教育学校布局、随迁子女教育与发展、留守儿童教育与发展、教师发展政策等；《地方政府教育支出行为研究》利用宏观统计数据和微观调查数据，从财政分权理论和政府行为理论出发，对地方政府教育支出行为进行了实证研究；《农村小规模学校发展政策研究》运用量化与质化相结合的方法，从学校财政、教师发展、学校内外部关系等角度深入探讨了农村小规模学校的生存与发展问题；《教师“县管校聘”政策执行研究——以教育均衡发展为视角》基于S市10个县（市、区）的实证调查，从政策执行环境、执行行为与执行结果三个维度对S市“县管校聘”政策执行进行了较为全面的探讨与研究；《教师特质与学生非认知能力发展研究》从学生非认知能力发展的角度探讨了教师特质问题，实证回答了有效促进学生非认知能力发展的教师应具备的特质以及城乡教师表现出的特质差异；《家庭环境与儿童非认知能力发展研究——以城镇化进程为背景》基于家庭教育调查数据，从学习适应性、意志力和情绪稳定性三方面着手，探讨了家庭环境影响城乡儿童非认知能力发展的过程机制。“丛论”作者除了笔者，其他如张雪艳博士、钱佳博士、黄旭中博士、王浩文博士、向蓉博士，都是我指导的博士生，关心关爱乡村儿童、扎根田野研究乡村教育、坚持实证研究范式是华中师范大学乡村教育研究团队秉持的基本理念和价值观念。

乡村教育是乡村建设和乡村治理的关键，高质量教育发展有助于强化人力资本投资，阻断贫困代际传递，促进乡村人口社会流动。在全面实施乡村振兴战略、迈向共同富裕的新征程中，乡村教育大有可为。伴随着脱贫攻坚战的伟大胜利、义务教育基本均衡发展目标的实现，当前乡村教育的实践样态、政策支持以及社会环境发生了较大转变，一系列新问题正在制约着乡村教育的高质量发展。快速城镇化与大规模人口流动催生了乡土中国向城乡中国的转变，但城市与乡村不是分割的两极，而是涵盖乡村、乡镇、县城、中小城市、大城市、特大城市的多样形态，是梯度发展的空间连续体与内在关联的社会有机体。在乡村振兴时代，乡村教育、县镇教育和城市教育各有其不可替代的功能，唯有推动城乡教育协调发展、包容性发展和共同发展才是中国教育现代化的必然选择。

华中师范大学乡村教育研究团队将在“丛论”的基础上，以研究阐释党的十九届六中全会和党的二十大精神及国家社科基金重大项目“推进义务教育均衡发展和城乡一体化研究”为牵引，围绕乡村教育振兴面临的重大战略问题展开持续研究。乡村教育发展应秉持何种价值定位？乡土文化如何融入乡村教育？如何构建需求导向的义务教育财政保障机制，确保农村小规模学校经费配置充足、高效率和公平？如何规避乡村教育信息化发展中的“技术决定论”问题，充分发挥信息技术服务乡村教育的作用？如何加强乡村教师队伍建设，让优秀教师“下得去”“留得住”“教得好”？如何保障留守儿童、随迁子女等弱势群体享有公平而有质量的教育？如何发挥职业教育在服务乡村振兴、共同富裕战略中的作用？如何为乡村处境不利家庭提供更有效的社会支持？如何从城乡“二元对立”走向“互融共生”“美美与共”，实现城乡教育一体化发展？这些问题都是乡村振兴时代乡村教育发展的核心议题，也是本团队持续跟踪研究的重要方向。我们将在乡村教育研究之路上永不懈怠，勤勉努力，再攀高峰！

雷万鹏

2023 年 3 月 20 日

目　录

第一章　问题陈述

第一节　研究背景

进入 21 世纪，我国义务教育实现了从基本普及到全面普及的跨越式发展。作为一项普惠大众的民生工程，义务教育的长足发展有效适应了国民经济与社会发展的需要，同时积极回应了人民日益增长的教育需求。进入新时代，在“保证教育公平，提升教育质量”的战略引领下，国家不断推进教育改革与发展，以加快推进教育现代化、建设教育强国、办好人民满意的教育。在此宏观背景下，如何推进城乡教育一体化发展，实现城乡教育公共服务均等化，保证每一个儿童享受公平而有质量的教育是我国教育发展的时代主题。

一、城镇化进程中的城乡关系演变

新中国成立 70 多年，城镇化是我国经济社会改革与发展的时代背景，城镇化背景下城乡关系的演变为我们把握教育发展脉络提供了线索和启示。自 1949 年新中国成立至今，我国城乡关系伴随着经济社会发展处于持续的动态演变过程之中，大致可分为六个发展阶段[①]：

一是城乡自然发展阶段（1949 年—1952 年）。1949 年—1952 年统计数据表明，我国城镇人口从 5763 万人增加至 7162 万人，城镇化率从

① 邢祖礼，陈杨林，邓朝春．新中国 70 年城乡关系演变及其启示［J］．改革，2019（6）：20-31.

10.64%增加至12.46%[1]。新中国成立之初，国民经济处于恢复与社会主义改造阶段，除少数重要的农副产品和工业产品受到政府管制以外，大多数工农业产品的市场价格具有竞争性优势。在市场力量主导下，生产要素在城乡之间自由流动，国民经济持续恢复使得大量农民流入城市就业，新旧工人同工同酬，城市劳动力薪酬处于竞争性均衡状态。总体而言，该时期城乡关系初具二元经济结构雏形，城镇化自然演进，城乡关系相对平等。

二是城乡二元分割阶段（1953年—1978年）。随着我国第一个五年计划的完成，社会主义工业化初步建立，确立了以优先发展重工业为主要思路的赶超型发展战略，并一直延续到改革开放前。在这一发展战略引领下，我国城乡关系逐步形成了二元分割格局，主要表现在两个方面：一是在农村地区实行农业生产合作化。农业合作化是从农业生产组织制度入手，以计划手段在短期内通过增加劳动力投入实现农业大发展，进而增加更多的农业生产剩余来推动工业化发展。二是我国开始建立城乡二元分割的户籍制度[2]。这些制度使得农民逐渐丧失农业生产的自主性和积极性，以户籍制度为代表的制度壁垒，限制了劳动力在城乡之间的自由流动，以城镇为导向的资源分配使得城乡二元结构不断被强化。

三是城乡关系缓和阶段（1979年—1985年）。党的十一届三中全会以后，国家建设重心重新转移到经济建设上来，经济体制正酝酿着从传统计划经济向中国特色社会主义市场经济转型，城乡矛盾随之趋向缓和。其一，随着家庭联产承包责任制的全面实施，农民重新获得农业生产与经营的自主权，生产积极性大幅提升，农民经济收入和生活水平显著提升。其二，工农产品价格的剪刀差得到有效遏制，农副产品由市场需求定价，农民可自由出售农副产品，集体商业和个体商业经营大力发展。其三，乡镇企业兴起。伴随农业市场化改革的是大量农村劳动力剩余，由于户籍制度的限制，农村剩余劳动力无法向城市转移，转而向小城镇聚集，直接推动了乡镇企业的兴起，有数据表明1985年我国乡镇企业总

---

① 本书中所引用的城镇化相关数据来源于《中国统计年鉴》，在此统一说明。

② 林毅夫，蔡昉，李周.论中国经济改革的渐进式道路[J].经济研究，1993(3)：3-11.

产值在农业社会总产值中的比重高达 44%，就业人口占农村总劳动力的 20% 以上。

四是城乡关系失衡阶段（1986 年—2005 年）。这一时期是我国社会结构和经济结构的重大转型期，也是我国流动人口开始进入快速增长的时期[①]：其一，市场经济体制改革不断深化。1992 年中国特色社会主义市场经济体制确立和 1994 年分税制改革，形成了发展型地方政府，各地方政府开启了以 GDP 增长为核心目标的锦标赛，地方政府在公共服务投入方面表现出城市偏好和明显的土地财政特征[②]。其二，农民工群体开始大量涌现，大量农村剩余劳动力涌入城市，参与城市建设与经济发展，但在户籍制度的限制下无法享受同等社会公共服务。其三，这一时期城乡关系具有明显的地区差异，东部地区外向型经济与乡镇企业发展，使得东部地区城乡差异逐渐缩小。与之相反，在经济欠发达的中西部地区，城乡差距日益增大。该阶段城市改革的兴起和农村改革的暂时停滞，使得城乡关系重新进入失衡状态，有数据表明，全国城乡居民收入差距从 1985 年的 1. 86 倍扩大到 2005 年的 3. 22 倍。

五是城乡一体化阶段（2006 年—2011 年）。随着“三农”问题的日益凸显，“工业反哺农业，城市反哺农村”逐步被提升至国家战略层面，开始酝酿新的改革与发展战略。2008 年，党的十七届三中全会提出推进城乡经济社会一体化发展的战略目标，其根本要求是实现工业化、城镇化和农业现代化的同步发展。具体而言，一是实施“以工促农，以城带乡”的发展政策，重新调整国民经济收入分配，采取一系列“多予、少取、放活”的反哺政策，重点支持“三农”发展。二是推进社会主义新农村建设。城乡一体化发展关键在于增强农村的自我发展能力，因而从 2006 年开始，我国开始实施社会主义新农村建设，从经济、政治、社会、文化等方面着手，大力促进农村经济社会发展，提高农民收入，缩小城乡差距。在此阶段，城乡关系从冲突开始走向合作，城市和农村两大经济社会系统的边界日趋模糊，在共生发展中逐步走向一体化。

---

① 段成荣，谢东虹，吕利丹. 中国人口的迁移转变[J]. 人口研究，2019(2)：12-20.

② 周飞舟. 锦标赛体制[J]. 社会学研究，2009(3)：55-77.

六是城乡融合阶段（2012 年至今）。2012 年以后，为进一步加快城乡一体化发展步伐，我国相继推行了一系列重大举措，转变经济发展方式，力图实现城乡融合发展。其一，稳步推进户籍制度改革。长久以来，户籍制度是限制农村剩余劳动力转移的制度障碍，中央政府从 2012 年起陆续出台了相关政策，大力推进户籍制度改革，有序推进农业人口转移，并着力解决农业人口在城镇地区的基本公共服务。其二，实施精准扶战略，通过增加财政投入和广泛的社会参与，加速帮扶农村贫困居民脱贫，促进农村经济发展。其三，推行新型城镇化战略和乡村振兴战略，这两个战略是重塑城乡关系，实现城乡融合发展和巩固和加强农村的发展模式，振兴农村发展，深化农业改革，推动农民致富。

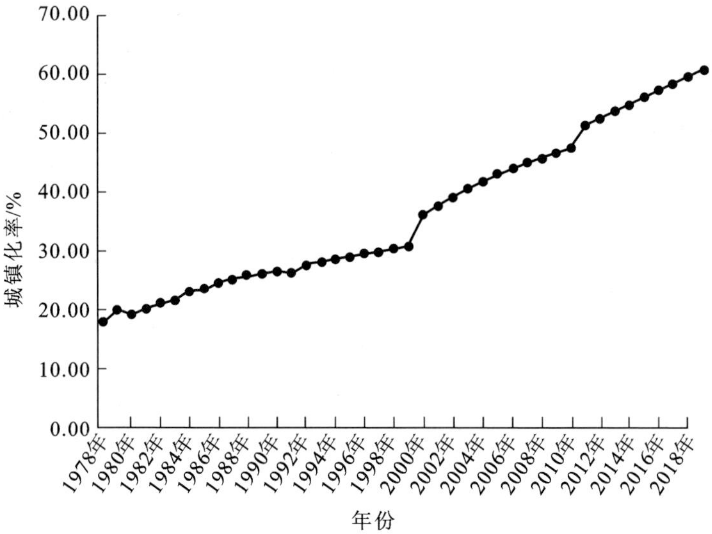

图 1-1 我国城镇化率（1978 年—2018 年）

在城乡关系 70 多年的演变中，城乡义务教育发展落差是社会主要矛盾在教育领域的直观体现，教育公平是社会公平在教育领域的延伸①。从义务教育发展历程看，城乡义务教育发展的落差首先表现为入学机会的不平等。新中国成立到改革开放前，普及初等教育，提升国民受教育水平是我国教育事业发展的核心内容，其间虽历经波折，但小学和初中

① 杨东平.对我国教育公平问题的认识和思考[J].教育发展研究,2000(8):5-8.

入学率大幅度提升，国民受教育水平显著提升，文盲率显著降低。1949年—1977年统计数据表明，我国小学生数量由2439万人增加至14617万人，小学学校数量从34万所增加至98.2万所，初中生数量从83万人增加至4979万人，初中学校数量从2448所增加至13万所，这为九年义务教育普及奠定了坚实基础。1986年，我国确立了实施九年义务教育的战略方针，1992年中共十四大提出："到20世纪末，基本普及九年义务教育、基本扫除青壮年文盲的攻坚目标"（简称"两基"）。至2000年，我国青壮年文盲率从1949年的80.8%降至9.1%，九年义务教育普及覆盖率达85.0%，小学适龄儿童入学率达99.1%，初中学生毛入学率达88.6%。至2012年，我国义务教育的入学率和普及率进一步提升，统计数据表明，截至2018年我国小学毛入学率已达99.95%，初中毛入学率达到100.9%，我国义务教育入学机会不平等现象逐年下降，城乡义务教育"有学上"的差距已退居次要位置，城乡教育资源配置不均衡问题成为城乡教育发展的主要矛盾①。

新时代，我国社会的主要矛盾已转变为发展不平衡、不充分与人民日益增长的美好生活需要之间的矛盾。从教育资源配置的角度看，无论是教育经费的分配和使用，还是师资的调配，城镇都表现出巨大的虹吸效应，大量优质公共资源与服务向城镇聚集，以生均公用经费和教师质量为核心的城乡教育资源配置不均衡直接导致了城乡和校际教育质量的差异②。以户籍制度为基础的城乡二元制度体系是形成教育差异的制度根源，以城市为主导的教育供给难以满足农村居民差异化教育需求③。由此，我们看到的是城镇学校大班额和农村学校"空心化"并存的现象。与其说这是城镇化背景下城镇对公共资源形成的向心力，不如说是城乡教育质量存在巨大差异的情况下，人民群众为追求优质教育而选择"用脚投票"的无奈之举。

---

① 李春玲.教育不平等的年代变化趋势（1940—2010）：对城乡教育机会不平等的再考察[J].社会学研究，2014(2)：65-89.

② 薛海平，王蓉.我国义务教育公平研究：教育生产函数的视角[J].教育与经济，2009(3)：1-8.

③ 雷万鹏.家庭教育需求的差异化与学校布局调整政策转型[J].华中师范大学学报（人文社会科学版），2012(6)：147-152.

在过去十余年时间里，我国各级政府从财政保障、薄弱学校改造、教师队伍建设等方面着手，大力推进县域内义务教育均衡发展，旨在保证适龄儿童公平的受教育机会，提升教育质量，实现城乡教育一体化发展。从2006年开始实施义务教育经费保障新机制，我们用了不到十年的时间实现了国家财政性教育经费占国内生产总值4%的目标，教育经费不足的问题在一定程度得到有效缓解。随着教育财政投入力度不断加大，农村学校办学条件不断改善，生均教育经费稳步增长，教师学历层次持续提升，城乡学校在办学条件、教师学历、经费投入等资源配置方面的差距在逐步缩小。但有研究表明，我们国城乡教育质量之间仍然存在的一定的落差，教育发展要实现从“有学上”到“上好学”的转变还面临一系列的制约和挑战，这构成了本研究的现实背景①。

二、非认知能力是学生发展的关键能力

谈到学生发展，我们往往关注的是学生的学业成绩，这也是政策决策者、研究者和社会各界广泛关注的议题。尤其是在经济合作与发展组织（Organization for Ecoromic and Development，OECD）发起的国际学生评估项目（programme for international student assessment，PISA）在世界范围内推广以来，对学生学业成绩的关注一时间蔚然成风。总体看，PISA测试对教育发展产生的影响主要表现在两个方面：一是以PISA测试结果为二手数据开展的研究显著增多，相关研究主要围绕学业成绩影响因素、教育政策等议题展开②。二是PISA测试结果成为许多国家和地区基础教育质量评估的重要工具，对基础教育政策的制定和实施都产生了重要影响，例如德国和英国基于PISA测试结果开始的基础教育改革③。诚然，PISA测试在教育质量评语以及教育改革等方面作出了突出

① 宗晓华，杨素红，秦玉友.追求公平而有质量的教育：新时期城乡义务教育质量差距的影响与均衡策略[J].清华大学教育研究，2018(6)：47-57.

② 陈纯槿.中学教师工作满意度影响因素的实证研究：基于PISA2015教师调查数据的分析[J].教师教育研究，2017(2)：84-91.

③ 李志涛.PISA测试推动下的德国教育政策改革：措施、经验、借鉴[J].外国中小学教育，2017(6)：1-8.

的贡献，但也有学者指出，PISA 测试的本质类似于课程“炼金术”，标准化测试成为一种对学校课程知识排序、分类和筛选的工具。正如托马斯·波克维茨所说：“PISA 运行机制的重点在于规定了儿童应该了解哪些知识，他们的认知是如何形成的，并表现出对某些知识的接纳和另一些知识的排斥。”①

事实上，教育作为培养人的社会活动，其终极目的是实现人的发展，正如阿玛蒂亚·森所说：“发展的目的是拓展人的可行能力，以享受他们所珍视而且有理由珍视生活的实质之自由。”② 然而，人的发展究竟需要具备哪些知识和素养，这在充满复杂性和缺乏共识的社会科学领域向来是仁者见仁，智者见智。早在 20 世纪末，国际 21 世纪教育委员会就提出，面对未来的种种挑战，教育在人和社会的可持续发展中发挥着重要作用，并提出教育的四大支柱：学会学习、学会做事、学会合作、学会生存③。这四个方面不仅涉及个体生命的某个阶段或某一方面，而且以终身学习贯穿始终。这意味着我们的学校教育既需要让儿童积累一定的知识，掌握读写、运算等认知能力，同时也需要赋予其分工协作、沟通交流、人际交往、自我管理等非认知能力，最终培养“知识—能力—情操”三维健全的人。

进入 21 世纪，面对联系日趋紧密的全球化经济，更加快速的技术变革，更高强度的工作节奏以及更加广泛的团队协作，我们的年轻一代该做何种准备？换而言之，我们的学生应该具备怎样的关键能力和必备品格以应对未来复杂环境中的社会要求和挑战？对这一问题有关各国或组织给出了不同回答。2005 年，欧盟基于终身学习价值理念提出了学生核心素养的欧洲参考框架，该框架从知识、技能和态度三个维度分别描述了包括语言沟通能力、数学和科学素养、信息化素养、学会学习、社会

---

① 波克维茨，吴明海，梁芳.国际学生评估项目(PISA)对学校课程影响：成绩排名、标准及学校课程炼金术[J].教育学报，2015(2)：73-86.

② 森.以自由看待发展[M].任赜，于真，译.北京：中国人民大学出版社，2013：13.

③ 国际 21 世纪教育委员会.教育：财富蕴含其中[M].联合国教科文组织总部中文科，译.北京：教育科学出版社，2012：75-88.

与公民素养、创新与企业家精神、文化意识和表现在内的核心素养①。2009年，美国21世纪技能联盟（简称P21）提出三大核心素养：一是学习与创新能力，包括批判性思维、问题解决、交流沟通与合作；二是信息技术能力与素养；三是生活与职业技能，包括灵活性与适应性、主动性与自我导向、社会与跨文化素养、效率与责任、领导与负责等②。2016年，北京师范大学发布了《中国学生发展核心素养》基本框架，从文化基础、自主发展和社会参与等三个方面，提出了学生在终身发展以及满足社会发展需要中应具备的品格和关键能力，涉及六大核心要素、十八个基本要点。2018年，经合组织（OECD）基于PISA测试提出“全球胜任力框架”（Global Competence Framework），该框架的核心价值是“让年轻一代为包容和可持续发展的世界做好准备”。基于这一价值，经合组织提出全球胜任力的概念，具体包括知识、认知技能、社会技能与态度、核心价值等四个方面③。

表1-1　学生核心素养框架

时间	国家组织	核心素养框架	主要内容
2005年	欧盟	“终身学习核心素养：欧洲参考框架”	知识、技能、态度
2009年	美国	“21世纪技能联盟框架”	学习与创新能力；信息技术能力；生活与职业技能
2016年	中国	《中国学生发展核心素养》基本框架	文化基础；自主发展；社会参与
2018年	OECD	“全球胜任力框架”	知识、认知技能、社会技能、态度与核心价值

① EUROPEAN COMMISSION. Key competences for lifelong learning: European reference framework [M]. Luxembourg: Office for Official Publications of the European Communities, 2006.

② The Partnership for 21st Century Skills. P21 framework definitions [R/OL]. Washington, D.C., 2009. http://www.p21.org/storage/documents/P21_Framework_Definitions.pdf.

③ OECD. PISA global competence framework [R/OL]. Paris Cedex: Handbooks of PISA 2018. http://www.oecd.org/pisa/Handbook-PISA-2018-Global-Competence.pdf.

上述核心素养框架，不同程度上将知识、能力和态度统一到了素养的概念框架之下①。从教育经济学的视角看，素养内涵下的知识、能力和态度等要素都具有一定的经济价值，我们称之为人力资本。教育的经济价值在于通过知识、技能等人力资本的积累，提升个体劳动生产能力，进而提高个体收入和促进社会经济发展，教育投资的经济价值日益凸显。传统的人力资本模型认为，在完全竞争的劳动力市场中，劳动者的收入水平取决于劳动者的知识和技能，如基本的读写能力、数学运算能力和生产知识、技能等，而劳动者这些能力的获得与其在教育中获得的认知能力紧密相关②。传统的教育经济学研究遵循这一假设，即人力资本投资中获得能力提升默认为认知能力，学术界建立了很好的术语规范及相对成熟的测量工具，并在解释工资收入差异、劳动力市场行为、预测收入等方面的作用也被广泛认可。认知能力的经济价值及其作用机制已在学术界获得广泛而深入的研究，而采用什么样的投资机制可以促进非认知能力的发展，以及非认知能力如何让劳动者获得收益等问题我们尚不得而知③。

当人力资本模型中的能力单一地指向认知能力时，人力资本理论的解释力面临挑战④。有研究表明，在控制教育和工作经验变量后，非认知能力对个体在劳动力市场中的成功有非常显著的正向影响，这些非认知能力包括勤奋自律、沟通能力和人际交往能力等⑤。也有研究发现，劳动力市场中的雇主最为重视的并非劳动者的生产技能或是教育文凭传

① 柳夕浪.从“素质”到“核心素养”：关于“培养什么样的人”的进一步追问[J].教育科学研究，2014(3)：5-11.

② FOSTER A D，ROSENZWEIG M R.Information，learning，and wage rates in rural labor markets[J].Journal of human resource，1993，28：759-790.

③ WEAL B T.The noncognitive determinants of labor market and behavioral outcomes：introduction to the symposium[J].Journal of human resources，2008，4：729-737.

④ 周金燕.人力资本内涵的拓展：非认知能力的经济价值与投资[J].北京大学教育评论，2015(1)：78-95.

⑤ JENCKS C.Who gets ahead? the determinants of economic success in America[M].New York：Basic books，1979.

递的认知能力信号，而是他们在工作中表现出来的某种稳定的、可靠的品质①。Heckman 的实证研究进一步证明了非认知能力的经济价值所在，他的研究发现劳动者很大比例的收入差异可以由认知能力和非认知能力解释，在某些方面非认知能力的作用甚至大于认知能力②。由此可见，在教育经济学的研究中，人力资本的能力内涵已逐步从认知能力拓展至非认知能力，对非认知能力的投资与经济价值研究已逐渐受到经济学家的关注。

无论是认知能力，还是非认知能力，都反映出教育是要培养有能力的人，即培养能够对需求做出灵活、恰当的反应，并善于利用外部环境和把握机会的人③。那么能够影响人的终身发展和生活幸福的能力是什么呢？社会学和心理学的大量研究表明，影响人的发展和生活幸福最持久、最关键的是性格、品性、社会交往、人际交往等非认知因素，经合组织（OECD）称之为社会与情感能力（social and emotional skills）④。2018 年 OECD 开启了国际范围内的"社会情感能力测评"，从严谨性、情绪控制、团队协作、思想开放和人际交往五个维度测量学生的社会与情感能力，此外还加入了一项包括自我效能和成就动机的复合能力。除经合组织（OECD）之外，美国的学术、社会和情感学习联盟（Collaborative for Academic，Social and Emotional Learning，CASEL）提出了社会情感学习的计划，提出社会情感学习（Social and Emotional Learning，SEL）五大能力——自我意识、自我管理、社会意识、人际交往与负责

---

① BOWLES S，GINTIS H.Schooling in capitalist America：educational reform the contradictions of economic life[M].New York：Basic books，1976.

② HECKMAN J J，STIXRUD J，URZUA S.The effects of cognitive and noncognitive abilities on labor market outcomes and social behavior[J].Journal of labor economics，2006，24：411-482.

③ WATERS E，SROUFE L.A social competence as a developmental construct[J].Developmental review，1983，1：79-97.

④ CHERNYSHENKO O，KANKARAŠ M，DRASGOW F.Social and emotional skills for student success and well-being：conceptual framework for the OECD study on social and emotional skills[R].OECD education working papers，No.173，Paris：OECD Publishing，2018.

任的决策，并开发了一系列的理论与活动课程在美国实验、推广[1]。联合国教科文组织、英国、澳大利亚等国家或国际组织也先后提出社会和情感学习相关的计划或项目，这意味着社会情感能力已引起世界的广泛关注，这是因为一方面社会情感能力有助于各国培养具有全球竞争力的人才，另一方面社会情感能力符合人的成长与社会发展的需要[2]。

当教育发展聚焦提升学生的学业成绩和学术能力，忽略人的全面发展这一根本命题时，政策决策者、教育研究者和实践者开始校正方向，重新关注学生发展的非认知方面，这不但关系到学生的学业成就，同时影响到学生未来的事业成就和幸福生活。在中国社会情境下，非认知能力发展对于农村学生更为重要和迫切。伴随经济社会的高速发展，当社会普遍关注因阶层固化导致"寒门难出贵子"的时候，我们更应该思考的问题是教育应该赋予学生什么，使得不同家庭出身的学生可以在未来的人生舞台中公平竞技，乃至让弱势家庭的孩子实现弯道超车？显然，他们可以仰仗的不仅是扎实的知识基础或认知能力，更为重要的是非认知能力的养成——他们需要肯定自我，充满自信，需要严格自律，树立正确目标并为之努力，需要保持好奇心，学会学习，以终身学习实现自我发展等等。如果说认知能力为学生发展奠定了知识基础，那么非认知能力就是决定学生发展高度的关键能力。

三、立德树人对教师质量提出新的要求

长久以来，如何培养一名合格的教师，以及教师需要具备哪些能力是政策决策者、教育研究者乃至整个社会关心和热烈讨论的话题。尽管政策制定者、教育管理者和教育工作者对于如何界定和测量教师能力，以及确定其中各部分的权重尚未达成一致性意见，但教师能力的三个主要成分在激烈的理论与实践争拗中逐渐明确。这三个主要成分包括：

---

① Collaborative for Academic, Social, and Emotional Learning (CASEL). Social and Emotional Learning Competencies [EB/OL]. Chicago, 2017. https://casel.org/wp-content/uploads/2019/12/CASEL-Competencies.pdf.

② 沈伟，王娟.社会情感学习为国家人才培养带来了什么：基于政策流动的视角[J].教育发展研究，2019(20)：9-17.

（1）知识，包括学科知识、教学内容知识、课程与教学法知识、教育原理、教育政策、学生多样性等；（2）技能，包括策划和组织教学、使用教育技术、学生管理、教育评价以及与家长沟通等；（3）品性，包括教师的信念、态度、价值观等①。与此同时，教师需要具备的知识、技能和品性是随着人口结构、经济社会发展、政策变迁、技术进步和知识生产等因素动态变化的，若要把握教师应具备的能力，就需要我们关注教师所处的社会环境，这些要求来源于以下方面：

其一，教育高质量发展对教师提出新要求。当前，提升教育质量已成为世界共识和未来教育发展愿景。2015 年，联合国教科文组织（United Nations Educational Scientific and Cultural Organization，UNESCO）提出“确保全纳、公平的优质教育，促进全民终身学习”的教育愿景 2030②，相较于 2000 年提出的实现普及初等教育的千年发展目标，教育 2030 更为突显教育质量的重要性，这意味着教育质量已被提上国际议程，并在全球范围内达成共识。从我国教育发展情况看，2019 年 6 月，中共中央、国务院在《关于深化教育教学改革全面提高义务教育质量的意见》中提出，培养“四有好老师”，建设高素质专业化的教师队伍是提升教育质量的重要举措。由此表明，在我国义务教育发展重心从“有学上”转向“上好学”的战略转型期，教育质量的提升对教师能力提出了新要求。

其二，基于专业标准的工作绩效评价对教师提出新要求。为培养合格的或者卓越的教师，世界各国或国际组织基于特定的教育价值和发展目标设置了相应的教师专业标准。例如，美国全国专业教学标准委员会（NBPTS）提出的优秀教师专业标准及认证体系③。英国 2016 年提出的

① 科伦奇-史密斯，费曼-尼姆塞尔，麦金太尔.教师教育研究手册：变革世界中的永恒问题[M].3版.范国睿，等译.上海：华东师范大学出版社，2017：142.

② UNESCO.Education 2030 incheon declaration and framework for action：towards inclusive and equitable quality education and lifelong learning for all [R/OL].Word Education Forum，Incheon，Korea R，2015. http://unesdoc.unesco.org/image/002/002456/245656E.pdf.

③ National Board for Professional Teaching Standards.I am a better teacher[EB/OL].Arlington，VA：Author，2010.http://www.nbpts.org/resources/research/browse_studies? ID=25. 2010-10-26.

《教师专业发展标准》，英国的教师专业标准经历了“知识—技能—发展”的价值取向转变[①]。2012 年，我国颁布了基于“师德为先、学生为本、能力为重、终身学习”四大价值理念的《小学教师专业标准》，能力本位的教师教育改革理念被作为主导改革理念确定下来[②]。

其三，学生全面发展对教师提出新要求。前面已经谈到，以 PISA 测试为代表的标准化测试对我们的教育发展产生了深远影响，正如 Linn 所说：“从来没有哪种力量向学生评价和绩效问责那样，对教师能力的界定产生了深远影响。”[③] 就我国而言，2019 年中共中央、国务院《关于深化教育教学改革全面提高义务教育质量的意见》提出，德、智、体、美、劳五育并举，全面发展素质教育的目标，这意味着一名优秀的教师要具备促进学生德智体美劳全面发展的能力。当我们将学生的能力从认知能力拓展到非认知能力时，我们可以看到教师的内在要素与学生发展之间的关系尚显模糊。在政策领域，研究者通常从学历、教师资格证书和工作经验等方面来衡量教师质量，并发现这些要素与学生发展成就之间有显著的相关性[④]。这些研究结果也受到了政策制定者和决策者的青睐，大量教师专业标准和绩效考核标准应运而生，当这些标准嵌入充满复杂性和不确定性的教育情境时，使得我们究竟需要什么样的教师，以及教师应该知道什么（知识）、能做什么（技能）和关心什么（品性）的问题变得愈加复杂。

教师在教育教学中的作用已经突破原有界限，教育科学是在“教育”和“教学”两个概念基础上形成的专业领域，教育是帮助下一代获得必要的知识、能力、态度，发展自己的品格为社会生活做准备，教学则是指个人发展潜力与其能力相匹配的过程[⑤]。教师作为教育教学活动

① 崔秀兰，姜君.英国教师专业标准评价指标及价值取向的变迁[J].黑龙江高教研究，2019(4)：63-69.

② 杨洁.能力本位：当代教师专业标准建设的基石[J].教育研究，2014(10)：79-85.

③ LINN R L.Assessment and accountability[J].Educational researcher，2000，29(2)：4-16.

④ HANUSHEK E，KAIN J，RIVKIN S.Teachers，school，and academic achievement[J].Econometrica，2005，73(2)：417-458.

⑤ KARSLI M D.Introduction to education[M].Ankara：Pegem A，2007.

开展的重要主体，我们通常将教师视为教育机构的工作人员，其主要职责是让学生能够在教育系统确定的范围内获得感知、认知和行为习惯发展①。实际上，教师扮演的角色和作用始终处于变与不变之间，变化的是教师工作不再局限于课程教学、布置作业和考试等方面，他们还承担着组织、管理、咨询、观察和评估等任务。与此同时，无论教师的知识、技能和教育理念如何变化，永恒不变的是教师在影响学生的社会性发展和全面发展方面始终发挥着重要作用，教师需要为学生未来发展奠定坚实基础，并确保这种活动的可持续性②。

总之，学校是除家庭以外实现儿童社会化的重要场所，教师是有效促进儿童个性发展、学业表现和社会行为发展的重要他人。进入知识经济与信息化时代，个体从教育中学到了什么，学得怎么样比学了多久更具经济意义③。有效的学校教育不仅是促进学生的认知能力发展，还需要塑造学生品格。教师只有通过自身的知识积累、技能训练和品格塑造，并与学生建立良好的沟通，才能够有效促进学生个性的自由发展④。事实上，教师能力的培养不只是来源于教师教育，师范生在进入教师教育项目前已通过各种各样的教育习得了一定的知识和技能，其中许多知识和技能是也是通过他们的老师言传身教所获得的⑤。除此之外，教师能力的培养很大程度上是建立在师范生早期形成的个人知识、能力和品格基础之上，这不仅包括他们在学校教育中获得的知识、技能和品性，还包括他们在其他社会环境中发展的知识、技能和品性⑥。

我们不可否认一名优秀教师在促进学生发展中发挥的积极作用，过

---

① GUNDOGDU K,SILMAN F.Teaching as a profession and effective teaching[M]//CAFOGLU Z.Introduction to education:handbook of basic concepts.Ankara:Grafiker,2007:259-292.

② TEMEL A. Teacher from the perspective of a student [J]. Quarterly journal of contemporary education,1988,13(129):21-27.

③ HANUSHEK E, WOESSMANN L. Education and economic growth [M]//Brewer, McEwan. Economics of education.New York:Elsevier,2010:60-67.

④ INELMEN E.Integrating all learning activities around a city study curriculum[J].Cypriot journal of educational sciences,2011,6(1),37-45.

⑤ LORTIE D.Schoolteacher:a sociological study[M].Chicago:University of Chicago Press,1975.

⑥ MCDIARMID G W.The arts and science as preparing for teaching[M]//HOWEY K,ZYMPHER N. Informing faculty development for teacher educators.Norwood,NJ:Ablx,1994:99-138.

去的研究普遍关注教师如何影响学生的认知能力，大量研究结果表明学历、工作经验、教师资格证书等反映教师质量的代理变量与学生的学业成绩紧密相关（参见 Williams et al.，1997；Hanushek & Raymond，2002；薛海平，2008；杜育红，梁文艳，2010）。但是，当教育产出的概念拓展到学生非认知能力时，我们尚不明晰的问题主要有两个：其一，教师对学生的非认知能力发展是否有同样重要的影响？如果有影响，那么能促进学生非认知能力发展的教师表现出哪些特质？其二，公共部门以提高学生学业成绩为价值导向，制定并实施以学历、教师资格证书为核心指标的教师补充政策是否能够有效供给满足学生发展需求的合格教师？我们固然可以采用学历、工作经验、资格证书等容易观测的指标，以化繁为简的方式制定教师补充政策，但我们很可能因为忽略了某些重要的教师特质，使得教师的作用被低估，从而错失一个好的政策工具。

第二节　研究目的

对中国城镇化进程中城乡关系的梳理和分析表明，城乡人口在经济收入、社会地位、公共服务等方面仍然存在较大差距。关注学生的非认知能力发展意味着城乡教育质量差距缩小，同时非认知能力也是提高学生未来收入、改变个人身份地位、实现社会流动的重要媒介。这对农村学生尤为重要，因为相较于城市学生，农村学生在家庭社会经济地位、教育投入、父母教育参与、教养方式等方面处于相对弱势的境地，但城乡学生在未来发展中都将面临同样激烈竞争和挑战。那么我们的学校教育是成为一个筛选器，将学生分入不同劳动力市场，还是作为教育公平的调节器，保证每一个孩子获得公平的教育结果？毋庸置疑，保证教育公平是教育发展的重要价值属性，其中教师质量是决定教育质量的关键要素，也是维护教育公平的重要保障。本研究对影响学生非认知能力发展的教师特质建立在对中国城镇化进程中城乡经济社会发展关注的基础之上，主要讨论两个话题：一是哪些教师特质在影响学生的非认知能力发展，二是这些教师特质是否表现出城乡差异。

从教育生产角度看，学生发展是家庭和学校联合生产的结果，教育生产函数假定可观测教师特征是影响学生学业成就的重要因素，通常采用的可观测指标是教龄（工作经验）和学历水平①，也有研究采用学历、教师资格证书、教师的标准化考试成绩作为测量指标②。而根据Glodhaber等学者的估计，教师对学生学业成就的影响中有97%可归因于不可观测特征③，这些不易测量的变量主要有教育方法、课堂管理能力、教育理念等④。教育经济学的研究有效推动了教育政策制定与实施，政府部门制定的教师补充政策和建立的教师资格认证制度大多从教师的可观测特征入手制定选拔标准。但从政策实践层面看，这些以教师外显特质为核心指标的政策标准，尚不足以完全反映教育发展对教师质量的要求，主要表现在两个方面：一方面城乡教师学历提升和差距缩小并未显著缩小城乡教育质量差距⑤。另一方面，教师资格认证无法有效保障教师质量，出现了部分教师即使持有专业资格证书，但无法胜任教育教学工作的现象⑥。

有鉴于此，本研究试图在可观测的教师显性特质之外，在生产函数模型中加入教师的专业特质和人格特质，以此考察教师对学生非认知能力发展的影响。此外，随着心理学测量工具的日趋成熟，这为本研究的构想实施提供了可能。具体而言，本研究试图从以下方面讨论教师的特质：

（1）学生的非认知能力发展是否存在城乡差异？

（2）在控制其他影响因素的前提下，教师在学生非认知能力发展中

① GOLDHABER D，ANTHONY E.Can teacher quality be effectively assessed? national board certification as a signal of effective teaching[J].Review of economics and statistics，2007，89(1)：134-150.

② GOLDHABER D. Everyone's doing it, but what does teacher testing tell us about teacher effectiveness? [J].The journal of human resources，2007，42(4)：765-794.

③ GOLDHABER D，BREWER D，ANDERSON D.A three-way error components analysis of educational productivity[J].Education ecnomics，1999，7(3)：199-208.

④ ROCKOFF J E.The impact of individual teachers on student achievement：evidence from panel data [J].American economic review，2004，94(2)：247-252.

⑤ 郑磊，翁秋怡，龚欣.学前教育与城乡初中学生的认知能力差距：基于CEPS数据的研究[J].社会学研究，2019，34(3)：122-145.

⑥ 王鹏炜.基于政策文本的义务教育教师队伍质量标准研究[J].中国教育学刊，2019(11)：84-88.

起着何种作用？

（3）在城乡不同的教育发展生态中，影响学生非认知能力发展的教师特质是否有城乡差异？

第三节　研究意义

在中国经济发展与社会变革的脉络下，城乡教育质量仍然存在较大差距，补齐农村教育质量短板，缩小城乡质量差距是办好人民满意教育的必然选择，也是推进教育现代化，建设教育强国的重要途径。城乡教育质量差异带来的直接后果是：为获得更为优质的教育，家庭不得不选择“用脚投票”，家庭教育成本增加，经济负担加重，农村弱势家庭学生因此将面临更为激烈的教育筛选过程和竞争环境。提升教育质量不仅仅是提升学生的学业成绩，更为重要的是关注学生发展的非认知方面。非认知能力不但可以提升学生的学业成绩，而且作为重要的人力资本，关乎学生未来的经济收益、事业成就和生活幸福[①]。

在学生非认知能力发展受到普遍关注的今天，我们迫切需要知道的是如何配置人力、物力和财力资源以促进学生的非认知能力发展。其中，教师作为教育教学活动实施的主体，其在学生非认知能力发展过程中起着至关重要作用，然而我们对于究竟什么样的教师能够有效促进学生非认知能力发展的问题尚不明晰。要想获得这个问题的准确答案，我们必须了解学生非认知能力发展的投入机制，在观察教师显性特质的基础上深度挖掘蕴含在教师身上的内在特质方能得以回答。从这个角度看，本研究有助于人们了解城乡教育质量差距在学生非认知能力发展方面的表现，并反思我们的教师补充政策和教师教育发展。本研究的现实和理论意义表现在如下方面：

① HECKMAN J J, SIXRUD J, URZUA S. The effects of cognitive and noncognitive abilities on labor market outcome and social behavior[J]. The journal of labor economics, 2006, 24(3): 411-482.

一、现实意义

第一，本研究有助于人们从学生非认知能力发展方面了解城乡教育质量差距。在新时代背景下，对学生发展的关注点逐渐从教育公平转向教育质量，这种视角的转换意味着需要更加关注学生发展的深层次要素。但从现实角度看，当前对学生发展的关注主要聚焦于认知方面，例如学生的语文、数学和英语的标准化考试分数。在非认知方面，只有较少的研究关注到了学生的心理健康、学习适应性、人际交往等要素。因此，究竟如何界定学生的非认知能力，在提倡中小学生核心素养的背景下，哪些非认知能力是学生的必备品格和关键能力？这是本研究试图回答的问题。

第二，本研究有助于完善我国农村教师补充政策和推进教师教育改革。农村教师队伍建设长久以来是国家的政策热点，从教师补充的角度看，各级出台了一系列农村教师补充政策，例如公费师范生政策、农村教师“特岗计划”等，这些政策均从学历、教师资格等信号特征入手，制定农村教师的选拔、聘用标准，但这些教师能否安心从教，能否教得好？事实上，当前已有大量研究表明，这些新补充的教师存在“留不住，教不好”和“边补充边流失”的问题。这就促使我们需要进一步反思农村教师补充政策，在学历、教师资格等标准之外，我们还需要进一步看教师的人格特质及其教育信念，了解有利于学生非认知能力发展的教师特质，才能让教师教育有的放矢，为培养合格教师找到突破口。

二、理论意义

第一，本研究有助于人们从教师质量的角度理解学生非认知能力发展的投入机制。毫无疑问，学校是除家庭之外影响学生发展的重要场所，教师是影响学生发展的重要他人。通常而言，我们在讨论学生发展的时候，会将教师作为重要变量放入回归方程，探讨教师对学生学业成绩的影响。采用的代理变量多为可观测变量，例如学历、教龄、教师资格等，对于教师深层次的特质缺乏探讨。相反，教师教育的相关研究中，提出了各种教师素养、教师能力、教师胜任力的框架，对于教师需要具备的知识、技能和价值观进行了讨论。综合来看，我们可发现对教师的研究与学生发展之间呈现出相互分割的状态。如果脱离学生发展，就教师的特质谈特质，则难免陷入孤立、片面看问题的窠臼。因此，本研究尝试从学生非认知能力发展的视角来回看教师特质。

第二，有助于以中国本土的实证证据丰富人力资本理论。人力资本理论是教育经济学发展的基石，在过往的教育经济学研究中，无论是教育成本与效益分析，还是教育投入与产出的研究，都将人的能力默认为认知能力，而较少关注非认知能力。随着心理学的发展，大量非认知能力测量工具被开发，使得非认知能力重新被纳入经济学家的研究视野。同时，当前教育经济学研究中，多认为家庭因素在学生非认知能力发展过程中起到了更为重要的作用，这似乎低估了教师在学生非认知能力发展过程中的作用①。那么，在具有中国特色的复杂社会经济、历史文化情境下，探讨教师特质对学生非认知能力发展的影响是一个有益尝试。

第四节　核心概念

一、非认知能力

非认知能力作为一个多维复合概念，具有广泛内涵和测量维度，选取恰当的非认知能力指标是本研究顺利开展关键所在。在传统人力资本理论中，经济学家通常将能力默认为认知能力。直到20世纪末，随着现代心理科学的发展以及大规模调查数据的可获取性得到改善，非认知能力才逐渐进入经济学家的研究视线。Heckman 指出，心理学家和社会学家对表达关注的侧重点存在差异，他们更倾向于将非认知能力称为个性特质、人格特质或者非智力因素。但经济学研究领域更倾向于将非认知

① O'CONNELL M.Is the impact of SES on educational performance overestimated? evidence from the PISA survey[J].Intelligence,2019,75:41-47.

能力作为一个整体性的概念，不对其中的概念做出严格区分①。从这个角度来看，经济学家认为非认知能力可视为与受教育程度以及听说读写等认知能力相对应的在非认知方面的能力。非认知能力既是一种主观的心理因素，同时也是一种技能因素，可以通过教育和后期干预实现积累②。

本研究主要选取了自尊、学习兴趣和自我管理能力三个维度测量儿童的非认知能力，理由如下：其一，有实证证据支撑的具有经济价值和社会效益的非认知能力指标。已有研究表明，学生自尊、学习兴趣和自我管理能力对其学业成绩有显著影响，并在提高工资收入、取得事业成就、降低青少年犯罪率等方面有积极的经济效益和社会效益。其二，参考小学阶段的教育目的、培养目标和核心素养框架，选取与之对应的非认知能力指标。选取的三项指标符合调查对象的身心发展规律。本研究的调查对象为小学三年级学生，正处于身心发展的关键时期，主要表现在养成良好的生活和学习行为习惯、自我意识发展等方面。其三，在指标选取过程中，对城乡学校的校长、一线教师进行了大量访谈，从他们的视角来看除了学习成绩之外，小学生需要发展的非认知能力包括哪些方面，并进行归纳总结。其四，考虑测量工具的稳健性和可获得性。本研究直接引用或参考相对成熟的心理学量表作为测量工具，这些量表在学术界有较为广泛的应用，其信效度已得到检验和认可。

1. 自尊

人格是个体适应环境的行为模式和思维方式，是个体之间形成差异的主要因素。在人格特征中，自尊是个体对自我价值的认识和自我接纳程度的总体性感觉，自尊是自我意识发展的高级阶段，贯穿于人的一生发展③。以 Erikson 为代表的新精神分析学派认为，人的自我意识形成和发展具有明显的阶段性特征，大致可分为八个发展阶段，个体在每一阶

① HECKMAN J J, KAUTZ T. Hard evidence on soft skills[J]. Labour economics, 2012, 19(4): 451-464.

② HECKMAN J J, CHASE O C. Capabilities and skills[J]. Journal of human development and capabilities, 2012, 17(3): 342-359.

③ 许燕. 人格心理学[M]. 北京: 北京师范大学出版社, 2009(4): 219-237.

段的发展都面临着不同的发展危机，这种发展危机由生理成熟与社会环境之间的冲突矛盾所决定①。本研究的主要调查对象为小学三年级学生，处于8—11岁的童年期，该阶段儿童发展的主要目标是培养勤奋感和成就感，儿童开始追求挑战任务完成时所获得的成就感，在成功体验和他人认同中获得自我价值的认知，形成乐观、进取和勤奋的人格。由此可见，自我价值认知和自我接纳程度是该年龄段儿童非认知能力发展的重要方面。围绕自我价值和自我接纳，国外心理学家 Rosenberg 开发了《自尊量表》②，量表围绕自我价值和自我接纳两个维度共设置10个条目，选项为青少年自评的李克特四级量表，选项从“非常不像我、不像我、有点像我、非常像我”分别赋值1—4分，总得分取值范围10—40分，分数越高表明自尊感越强。

2. 学习兴趣

学龄儿童在学校中进行知识学习和技能培养，以便为未来的职业生涯和人生做好准备，从某种程度上来说其背后都是心理动机的作用，动机决定儿童学习行为及其效果。动机作为一个复杂的心理过程，既是儿童非认知能力的重要方面，也是影响儿童认知能力发展的重要因素。学习作为学生的主要任务，造成学生学习效率和效果差异的因素有两个，一是个体能力，二是学习动机。在心理学领域，虽然有多种多样的动机理论去解释学生的学习动机，但并有一个动机理论能够全方位地解释学生学习动机。就现有的动机理论而言，大致可以分为两类，一是内容理论，该理论认为动机是天生的、具有较强稳定性的个性特征，人的行为由这种个性特征决定；二是过程理论，这些理论认为动机是个体的个性特征和环境特征相互作用的心理过程。培养学生学习动机关键在于激发学生的学习兴趣，学习兴趣或好奇心，有适当差异、复杂性和新奇的信

① 刘丕君.教育心理学：小学版[M].北京：中国经济出版社，2012：18-22.

② ROSENBERG M.Self-concept form middle childhood through adolescence[M]//SULS J，GREENWALD A G.Psychological perspectives on the self.Erlbaum，Hillsdale，New Jersey，1986.

息能够激发学生认知的欲望，激发学习兴趣是有效学习的开端①。有鉴于此，本研究参考华东师范大学心理学系周步成教授编制的《学习动机诊断量表》（MAAT），选取其中的学习兴趣测量部分编制《学习兴趣量表》，量表采用李克特四级量表，通过探索性因子分析合成学习兴趣得分，并转化成取值范围0—10的连续变量。

3. 自我管理能力

不同研究者或研究组织对自我管理能力有不同表述，关注的主要维度也存在差异。有社会学研究表明，依据社会标准来采取行动并对自己的行为进行调节是儿童在社会化过程中的一项重要能力②。与自我管理能力相近的概念有自我控制，也被称为自我调节，主要指个体在没有外界约束监督的情况下，抑制冲动行为、抵制诱惑、忍受挫折、遵守道德标准的能力和行为。或者说，自我管理能力是儿童根据外部环境、道德规范和行为准则，对自我的认知、情绪、行为进行控制和管理，并作出恰当反应的能力③。也有学者将这种能力称为自我管理能力，自我管理是个体驾驭自己心理和行为活动，有效适应外部环境，采取可行的行动方法克服困难、实现良好的人际交往和社会生活。自我管理能力强的儿童在学校更能集中注意力，更好适应环境，能够较好控制自己的冲动行为④。经合组织建构的社会能力体系中包含情绪调节和毅力等五个方面。美国"学术、社会和情感学习合作组织"定义的社会情感学习体系中，将自我管理能力作为一个重要的维度，包括情绪管理、行为管理、坚持、毅力等子维度。国内早期研究将学生的自我管理能力分为外显和内隐两个方面，外显的自我管理能力包括情绪控制、坚持性、行为自制力、独

---

① MALONE T W, LEPPER M R. Making learning fun: a taxonomy of intrinsic motivations for learning [M]//SNOW R E, FARR M J. Aptitude, learning, and instruction. Conative and Affective Process Analyses. Erlbaum, Hillsdale, New Jersey, 1987.

② KOCHANSKA G, COY K C, MURRAY K T. The development of self-regulation in the first four years of life[J]. Child development, 2001, 72(4): 1091-1111.

③ 刘金花. 儿童发展心理学[M]. 上海：华东师范大学出版社，1997：370-372.；王红姣，卢家楣. 中学生自我控制能力问卷的编制及其调查[J]. 心理科学，2004(6)：1477-1482.

④ 杨丽珠，宋芳. 幼儿健全人格培养的意义与模式[J]. 学前教育研究，2009(9)：3-6.

立性，内隐的则主要是自我动机和自觉性①。杨丽珠将儿童自我控制能力分为四个主要维度，包括自制力、自觉性、坚持性、自我延迟满足②。

二、教师特质

特质是指个体异于其他众物的性质，心理学上指个人的任何持久性的特殊行为方式，或心理特征③。所谓教师特质是指教师区别于医生、工程师等其他社会职业和专业技术人员的性质，教师特质有两重属性：

一是教师的专业属性。教师关注的是儿童、学生的精神世界乃至整个生命发展，这就要求教师具备一定的专业属性。教师的专业属性主要表现在个体成长、发展或取得成就的能力，这种能力是一种学习或保存知识的心的力量，或者说教师能力是一个人用一生的时间学习如何做老师的过程，正如美国加州师范学校委员会指出教师专业性在于："一个知识渊博的人可能对其任教的学科知识理解得很透彻，但是他可能并不知道如何有效地教授他人同样的知识内容。"④

二是教师的个体属性。教师既是指具有专业性的职业，也是承担这一专业使命的个体。教师在具有专业属性之前，首先是一个完整的生命体，具有自己独特的个性特征或心理特征，因此最深层次的教师特质是人格特质。教师能力的培养很大程度上建立在个体自身具备的一些素养，以及他们在其他环境中发展的知识、技能和品性之上⑤。

综观以上讨论，本研究认为教师特质是反映教师知识、技能、品性和人格的特征要素，其中知识和技能是教师特质的表层部分，最容易观测也最容易进行干预。品性反映的是指导教师开展教育教学工作的理念和价值观，属于教师特质中较深层次的特质，而教师最为核心的特质是

---

① 谢军.3—9 岁儿童自我控制能力的发展[J].心理发展与教育,1994,10(4):30-32.

② 杨丽珠,宋辉.幼儿自我控制能力发展的研究[J].心理与行为研究,2003(1):53-58.

③ 辞海[EB/OL].http://www.cihai123.com/cidian/1058114.html.

④ MCDIARMID G W.Teacher education: a vital part of the equity issue[J].State education leader, 1993,12(1):11.

⑤ MCDIARMID G W.The arts and science as preparation for teaching[M]//HOWEY K,ZYMPHER N.Informing faculty development for teacher educator.Norwood,NJ:Ablex,1994:99-138.

其人格特质。因此，我们可以将教师特质由浅入深划分为三个层次：一是显性特质，反映教师认知能力，主要包括学历、职称、工作经验、专业背景等代理变量；二是专业特质，反映教师在学生管理、师生关系、教育教学、学生评价方面的态度、价值观和理念，其测量借鉴台湾学者朱苑瑜、叶玉珠2000年编制，大陆学者吕国光修订的教师《教育信念量表》，量表包括教师的学生管理信念、教育教学信念、学生评价信念、师生关系信念等四个维度，共计38条目①。三是人格特质，人格特质是教师作为一个完整的生命体所具备的稳定心理特征和性格因素。人格特质的测量采用经典的《大五人格量表》，量表包含利他性、责任心、开放性、情绪稳定性、外向性等五个维度，共计60条目。

三、城市和农村

城市和农村的概念具有相对性，中国经济社会发展的复杂性决定了城乡概念划分的不确定性。总体来看，城市和农村的划分主要是依据人口密度、产业结构布局、社会公共服务等因素，面向公共政策和国家统计形成了两种划分标准，一是国家行政区划上的市镇设置标准和城乡划分标准，二是国家城镇人口统计意义上的城乡划分。国家统计局依据国家行政区划和市镇建制，将我国地理区域划分为两大类型——城镇和乡村。其中，城镇是指城市和镇，城市包括设立市和不设立市的市区，镇包括县级人民政府所在的建制镇（即通常所说的城关镇）和其他成建制镇的镇区。乡村包括集镇和农村（详见图1-2），集镇是在一定农村区域的经济、文化和生活服务中逐渐形成的非建制镇，通常是乡、民族乡人民政府所在地，除集镇以外的地区统称为农村。

从实际操作层面看，不同研究者根据自身的研究需要对城市和农村的范围进行了不同界定，其主要分歧点在于县镇如何划分。主要的划分方法有两种：一是将县镇纳入城市范围，持这种观点的研究者认为，在我国城镇化背景下县、镇的经济生产与社会发展与城市并无二致，可以将县镇视为低配版的城市。从这个意义上来说，县城、乡镇纳入城市范

① 吕国光.教师信念及其影响因素研究[D].兰州：西北师范大学，2004.

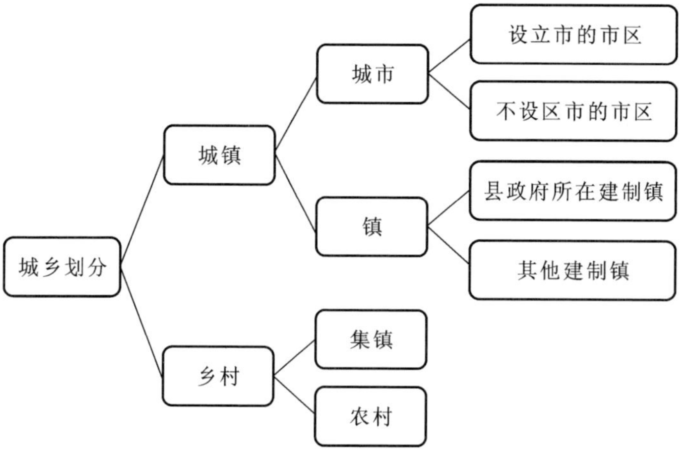

图 1-2　国家统计局城乡划分结构图

畴，除城市、县镇以外的地区称之为农村①。二是将县镇纳入农村范围，持这一观点的学者则从人口密度和户籍制度出发，认为县镇地区以农村户籍人口为主，人口分布较为分散，因而县镇属于农村地区，城市主要包括设立市和不设立市的市区，除此以外的地区都定义为农村，包括县城、建制镇和乡村②。此外，也有研究者认为应根据城乡融合的程度、城市化水平和人口密度，将县镇划分为若干类型，城乡融合发展水平和人口密度较高的县镇应纳入城市，与之相反，城镇化水平较低和人口密度不足的县镇应归入农村③。

综观上述城乡划分标准，本研究将城市定义为设立市的市区和县政府所在的建制镇（城关镇）定义为城市，非县政府所在的建制镇和乡村定义为农村，这样划分的理由有如下几点：其一，本研究的取样范围为湖北省东部和西部地区，分属大别山区和武陵山区两个连片特困地区，经济发展水平相对滞后，城镇化水平较低，经济产业结构以农业为主，农村人口占绝大多数。其二，在义务教育“以县为主”的管理体制下，

① 费舒澜.中国城乡收入差距的度量改进及分解研究[M].杭州:浙江大学出版社,2017:112-116.

② 秦玉友.农村教育体系调整研究[M].长春:东北师范大学出版社,2008:10-11.

③ 王智勇.中国的城乡划分与城镇化评估:基于国际比较的视角[J].人口与经济,2018(2):1-15; 张莉.面向公共政策的城乡划分与城镇人口统计[J].城市发展研究,2018,25(6):1-8.

县城（城关镇）教育发展与乡镇和乡村的教育发展存在一定差异，因此有必要将县城与乡镇进行区分。其三，在经历了义务教育学校布局调整以后，乡镇学校成为接纳农村学生的“蓄水池”，被保留的农村学校失去其独立办学主体地位，以联校托管或集团化办学的方式交由乡镇中心小学负责管理，乡镇学校和乡村学校之间具有紧密的联系。因此，本研究根据城乡划分，将学校分为城市学校和农村学校，城市学校，即市辖区、县城城区范围内的学校，农村学校包括乡镇学校和乡村学校，乡镇学校即乡镇中心小学，乡村学校是指在集镇和农村地区的学校，通常属于在校生不足 300 人的小规模学校。

第二章　文献综述

自20世纪60年代人力资本理论诞生以来，人力资本的研究已逐渐渗透进经济学、教育学、社会学等社会科学研究领域，其相关研究成果为教育资源配置、提高教育资源利用效率，以及公共政策决策提供了有力支撑。研究者通常将个体受教育水平或者工作经验视为人力资本的代理变量开展研究，丰富的实证研究结果表明，认知和非认知能力对个体学业水平、未来工资收入和社会行为具有显著的影响①。综观这些教育经济学研究，大体上遵循两个研究路径，一是探讨人力资本形成过程，即聚焦于教育投入与产出研究；二是探讨人力资本的经济价值，即人力资本与劳动者预期收入和未来收益的关系。本研究遵循第一条研究路径，将学生非认知能力作为教育产出指标，教师特质作为投入变量，以此探讨在控制其他投入要素的前提下，教师特质对学生非认知能力发展的影响，人力资本理论和教育生产函数是本研究分析问题的理论基础和基本方法。本章内容首先回顾了人力资本理论产生、演变与新进展，然后梳理教师能力、教师胜任力等教师质量相关研究，以及学生非认知能力发展及其影响因素研究，从而建立本研究的分析框架。

---

① HECKMAN J J, STIXRUD J, URZUA S. The effects of cognitive and noncognitive abilities on labor market outcomes and social behavior[J]. Journal of labor economics, 2006(24): 441-482.

第一节 人力资本理论

一、传统的人力资本理论

（一）人力资本理论的形成

早在18世纪，经济学之父亚当·斯密就在其经典著作《国富论》中阐明了个人获得有用能力是国家积累财富和经济发展的基础。虽然他没有直接使用人力资本的概念，但其阐述的有用能力为人力资本研究奠定了基础，同时也指出了教育存在的潜在外部性。海里奇·冯·杜能也阐述了类似的观点，他认为人类非有形商品或服务是构成国家财富的重要部分，受过良好教育的民族就拥有更多的资本，其回报表现为获得更多的劳动产品。随后，阿尔弗雷德·马歇尔提出了人力资本投资的长期性，并指出人力资本投资的收益包含两种形式——货币形式与非货币形式。此外，他还点明了家庭在个人能力发展中的重要作用。但受到新古典主义经济学主流思想的影响，人力资本并没有被置于和物质资本同等重要的地位。

进入现代社会，人力资本研究兴起有两个主要原因：一是对经济增长问题的关注。第二次世界大战后，物质资本积累已不足以说明美国经济的增长和繁荣，美国经济的持续增长和繁荣也衍生出劳动力供给与经济增长之间的结构性矛盾。有研究发现，国民生产总值增长速度已经远远超过物质资本投入的增长速度，大量经济增长剩余用传统经济增长理论无法有效解释①。二是随着社会化大生产的迅速发展，人们通过统计工人生产率和收入以及他们的相关信息，研究劳动者受教育水平与工资收入之间的关系，这些大规模数据的获取为人力资本的理论和实证研究提供了可能。

20世纪60年代，明瑟、舒尔茨、贝克尔等三位经济学家的研究为

① DENISON E F.The Sources of economic growth in the United States and the alternatives before us [M].New York:Committee on Economic Development,1962.

人力资本理论创立奠定了理论和实践基础。明瑟开启了教育收益率研究的热潮，其构建的明瑟方程发现劳动者受教育年限与工资增长率之间的倒U型曲线①。舒尔茨于1961年发表的论文“Investment in Human Capital”首次提出了“人力资本”的概念，所谓人力资本是一种人的内在生产能力，指凝结在个体身上的知识、技术、能力等要素总和。这种能力可以通过教育、职业培训、医疗保健、人口迁移等方面投资而获得提升②。贝克尔则进一步将人力资本的概念进行可操作化，建立了系统的人力资本理论框架，教育不仅仅是提供一种公共消费品，同时也是一种投资行为，人们可以通过投资教育、培训、医疗保健、人口迁移等方式积累人力资本，提高劳动者的能力，提升其劳动生产率，获得经济效益③。传统人力资本理论认为个体拥有的知识和技能决定着个体的劳动生产能力，这些能力是劳动者获得工资报酬的依据，而这些知识和技能与人的认知能力紧密相关，例如数学计算能力和读写能力。由此可见，传统人力资本模型将人的生产能力默认为一种认知能力，即便是随后对人力资本理论进行修正的信号理论，也是基于这一前提假设。信号理论认为教育文凭实际上是向雇佣者传递了劳动者认知能力的信号，这种信号有利于劳动者获得更高的薪资报酬④。

人力资本理论为探讨教育与经济的关系提供了全新视角，不再将教育作为一种社会文化现象，而是从经济学投资—收益、社会再生产的角度重新审视教育的经济功能，确立了“发展教育—积累人力资本—提高生产率—实现经济增长”的逻辑关系，有效地对当时的经济增长剩余进行了解释。总体而言，较之于早期的人力资本观点或思想，传统人力资本理论有如下发展：一是确立了“投资教育—劳动能力提高—生产率提

---

① MINCER J.Investment in human capital and personal income distribution[J].Journal of political economy,1968(88):281-302.

② SCHULTZ T W.Investment in human capital[J].American economic review,1961,51(1):1-17.

③ BECKER G S.Human capital:a theoretical and empirical analysis,with special reference to education[M].Chicago:University of Chicago Press,1964.

④ SPENCE A M.Market signaling:informational transfer in hiring and related screening processes[M].Cambridge,MA:Harvard University Press,1974.

升—经济发展”的逻辑关系，二是对劳动者的能力有了较为确切的界定，主要表现为以受教育程度作为劳动者认知能力的代理变量。三是提出了教育同质性的假设，即假定同样受教育年限的个体其所获得的教育质量是相同的，暂不考虑教育的异质性。四是进一步深化人力资本的测量工具。随后经济学家对完善人力资本理论的做出了努力。罗默将人力资本中的知识分为一般性知识和专业知识纳入生产函数，他认为一般性知识是教育生产中的外部效应，而专业知识是内部效应①。同时，卢卡斯在舒尔茨和阿罗的理论基础之上，分别探讨了正规学校教育对经济发展的内部效应和工作经验对人力资本积累的外部效应②。

（二）人力资本理论的争拗

20世纪60年代中叶，除经济增长外，社会分配公平问题逐渐引起学术界广泛关注，教育不仅与经济增长有密切联系，还是改善社会不平等的重要手段③。1966年，科尔曼向美国国会递交了《关于教育机会平等》的报告，引发了教育在社会分配功能方面的讨论，经济增长与社会公平成为20世纪60年代教育经济学研究的两个主要议题④。

20世纪70年代石油危机和新一轮经济危机爆发，世界各国大力投资教育并没有获得预期的经济增长，反而使主要资本主义国家经济陷入滞胀。在教育领域主要表现为教育过度、文凭贬值、普通高中毕业生和大学毕业生失业率上升等问题。学术界开始反思过往的教育经济学理论（主要是人力资本理论）以及实证研究，研究者开始围绕人力资本理论的前提假设、研究方法、实证结果、道德价值等进行修正或批判，一批新理论应运而生，这些理论反思大体遵循两种研究路径：

一是对教育的经济功能进行批判。这些研究者认为教育与劳动生产

---

① ROMER P M.Increasing returns to long-run growth[J].The journal of political economy,1986,94(5):1002-1037.

② LUCAS R E.On the mechanics of economic development[J].Journal of monetary economics,1988,22(1):3-42.

③ 金子元久.教育经济学的20年:从教育社会科学全面的视点[J].刘文君,译.教育与经济,2005(1):1-5.

④ COLEMAN J S,COMPBELL E Q,HOBSON C J,et al.Equality of educational opportunity[R].Washington,D.C.:US Government Printing Office,1966.

率、收入之间没有直接联系，教育与提高劳动生产率之间的存在“黑箱”，比较有代表性的理论包括筛选假说理论①和劳动力市场分割理论②。筛选假说理论源于斯宾塞建立的信号模型，该理论认为在信息不完备和完全竞争的劳动力市场中，理性的雇主们要依赖特定的特征或信号做出自身效用最大化的决策，劳动者接受教育不是直接提升他们的劳动生产率，而是通过教育获取的教育文凭向雇主们发出了可靠信号——有较高学历证书的人通常有较强能力。在信息不对称的情况下，雇主们更愿意聘用接受过较多教育的人，并支付较高的工资薪酬。劳动力市场分割理论则认为劳动者的收入差异来源于劳动力市场结构差异，教育的主要功能是将劳动者分配到不同层次的劳动力市场。换而言之，教育作为一种分配机制，劳动者接受了什么样的教育就决定了他会进入什么层次的劳动力市场。早期的劳动力市场分割理论将劳动力市场分为主要劳动力市场和次要劳动力市场，主要劳动力市场中主要是大企业、大公司，劳动者的工作稳定、收入高、晋升和发展机会多，而次要劳动力市场中多为小企业、小公司，雇佣关系波动、收入相对较低，缺乏晋升渠道和发展机会，雇员的受教育程度直接决定了其进入的劳动力市场层次，并与收入直接关联。劳动力市场分割理论在 20 世纪 80 年代从早期的二元分割论发展为动态的劳动力市场过程③。

二是对教育的社会分配功能进行批判。持这种观点的研究者认为教育的主要功能在于社会化而非提高劳动生产率。具有代表性的理论有社会化理论④和民主资本主义学校教育⑤。鲍尔斯和金帝斯采用西方新马克思主义的观点及方法说明教育的重点在于提高个体的非认知能力，而这

---

① SPENCE A M.Job market signaling[J].Quarterly journal of economics,1973,87:355-374.

② DOERINGER P,PIORE M.Internal labor markets and manpower analysis[M].Lexington,Massachusetts:Heath,1971.

③ REICH M. Segmented labor: time-series hypotheses and evidence [J]. Cambridge journal of economics,1984,8(1):63-81.

④ BOWLES S,GINTIS H.Schooling in capitalist America:educational reform the contradictions of economic life[M].New York:Basic Books,1976.

⑤ CARNOY M,LEVIN H. Schooling and work in the democratic state [M]. Palo Alto California: Stanford University Press,1985.

种非认知能力起着维持资本主义经济制度的作用。资本主义社会化、分工化的生产方式决定了不同工作岗位需要劳动者不同的个性特征，学校教育的价值则在于这种社会化功能——系统地培养符合社会生产需要的劳动者个性特征。从这个意义上来说，大众化教育成为资本主义社会的工具，通过教育的选择和分配功能控制高等教育的入学机会，并最终达到操纵大众的目的。相较于这种较为激进的观点，卡诺伊和列文的观点则缓和得多，他们认为教育除了受到资本主义生产方式的影响外，民主力量也是影响教育发展的重要因素，教育虽然受到了资本主义生产方式的影响，但随着民主政治的发展，教育仍然保持了发展的自主性。

传统人力资本理论的诞生使得许多发达国家将人力资本作为促进经济增长、制定公共政策的理论依据，并增加教育投入，大力发展教育事业。但传统人力资本理论将能力限定于认知能力，这使得人力资本理论的解释力在后续研究中遇到挑战：一是在控制以认知能力为核心的人力资本变量后，仍然有60%以上的收入差异未能被完美解释[①]。二是在控制代际传递的变量后，人力资本变量只能部分解释代际收入的相关性，父母在劳动力市场中的成功给子女收入带来的影响仍有大量残差、剩余[②]。三是如何解释学校教育对个人收入的影响？有研究表明，增加学校的投入不但可以提高学生学业成绩，也可以有效提高那些学业成绩一般的毕业生在劳动力市场中取得成功的概率[③]。于是研究者开始反思传统人力资本理论，以认知能力尤其是以学生标准化测试成绩作为教育产出指标，评估教育投入与资源配置效率是否存在问题？除了认知能力之外是否还有遗漏变量没有被纳入研究范围之内。

---

① ROBINS P K, HOMER J F, FRENCH M T. Beauty and the labor market: accounting for the additional effects of personality and grooming[J]. Laboure, 2011, 25(2): 228-251.

② BOWLES S, NELSON V I. The "inheritance of IQ" and the intergenerational reproduction of economic inequality[J]. The review of economics and statistics, 1974, 56(1): 39-51.

③ BURTLESS G T. Does money matter? the effect of school resources on student achievement and adult success[M]. Massachusetts: Brookings Institution Press, 1996: 4.

二、拓展的人力资本理论

在人力资本理论发展历程中，能力是人力资本理论研究的潜在主线，由于人的能力不易测量，因而早期的人力资本研究将能力视为先天要素，主要围绕知识、技能等认知能力展开，其中教育是人力资本的主要代理变量。当人力资本指向单一认知能力时，人力资本理论的解释力将受到局限，因而有一些学者开始将传统人力资本概念中的能力进行拓展，将非认知能力纳入人力资本内涵，提出“新人力资本”的概念，致力于能力本位的新人力资本研究①。狭义的人力资本概念已对学生认知能力投入要素及认知能力的经济价值做了较为充分的研究，但也在某种程度上扭曲了人力资本形成的过程，随着相关研究的拓展，我们需要重新审视传统人力资本理论②。人力资本内涵的拓展主要表现在如下方面：

一是将非认知能力的经济收益与社会效益纳入研究范围。从 20 世纪中期社会学家的《科尔曼报告》开始，已有大量社会学研究发现决定学生发展的关键因素并不一定是学校教育中获得的认知能力，人的非认知能力可以有效预测个体在劳动力市场中的表现和工资收入。詹克斯的研究表明，在控制影响收入的其他变量后，个体的工作努力度、毅力、人际交往和沟通能力等因素对个体在劳动力市场中的成功有显著影响③。同时也有学者对雇主的聘用要求展开研究，研究结果表明，雇主最为关注的并非劳动者的学历和生产技能，而是他们在工作中表现出来的某些稳定的、可靠的品质④。爱德华的研究指出一个优秀的工人通常有明显

① HANUSHEK E A.Developing a skills-based agenda for“New Human Capital”research[A].American Economic Association,Ten Years and Beyond:Economists Answer NSF'S Call for Long-Term Research Agendas,2010.

② 李晓曼,曾湘泉.新人力资本理论:基于能力的人力资本理论研究动态[J].经济学动态,2012(11):120-126.

③ JENCKS C.Who gets ahead? the determinants of economic success in America[M].New York:Basic Books,1979.

④ BOWLES S,GINTIS H.Schooling in capitalist America:educational reform the contradictions of economic life[M].New York:Basic Books,1976.

的个人特质和较强的组织成就动机①，那些能获得雇主青睐的劳动者通常表现出良好的团队协作能力和责任心②。

随着现代心理学测量技术的发展，心理学对非认知能力的有效测量为我们研究非认知能力的经济价值提供可能，例如心理学家对动机、自尊、自我控制点、自我效能感的测量。赫克曼和罗宾斯坦以美国高中辍学生为研究对象，他们发现那些辍学的高中生在获得同等学力证书后，与普通高中毕业生有相同的认知水平，但是其在劳动力市场中的薪酬水平比普通高中毕业生低近 10%，略高于高中辍学的学生，造成工资差异的主要原因在于个体的非认知能力差异③。随后的一系列研究表明，非认知能力会显著影响个体的工资收入水平、职业发展、就业稳定以及社会行为④。在传统人力资本研究中，学者较少关注个人偏好、人格特质等非认知能力对个人经济和社会行为的影响。事实上，无论是传统人力资本理论，还是信号理论都将个体的能力默认为单向度的认知能力，缺少对非认知能力的关注使得研究者教育收益率的估计存在偏误。赫克曼认为，将非认知能力纳入人力资本范畴可以有效修正信号理论，即教育不是反映劳动者认知能力的单维度信号，而是向雇主传递了反映劳动者综合能力的多维度信号，这种综合能力笼统地来说包含认知和非认知两个方面⑤。

二是个体能力发展从单一时期向多时期拓展。从经济学视角看，传统的人力资本模型通常将儿童的成长视为单一的时期，这意味着在儿童不同发展阶段的教育投入可以相互替代，不同发展时期没有成本差异⑥。

---

① EDWARDS R C.Individual traits and organizational incentives: what makes a "good" worker? [J]. Journal of human resources, 1976, 11(1): 51-68.

② TILLY M C.Skills and race in hiring: quantitative findings from face-to-face interviews[J].Eastern economic Journal, 1995, 21(3): 357-374.

③ HECKMAN J J, RUBINSTEIN Y.The importance of noncognitive skills: lessons from the GED testing program[J].American economic review, 2001, 91(2): 145-149.

④ HECKMAN J J, SIXRUD J, URZUA S.The effects of cognitive and noncognitive abilities on labor market outcomes and social behavior[J].The journal of labor economics, 2006, 24(3): 411-482.

⑤ SPENCE M.Job market signaling[J].Quarterly journal of economics, 1973, 87: 355-374.

⑥ BENABOU R.Tax and education policy in a heterogeneous agent economy[J].Econometrica, 2002, 70(2): 481-517.

从教育学视角看，人的发展包含多个阶段，具有顺序性、阶段性、不平衡性、阶段性、差异性和整体性等特征[①]。有研究表明，0—10 岁是儿童智力发展和语言学习的关键期，如果没有在这个时期获得长足发展，那么后面的生命周期中将难以补偿或需要负担更多的成本[②]。个体的非认知发展具有更长的生命周期，非认知能力在儿童发展的早期和晚期都表现得很重要[③]。从心理学视角看，儿童身心发展具有阶段性和规律性，例如皮亚杰的儿童认知发展阶段论，他认为儿童认知发展的顺序性和阶段特征具有普遍性，这种发展包含感知运动阶段、前运算阶段、具体运算阶段和形式运算阶段等四个阶段[④]。儿童认知发展与其人格发展紧密相关，儿童的五大人格特质从青少年期开始就表现出较高的稳定性，可以用于描述个体差异和预测其行为[⑤]。

传统人力资本理论认为，在完全竞争的劳动力市场中，市场规律保证具有同等生产能力的劳动者能获得同样的报酬。劳动者获得的报酬高低取决于影响个体生产能力的知识和技能，如基本的数学知识、读写知识、生产知识和技能等，而这些知识和技能的获取都单一指向了个体的认知能力[⑥]。基于这样的研究假设，人力资本中的能力被默认为认知能力，在很大程度上限制了人力资本理论的解释力，因而有必要将非认知能力纳入人力资本理论框架。相较于传统人力资本理论，新人力资本理论拓展了能力的内涵，打开了能力形成过程的“黑箱”，构建了基于多维能力的广义人力资本理论框架。

在拓展的人力资本模型中（见图 2-1），人力资本的内涵有两层含

---

① 王道俊，郭文安.教育学[M].北京：人民教育出版社，2012：33-34.

② HECKMAN J J.Policies to foster human capital[J].Research in economics，2000，54(1)：3-56.

③ CUNHA F，HECKMAN J J，SCHENNACH S M.Estimating the technology of cognitive and noncognitive skill formation[J].Econometrica，2010，78(3)：883-931.

④ PIAGET J.Development and learning[M]//LAVATELLI C S，STENDLER F eds.Reading in child behavior and development.New York：Harcourt Price，1972.

⑤ HALVERSON C F，KOHNSTAMM G A，MATIN R P.The five factor model and its roots in childhood[M].New Jersey：Erlbaum，1993.

⑥ FOSTER A D，ROSENZWEIG M R.Information，learning，and wage rates in rural labor markets[J].Journal of human resources，1993，28：759-790.

义：一是除了传统人力资本要素外，能力也是凝结在劳动者身上的重要人力资本要素，这种能力既包括认知能力，也包含非认知能力。二是人力资本积累通过教育、在职培训、医疗保健、人口迁移等投资方式进行①。将非认知能力引入人力资本模型实际上是对传统人力资本理论研究假设的修正，在充分竞争的劳动力市场中，能够获得报酬的人力资本要素不仅仅是生产技能，还包括应对环境变化、技术变革和生产创新的能力，也称为获取非均衡租金（disequilibrium rents）的能力。事实上，舒尔茨早在人力资本理论形成早期就已经阐述了“应对非均衡的能力”，但受制于新古典经济学理论框架和缺乏有效的测量工具而没有引起研究者的关注。新人力资本研究的兴起使得研究者又重新对传统人力资本模型进行了修正，重点阐释了这种能力，强调了耐心、偏好风险、责任心等非认知能力的经济价值②。

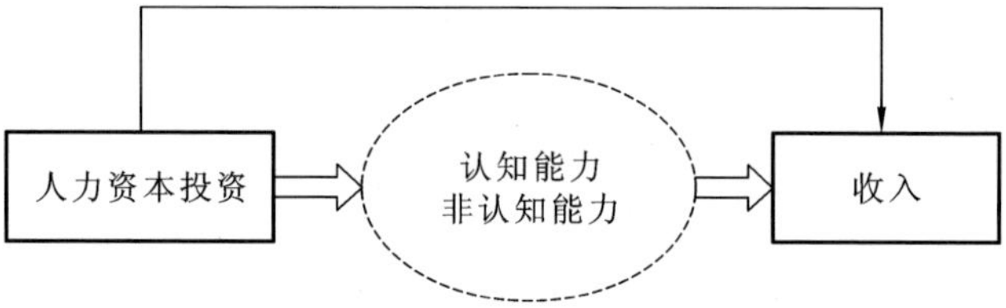

图 2-1　拓展的人力资本理论模型

综上所述，人力资本理论自 20 世纪 60 年代诞生以来就遭受了来自其他社会科学领域的质疑和批判，但人力资本理论也在这种理论和实践的争拗中不断得到修正和发展。从功能主义的视角看，教育系统作为社会子系统，学校教育是经济制度与社会情境在教育领域的映射和复制，我们在改造经济社会要素的同时，也需要走进教育内部去拓展人力资本内涵，在充分肯定传统人力资本积累重要性的同时，强调教育在儿童非认知能力发展中的重要性，通过知识、技能、认知与非认知能力发展来塑造完整的人，进而发挥应有的经济价值与社会效益，这不但符合经济

① 周金燕.人力资本内涵的扩展：非认知能力的经济价值与投资[J].北京大学教育评论，2015(1)：78-95.

② SCHULTZ T W.The value of the ability to deal with disequilibria[J].Journal of economic literature，1975：827-846.

社会发展需求和时代变革需要，同时也契合人的发展规律。然而，虽然我们已经将非认知能力纳入人力资本理论框架中来，但我们对非认知能力的投入机制是怎么发生作用的问题还不太清楚①。进一步研究拓展的人力资本投入机制是教育经济学未来发展方向，也是本研究试图做的一些努力与尝试。

三、教育生产函数

教育生产函数呈现的是教育产出要素与教育投入要素间的函数关系，其根本目的是通过建立计量模型，计算达到既定产出目标的各种投入要素权重，并结合投入要素的成本分析，找到最优资源投入组合。在教育投入资源有限的前提假设下，教育生产函数是全部可能的教育投入要素组合与教育产出之间的数量关系②。从公共政策视角看，在讨论应该给教育分配多少公共资源时，离不开教育生产函数的投入要素分析，这种投入要素包括学生个体特征、家庭投入要素、学校投入要素、社区投入因素以及其他因素。其中，学校投入要素作为公共政策可以积极干预的部分，历来是政策制定者和学校管理者所关心的内容。学校投入要素在教育总投入中所占的权重可以直接为公共政策所利用，成为教育资源分配的有效工具。具体而言，教育生产函数的函数表达式为：

$$A=a\ (S,\ Q,\ C,\ H,\ I), \tag{2.1}$$

其中，A 代表教育产出，例如学生学业成绩、升学率、工资收入、认知和非认知能力等，S 代表受教育年限，Q 表示影响教育产出的学校特征，包括教育经费投入、教师质量等，C 代表学生个体特征，例如智商、能力、性别、年龄等，H 代表学生的家庭特征，例如家庭社会经济地位、家庭文化资本等，I 代表家庭的教育投入，例如购买学习用具的投入，课外补习投入等。公式（2.1）表达的是在其他变量不变的情况下，某一核心解释变量对教育产出的影响。事实上，一个投入要素的改变可能

① WEEL B T.The noncognitive determinants of labor market and behavioral outcomes：introduction to the symposium[J].Journal of human resources，2008，43(4)：729-737.

② HANUSHEK E A.Conceptual and empirical issues in estimating educational production function issues[J].Journal of human resources，1979，14(3)：351-388.

会引起其他变量的改变，例如当代表学校特征的 Q 变量发生变化时，家长则会根据学校情况增加或减少家庭教育投入，由此导致家庭变量 H 和 I 的变化，因此要想了解学校变量的全部影响，就需要知道变量 Q 和其他变量的相应变化如何影响公式（2.1）中的 S 和 I，这些关系可以表示为：

$$S=f\ (Q,\ C,\ H,\ P), \tag{2.2}$$

$$I=g\ (Q,\ C,\ H,\ P), \tag{2.3}$$

在公式（2.2）和公式（2.3）中，P 代表与家庭教育决策相关的价格，如学费、学习用品价格，孩子上学的机会成本等。将公式（2.2）、（2.3）代入公式（2.1），得到教育产出 A 的另一种简约表达式：

$$A=b\ (Q,\ C,\ H,\ P)。 \tag{2.4}$$

简单来说，教育生产函数包含产出要素和投入要素，其中教育产出要素可以分为两类，一类是消费性产出，例如接受教育获得的快乐感和幸福感，孩子上学减轻了父母的家庭监护负担[①]，全社会公民受教育水平提升可以有效降低犯罪率、吸毒率等，同时接受更长年限的教育可以在一定程度上缓解社会就业压力。另一类是投资性产出，包括提高个人或社会劳动生产率的产出，例如教育提高了个体数学运算、阅读和语言表达能力，改善劳动者的身体健康状况等。在当前的教育经济学研究中，大多以认知能力为教育产出指标，几乎没有结合非认知能力的教育投入—产出分析，但无论是认知能力还是非认知能力都能带来消费收益和投资收益[②]。因此，研究者往往尽可能多地列出教育产出指标，并努力寻找有效的测量方法，比较常用的教育产出指标包括如下几类：（1）学业表现，一个学生掌握的知识和学术能力长久以来就是教育绩效评估的基石。学生学业表现通常以标准化测试为主要测量手段，例如近年来经合组织发起的 PISA 测试，以标准化测试的形式测量了学生的阅读、数学和科学等方面的知识掌握程度和学科素养。（2）职业技能，职业发展是

---

① WEISBROD B A.Education and investment in human capital[J].Journal of political economy,1962,70:106-123.

② 科恩,等.教育经济学[M].3 版.范元伟,译.上海:格致出版社,2009:140.

一个显性的教育目标，接受过不同程度教育的个体在劳动力市场中的就业机会和收入直接反映了其职业技能①。(3) 学校产出指标，除上述指标外，也有学者采用成人识字率、净入学率、辍学率、义务教育巩固率或高等教育的升学率作为产出指标②。(4) 非认知能力 (社会情感能力)，对非认知能力的关注起源于心理学人格特质研究，心理学的研究表明个体的人格特质、自我效能感、自律等特质对职业成就有显著的积极影响③。随着心理学测量工具的发展，非认知能力作为教育产出指标逐渐进入研究者的视野④。

从投入要素看，影响教育产出 (通常是学业成绩) 的投入要素包括如下方面：

其一，家庭要素对学生非认知能力的影响。家庭要素包括家庭收入、家庭社会地位、父母受教育水平、家庭文化资本、家庭教养方式等因素，家庭经济收入会影响儿童早期营养和健康，进而影响学生未来发展⑤。不同阶层家庭也会采用不同的家庭教养方式，这对学生认知发展产生了直接影响，从而导致进入同一学校的学生在起点上就存在差异。

其二，学校要素对学生非认知能力发展的影响。学校投入要素可以分为人力投入 (学校管理者、教师、教辅人员、后勤人员)，物力投入 (硬件设施、教育设备、教育技术等)，财力投入 (政府拨款、社会捐赠、企业资助等)。有学者认为学校要素对学生的学业成就有重要的影

---

① 邢春冰，贾淑艳，李实.教育回报率的地区差异及其对劳动力流动的影响[J].经济研究，2013(11)：114-126.

② DAMON A, GLEWWE P. Three proposals to improve education in Latin American and the Caribbean: estimates of the costs and benefits of each strategy [R]. Department of Applied Economics, University of Minnesota, 2007.

③ TETT R P, JACKSON D N, ROTHSTEIN M. Personality measures as predictors of job performance: a meta-analytic review[J]. Personal psychology, 1991, 44(4): 703-742.

④ 李丽，赵文龙，边卫军.家庭背景对非认知能力影响的实证研究[J].教育发展研究，2017(1)：45-52；黄超.家长教养方式的阶层差异及其对子女非认知能力的影响[J].社会，2018(6)：216-240.

⑤ MISHEL L, BERNSTEIN J, SHIERHOLZ H. The state of working America 2008/2009[M]. Ithaca, New York: Comell University Press, 2009.

响作用，且在学校要素中教师质量是有着重要影响的单一要素①。人力投入包括教师的数量与质量、教学辅助人员和后勤人员数量，其中教师质量是较难准确测量的指标，通常对真实投入提供一些代理变量，例如教师学历、工作经验、收入等②。除了这些容易观测的教师变量外，有大量研究表明教师的教学方法、课堂管理能力、教育理念以及人际交往能力等不容易观测的变量也会显著影响学生学业表现③。物力投入包括学校建筑面积、教育设施和装备的数量和质量、图书数量等硬件。财力投入则包括生均公用经费、教育财政支出等④。

其三，班级规模与同伴交往对学生学业成绩的影响。詹克斯、马耶尔的研究阐明了学校同伴、班级同学以及社区环境对学生学业成就的潜在影响机制⑤。同伴交往和班级环境会显著影响学生的表现，班级学生的平均水平会影响学生学业表现和学业成绩，相较于被分配到一般班级的学生，被分配到平均能力较强班级的学生，他的综合表现往往更为出色⑥。班级规模与学生成绩之间存在紧密联系，直接的原因是缩小班级规模会减少课堂教学过程中的干扰事件，从而增加学生有效学习时间，因而在较大规模班级学生往往表现得不如中小规模班级学生⑦。基于教育生产函数的班级规模研究，也进一步推动了世界各国缩小班级规模的教育改革。在教育经济学研究对学生非认知能力发展的投入要素研究尚处于起步阶段，目前已有的研究表明，教师质量和班级规模对学生的非

---

① HANUSHEK E A.Publicly provided education[R].Working Paper 8799,National Bureau of Economic Research,2002;RIVIKIN S G,HANUSHEK E A,KAIN J F.Teachers,schools,and academic achievement[R].Working Paper 6691,National Bureau of Economic Research,1998.

② BOYD D,GROSSMAN P,LANKFORD H,et al.How changes in entry requirements alter the teacher workforce and affect student achievement[J].Education finance and policy,2006,1(2):176-216.

③ ROCKOFF J E.The impact of individual teachers on student achievement:evidence from panel data[J].American economic review,2004,94(2):247-252.

④ 薛海平,王蓉.教育生产函数与义务教育公平[J].教育研究,2010(1):9-17.

⑤ JENCKS C,MAYER S E.The social consequences of growing up in a poor neighborhood[M]//LYNN L E,MCGARRY M G H.Inner-city poverty in the United States.Washington DC:National Academic Press,1990:111-186.

⑥ GRAHAM B.Identifying social interactions through conditional variance restrictions[J].Econometria,2008,76(3):643-660.

⑦ LAZEAR E P.Educational production[J].Quarterly journal of economics,2001,116:777-803.

认知能力有显著的影响作用[①]。

综观教育生产函数研究可发现，不同研究因为采用不同的解释变量、测量方法和分析方法，导致在异质性的教育环境中出现了不一样的教育投入—产出分析结论。当人力资本内涵从认知能力拓展到非认知能力时，需要对教育生产函数的两端进行拓展，一是拓展教育产出指标，即以非认知能力作为教育生产函数的产出指标，修正过去单一考虑学生学业成绩导致的对教育投入要素的估计偏误。二是拓展教育投入指标，考虑将投入要素分为先天禀赋（遗传智力）与后天要素（教育活动），并对两者之间的关系进行深入研究。此外，还应拓展教师特征要素，将不容易观测的教师特质要素纳入教育生产函数。

第二节 教师质量研究

什么样的教师是一名好教师？或者说什么样的教师能够有效促进学生发展？这些简单的问题历来是政策决策者和教育研究者关注的热点议题，通常假设：高质量的教师会促进学生更好地发展，例如提高学生学业成绩。从政策视角看，世界各国通过设立相应的学历、教师专业标准来保证教师质量，但没有明确规定高质量教师的必备特质和关键能力。事实上，高质量教师不仅可以对学生发展产生积极影响，同时可以潜移默化地缩小学生之间的社会经济不平等状况[②]。类似学历、工作经验、教师资格证书这样的可观测特征，还有很大一部分反映教师质量的特质和能力要素被排除在政策体系之外，正如《科尔曼报告》的研究结果显示，可测量的学校资源对学生学业成就影响很小，因而被误解为学校和教师在提高学生学业表现方面是没有作用的。但是，其中的核心问题是

① DEE T S, WEST M R. The non-cognitive returns to class size[J]. Educational evaluation and policy analysis, 2011, 33(1): 23-46; JENNINGS J L, DIPRETE T A. Teacher effects on social and behavioral skills in early elementary school[J]. Sociology of education, 2010, 83(2): 135-159.

② GOLEHABER D. Everyone's doing it, but what does teacher testing tell us about teacher effectiveness? [J]. The journal of human resources, 2007, 42(4): 765-794.

学校和教师提升学生学业成就的能力可能存在系统性差异①。鉴于教师质量的复杂性，下文首先回顾教育生产中的教师质量，然后梳理教师能力、教师胜任力等研究，以此寻找衡量教师质量的特质要素和指标。

一、教育生产中的教师质量

如果将教育视为一个生产过程，探寻教育生产过程中的教师质量是一个有效政策工具。教师作为影响学生发展的重要因素，教师可观测特征对学生发展的影响具有差异性，这些可观测特征能否用于识别高质量教师还是一个有待深入研究的问题。从当前研究进展来看，相关研究主要聚焦于教师的可观测变量，主要包括学历、经验、资格证书等，以下将从这三个方面对现有研究进行梳理。

（一）教师学历

长久以来，教师学历被认为是衡量教师质量的合适指标，各国政府或国际组织对不同教育阶段教师应具备的学历水平做了相应要求。例如，我国教师法规定："取得小学教师资格，应当具备中等师范学校毕业及其以上学历。"学历是衡量教师质量的重要指标，蔡明兰和高政的研究发现，我国基础教育阶段教师学历的达标率存在显著的城乡差异，城市教师的学历达标率比农村教师高近13个百分点。同时，从高一级学历看，城市教师中有研究生学历的约为2.96%，而农村教师仅为0.7%②。将教师学历与学生的学业成绩联系起来看，早期研究表明教师个人的受教育水平对学生学业成绩没有显著影响③。哈努谢克对113项研究的综述表明，有100项研究发现教师的受教育水平与学生学业成绩没有显著相关性，另外13项研究发现有正相关或负相关④。尽管在教师劳动力市场

---

① HANUSHEK E.Publicly provided education[R].Working Paper 8799,National Bureau of Economic Research,2002.

② 蔡明兰,高政.基础教育阶段城乡教师资源差距之审视[J].中国教育学刊,2010(7):5-8.

③ MURNANE R,PHILLIPS B.What do effective teachers of inner-city children have in common?[J].Social science research,1981,10(1):83-100.

④ HANUSHEK E A.Education production functions[M]//卡诺伊,莱文.教育大百科全书:教育经济学.杜育红,等译审.重庆:西南大学出版社,2011:328.

中，学历是教师获取高薪酬的主要影响因素，但对学生成绩的影响作用并不显著[①]。也有研究指出，教师获取最高学历的学科与其任教学科是否一致对学生的学业成绩有显著影响，这在数学和科学两个科目上反映尤为明显。当教师有数学或科学专业的高级学历时，学生的数学和科学成绩更好[②]。实际上影响教师质量的不是学历本身，学历一定程度上可以反映教师质量，但问题的关键不在于教师是否具有较高学历，更重要的是教师是否具备其任教学科的知识和素养[③]。

（二）工作经验

在考察教师工作经验对学生学业成绩的影响时，通常假设教师每一年的工作质量都相同，然后以教龄作为教师工作经验的代理变量纳入生产函数模型，由于研究者采用的方法以及赋予教师经验的权重不同，形成了不同研究结论[④]。较早的研究认为，教师工作经验与学生的学业成绩显著正相关[⑤]。然而，随后的一系列研究表明教师经验与学生学业成绩之间呈现曲线特征。罗克夫发现教师经验对学生成就的影响在教龄达到 10 年后出现拐点，此后工作经验只能产生边际收益[⑥]。克洛特费尔特进一步指出，当教师教龄处于 13—26 年之间时，学生的学业成绩会达到最大值[⑦]。从国内研究来看，薛海平对西部农村初中教师质量的研究验证了教师经验与学生成就之间的非线性关系，其研究发现当教师教龄达

① RIVKIN S G, HANUSHEK E A, KAIN J F. Teachers, schools, and academic achievement[J]. Econometrica, 2005, 73(2): 417-458.

② GOLDHABER D, BREWER D. Does teacher certification matter? high school teacher certification status and student achievement[J]. Educational evaluation and policy analysis, 2000, 22(2): 129-145.

③ BREWER D J, MCEWAN P J. 教育经济学[M]. 刘泽云，等译. 北京：北京师范大学出版社，2017：318-319.

④ EIDE E, GOLDHABER D, BREWER D. The teacher labor market and teacher quality[J]. Oxford review of economic policy, 2004, 20(20): 230-244.

⑤ DEWEY J, HUSTED T A, KENNY L W. The ineffectiveness of school inputs: a product of mis specification[J]. Economics of education review, 2000, 19(1): 27-45.

⑥ ROCKOFF J E. The impact of individual teachers on student achievement: evidence from panel data[J]. American economic review, 2004, 94(2): 247-252.

⑦ CLOTFELTER C T, LADD H F, VIGDOR J. Teacher-student matching and the assessment of teacher effectiveness[J]. Journal of human resources, 2006, 41(4): 778-820.

到24年时，工作经验对学生成就的影响作用开始递减[①]。此外，有研究表明与经验丰富的教师相比，新入职教师对学生成绩的影响作用相对较小，但在工作1—3年后，两者之间的差异会显著缩小，甚至没有差异[②]。总而言之，上述研究表明，教师工作的前几年是教师快速积累工作经验的重要阶段，当工作年限达到一定阈值后，教师经验对学生的影响开始迅速缩小，甚至可以忽略不计。

（三）教师资格证书

在教师劳动力市场中，对资格证书的最低要求是影响教师供给的重要制度因素，教师供给 S 是工资（w）、学生特征（c）、工作条件（y）以及教师任职要求（z），例如教师资格证书的函数关系[③]。教师资格证书作为代理变量，反映的是教师接受职前教育后所具备的专业知识、技能和能力，但也有研究者认为对教师资格证书与职前培训项目的分析是复杂的，不能将教师资质完全等同于教师质量[④]。教师资质是对教师知识、技能和能力的直观反映，例如教师资格考试分数、资格证书等级和学历等，或者说教师质量是对教师提高学生成绩改进程度的考量，例如教师增值评价等。因而，早期的研究并没有将教师资格证书与学科知识和学历区分开来，虽然公共政策在强调教师资格证书的重要性，但没有可靠证据表明教师资格证书本身与学生学业成绩有显著相关关系[⑤]。

从现实角度看，保证教师资格证书的有效性是测量教师质量的前提条件，教师资格证书能否如实反映教师胜任教育教学工作的基本素质和

① 薛海平.西部农村初中教师素质与教育质量关系的实证研究[J].教师教育研究,2008,20(4):55-60.

② BOYD D,GROSSMAN P,LANKFORD H,et al.How changes in entry requirements alter the teacher workforce and affect student achievement[J].Education finance and policy,2006,1(2):176-216.

③ LANKFORD H,LOEB S,WYCKOFF J.Teacher sorting and the plight of urban schools:a descriptive analysis[J].Educational evaluation and policy analysis,2002,24(1):38-62.

④ DARLING-HAMMOND L, YOUNGS P. Defining "highly qualified teachers": what does "scientifically-based research" actually tell us? [J].Educational research,2002,31(9):13-25.

⑤ HANUSHEK E A. The economics of schooling: production and efficiency in public schools[J]. Journal of economic literature,1986,24(3):1141-1177;BOYD D,GOLDHABER D,LANKFORD H,et al.The effect of certification and preparation on teacher quality[J].Future of childeren,2007,17(1):45-68.

能力成为教师资格证书背后的真实意涵①。就西方国家的教师资格认证制度发展经验而言，西方发达国家教师资格认证制度大致经历了“学历本位—知识本位—能力本位”三个阶段，从单纯强调教师学历，发展到教师资格考试，再到重视教师实践能力和专业化发展②。2013 年，我国开始实行的教师资格全国统考和定期注册制度，由此表明我国的教师职业准入制度发展进入新阶段，对提高教育质量具有积极意义。但以教师资格认证作为衡量教师质量的标准，其不足主要体现在两个方面，一方面教师资格认证制度掌控的是教师职业准入的门槛，而教师专业发展是一个长期积累的终身学习过程，仅从入口处把关显然不足以保证教师专业发展；另一方面教师资格考试以纸笔测试为主，考察的是教师专业知识和专业技能，对“立德树人”的标准则难以有效反映③。同时，博伊德发现与获取其他教师资格证书的教师相比，获得了纽约市教学委员会会员资格的教师更有利于提高学生学习成绩，但是随着教师专业成长和工作经验积累，两类教师的差异就不复存在了④。这些研究成果表明，教师资格证书可以在一定程度上反映教师质量，但这与教师的其他特征变量会相互作用，难以有效分离识别。

除教师学历、工作经验、资格证书这三个指标外，也有研究采用教师职称、学科知识、个人能力等指标作为教师质量的特征指标⑤。综观这些研究，随着数据质量的提升和计量方法的改进使得教育生产函数中的教师质量得到了较为深入的研究，研究结果也更具说服力。当前的研究之所以只关注教师的可观测特征，原因在于不可观测特征的信息难以准确收集，或者难以围绕这些特征制定出有效的干预政策。事实上，教

① 李子江，张斌贤.我国教师资格制度建设：问题与对策［J］.教育研究，2008(10)：43-62.

② 李广平.从国际教师资格制度的发展趋势看我国教师资格证书制度的完善［J］.外国教育研究，2004(3)：39-43.

③ 袁丽，朱旭东，王军.比较视野中的教师资格定期注册与考试类型分析［J］.比较教育研究，2014(12)：51-56.

④ BOYD D，GROSSMAN P，LANKFORD H，et al.How changes in entry requirements alter the teacher workforce and affect student achievement［J］.Education finance and policy，2006，1(2)：176-216.

⑤ JACOB B.The challenges of staffing urban schools with effective teachers［J］.Future of children，2007，17(1)：129-153.

师对学生发展的影响有97%左右归因于其不可观测的特征，这说明未来的研究需要更为深入地挖掘这些不可观测教师特征，寻找更为精确的测量方法，才能推进对教师质量的认知和理解①。

二、教师能力研究

在教育发展过程中，各种关注学生学业成绩及其影响因素的研究成果，聚焦教师质量的公共政策报告以及对教师绩效的考核和问责，使得对学术界和社会各界对教师能力的关注与日俱增。从学校教育诞生以来，关于培养或成为一名合格或者优秀教师，以及教师应该具备哪些能力一直是教育研究者和社会广泛关注的议题，对教师能力的定义实际上是对教师需要知道什么、能做什么和关心什么的回答。

从教师能力（teacher capacity）的词源上看，这里教师能力更接近于发展的潜力，即教师持续发展自身知识、技能和品性的潜力。教师的发展潜力在经济社会发展、知识变迁、技术革新等要素的综合作用下，随着社会环境变化而不断拓展和演变。正如格罗斯曼所言："教师基于过去的经验和知识来解构其所处复杂情境中的信息，并根据这些信息做出行为决策，这些行为决策又为他们获得和内化更多的知识信息提供契机。"② 从这个角度来说，西方学者研究的教师能力具有两个内涵，一是教师能够胜任教师工作应具备的能力组合，二是教师推动自身可持续发展的潜力。教师在终身的专业发展活动中，不断挖掘自身发展潜力和提高自身能力，以更为灵活地适应教育实践③。

当我们明确了教师能力标准后，就有可能有针对性地培养高质量教师。在当前社会环境中，高质量教师应具备什么样的能力？尽管政策制定者、教育管理者、学者和教师教育工作者对教师能力的内涵，在多维

---

① GOLDHABER D, BREWER D. Why don't schools and teachers seem to matter? assessing the impact of unobservable on educational productivity[J]. Journal of human resources, 1997, 32: 505-523.

② GROSSMAN P. Teacher's knowledge[M]//ANDERSON L W. International encyclopedia of teaching and teacher education. Kidlington, Oxford: Elsevier Science Ltd, 1995: 20-24.

③ JESSICA S K. Critical reflection teacher capacity: the secondary science-preservice teacher education [D]. Bozeman: Montana Stata University, 2009: 18-28.

度的教师能力中赋予各维度不同权重，以及如何有效测量教师能力和培养教师能力等方面尚未达成一致性意见，但教师能力的三个主要元素在不同理论与实践的争拗中逐渐明晰：知识（knowledge）、技能（skill）和品性（dispositions）[①]。

（一）教师知识

知识属性是教师的第一属性，在知识社会情境下，对高质量教师的要求首先表现在教师应时刻紧跟甚至引领时代的知识需求[②]。教师质量提升和教师专业发展离不开对教师知识的讨论，何为教师知识？卡特尔认为教师知识是教师在处理特定事件的知识整体，构成了教师在教育教学实践中的行动基础[③]。尽管众多研究者都在强调教师知识的重要性，但究竟教师应该具备哪些知识还没有一致性的意见，因为教师的知识范围与边界总是在不同社会情境中被不断拓展和重构。对分散的教师知识理论框架进行整理可发现，教师知识的范围可归纳为 6 个主要领域：有关教学内容的知识，有关学生和学习过程的知识，普通教育学的知识，有关课程的知识，有关教学情境的知识，有关教师自身的知识[④]。除上述教师知识的分类外，还有研究将教师知识分为内容性知识（基础性知识）和实践性知识，具体如下：

其一，侧重教师内容性知识的研究路径。对于教师内容性知识的讨论起源于舒尔曼提出的以学科知识和学科教学法知识为核心的教师知识框架（pedagogical content knowledge，PCK）[⑤]，主要包括学科知识、学科教学法和一般教学法知识、关于学习者的知识、课程知识、教育情境知

① 玛丽莲・科伦奇-史密斯，沙伦・费曼-尼姆塞尔，D 约翰.麦金太尔.教师教育研究手册：变革世界中的永恒问题：第三版[M].范国睿，等译.上海：华东师范大学出版社，2008：142-145.

② 王坤庆，方红.多重身份下的教师知识立场及其境界追求[J].教育研究，2012(8)：108-112.

③ CARTER K.Teacher's knowledge and learning to teach[M]//HOUSTON W R.Handbook of research on teacher education.New York：MacMillan，1990：291-310.

④ 胡森，波斯尔斯韦特.教育大百科全书：教学、教师教育：第 8 卷[M].郭华，綦春霞，审译.重庆：西南大学出版社，2006：199-203.

⑤ SHULMAN L S.Those who understand：knowledge growth in teaching[J].Educational researcher，1986，15(2)：4-14.

识以及教育目的和价值观的知识①。在此基础上，有研究者认为教师知识并非静态的、亘古不变的知识，而是在教师与复杂教育情境互动中不断建构的过程，我们不能忽视教师专业发展中获取知识的主动性，基于这种建构主义观点，科克伦对PCK模型进行了拓展，提出学科教学认知包括学科内容知识、教学法知识、关于学生的知识和关于学习情境的知识，并更为强调PCK形成过程的动态性和建构性，由此提出了PCKg模型②。从实证方面看，教师知识，尤其是学科知识储备对学生学习会产生不同影响，教师对任教学科越为了解，他们便越容易找到促进不同学生学习的方法③。韩继伟、马云鹏基于PCKg模型，对中学数学教师的教学知识状况进行了实证调查，研究发现中学教师的知识水平存在校际差异，学校质量越高，教师的知识水平越高，同时在职教师和职前教师的知识水平存在阶段性差异④。

其二，关注教师实践性知识的研究路径。教师的内容性知识关注学生在学习过程中的个体特征和身心发展规律，而教师的实践性知识则关注学生的社会属性。教师知识的研究重心也开始从考察教师需要什么知识转向已经拥有了什么知识，逐步从教师立场转向学生本位⑤。教师除了需要具备应然的知识以外，还需要具备一定的实践性知识，这种实践性知识包括指导教师实践行为的知识和观察力，及其行为背后的价值信念⑥。陈向明指出教师的实践知识以教师关于自我的知识为核心，同时附带教学环境、关于学科内容、关于教学法和课程等方面的知识⑦。

---

① SHULMAN L S. Knowledge and teaching: foundations of the new reform[J]. Harvard educational review, 1987, 57(1): 1-22.

② COCHRAN K F, DERUITER J A, RICHARD A. Pedagogical content knowing: an integrative model for teacher preparation[J]. Journal of teacher education, 1993, 44(4): 263-272.

③ HILL H, ROWAN B, BALL D. Effects of teacher's mathematical knowledge for teaching on student achievement[J]. American educational research journal, 2005, 42(2): 371-406.

④ 韩继伟，马云鹏.中学数学教师的教师知识状况的调查研究[J].全球教育展望，2016(4)：106-117.

⑤ 崔宇，石艳.教师的社会学知识：公平视域下教师知识的专项及其实践路径[J].教育发展研究，2019(4)：36-43.

⑥ 温鲁普，范德瑞尔，梅尔.教师知识和教学的知识基础[J].北京大学教育评论，2008(1)：21-38.

⑦ 陈向明.实践性知识：教师专业发展的知识基础[J].北京大学教育评论，2003(1)：104-112.

为了让学生适应急剧变革的社会，教师需要具备更为坚实的知识基础来增强自身的判断力，并做出恰当的教育教学决策。除了掌握丰富的学科知识以外，教师还需要掌握学科学习过程的知识，有研究表明掌握清晰学科知识结构的教师能够更有效地将知识传授给学生①。即便如此，教师知识作为一个综合性的知识体系，单纯学习学科知识并不能有效提高教师的效能②。进入 21 世纪，在世界变革和多元文化背景下，更加强调教师教授多元学习者的能力，这就对教师的知识提出了新的挑战和要求。从我国教育发展背景看，学生核心素养的提出对教师传统的知识结构提出了挑战，当前的教师知识结构与学生核心素养之间存在诸多矛盾，构建具有整合性、情境性和道德性特征的教师知识结构是未来发展方向③。

（二）教师技能

教师不但需要掌握一定的知识，同时还需要具备一定的技术能力，使得教师可以更为高效地将特定知识传授给学生④。教师技能包括教学策划实施能力、使用教材和技术的能力，管理学生的能力，组织小组活动的能力，监督和评价学生的能力，以及与家长、社区沟通的能力等等，其中教学组织、策划和实施能力是教师技能的核心⑤。从这个意义上来说，教师技能更接近于教师专业能力的概念，其中专业知识和专业理论在教师专业能力养成中发挥着引领作用。除教学能力之外，越来越多的学者开始关注教师创设教育情境的能力和教学技巧，因为教学被视为教

---

① BALL D L，BASS H.Interweaving content and pedagogy in teaching and learning to teach：knowing and using mathematics[M]//BOALER J.Multiple perspectives on the teaching and learning of mathematics. Westport，C.T：Ablex，2000：83-104；刘晓婷，郭衎，曹一鸣.教师数学教学知识对小学数学学业成绩的影响[J].教师教育研究，2016(4)：42-48.

② FLODEN R E，MENIKETTI M.Research on the effects of coursework in the arts and sciences and in the foundations of education[M]//SMITH M C，ZEICHNER K M.Studying teacher education.New Jersey：Erlbaum Publishers，2005：261-308.

③ 张光陆.学生核心素养视角下的教师知识：特征与发展[J].课程·教材·教法，2018(3)：62-67+80.

④ 步社民.教师成长中的“技能”及其超越[J].教育发展研究，2014(4)：48-53.

⑤ 靳莹，王爱玲.新世纪教师能力体系探析[J].教育理论与实践，2000(4)：41-44.

师持续地应对多样复杂环境，并与课程教学内容、学生进行互动的过程①。

对教师专业能力的研究通常聚焦于教师的教育教学能力，考虑到21世纪教育的复杂性，教师需要一定的批判和反思能力，教师更多时候在扮演着批判性对话促进者的角色，这样才能促进学生获取真正有用的知识，接受真正的高质量教育②。教师技能的另一项关键内容是适应性专长。之所以强调教师的适应性专长，因为教育环境的复杂性决定了教学实践活动的不确定性，教师面对这种不确定性就需要发展适应性的专业技能③。此外，有研究指出自班级授课制建立以来，班级就成为学校教育的基本活动单元，教师的课堂管理能力直接影响其能否顺利完成课堂教学活动的预期目标，进而对学生的学业表现和发展产生重要影响，但这一能力似乎被研究者所忽略。也有研究指出，教学与课堂管理能力息息相关，有效的课堂管理具有丰富内涵，既包括对教材的理解和使用，采用适当的教学方法，还包括教师与学生之间有效的互动沟通，以及及时地对学生的发展与表现做出客观和科学的评价④。

经济社会的快速发展，日新月异的技术革新使得我们对学生发展的讨论离不开信息化的时代背景。在瞬息万变的信息化时代，对于如何向学生教授所需的知识和技能，以及承担教书育人任务的教师必须具备哪些能力的问题已经进行了很长时间的讨论。快速变化的社会情境和个体差异使得每个人接受的教育都存在滞后性⑤。在信息化时代，教师已不

---

① FORZANI F M.Understanding"core practices"and"practice-based"teacher education learning from the past[J].Journal of teacher education,2014,65(4):357-368.

② BELL L A, WASHINGTON S, WEINSTEIN G, et al. Knowing ourselves as instructors [M]// DARDER A,BALTODANO M,TORRES R.The critical pedagogy reader.New York:Routledge Falmer,2003:408-429.

③ BRANDFORD J,DARLING-HAMMOND L,LEPAGE P.Introduction[M]//DARLING-HAMMOND L,BRANDFORD J.Preparing teachers for a changing world.San Francisco:Simon & Schuster,2005:1-39.

④ FRANCIS O B. Principal's personal characteristic skills: a predictor of teacher's classroom management in Ekiti State secondary school[J].International journal of educational leadership and management,2019,7(1):72-103.

⑤ BIALIC M,FADEL C.Skills for the 21st century:what should students learn? [R].Boston Massachusetts:Center for Curriculum Redisign,2015.

仅是知识的传播者，也是学生行为的典范，更为重要的是教师要把信息技术整合到课程教学中来，突显学生的信息技术素养和问题解决能力①。

（三）教师品性

对教师品性研究的首要问题是如何定义教师品性。从理论视角看，品性与人格理论紧密相关，从行为视角看，品性是专业判断和行为的组成要素②。品性通常跨越多个领域，例如人格特质、态度、价值观和信念。在教师品性的诸多划分标准中，大部分研究者基于个体特征来探讨教师性格，较少有研究基于学生发展、基于教师能力来分析教师性格③。与教师性格相关的概念有教师态度、教师个体特征以及教师能力，或者说在当前研究中这几个概念存在相互替代的现象，但其本质都是研究教师在教育教学行为中的情感、态度和价值观等不容易观测的特征。以下将从教师态度、个体特征和教师能力三个方面来归纳整理现有的教师品性研究。

其一，与态度相关的教师品性。瓦西克认为教师品性包括三个主要成分，分别是可观测的教师行为，教师态度以及教师期望④。主要观点包括：（1）满足学生个性化学习需求的意愿、对学生学习和发展负责、帮助学生取得成功⑤；（2）对学生和自己保持较高期望⑥；（3）以积极

---

① LUTCHER R L.Teachers' perceptions on the impact of blogs and wikis regarding the acquisition of 21st century skills in the classrooms for the future classroom:a study of two Pennsylvania high schools[J].Dissertations & theses-gradworks,2011.

② SHIELDS C C,EDENS K M.Thin-slicing teacher dispositions through assessment practices[J].Teacher education and practice,2009,22:131-144.

③ CHOI H S,BENSON N F,SHUDAK N J.Assessment of teacher candidate dispositions:evidence of reliability and validity[J].Teacher education quarterly,2016,43(3):71-89.

④ WASICSKO M.The perceptual approach to teacher dispositions:the effective teacher as an effective person[M]//DIEZ M E,RATHS J. Disposition in teacher education. Charlotte,NC:Information Age Publishing,2007:55-91.

⑤ RIKE C,SHARP L K.Assessing preservice teachers' dispositions:a critical dimension of professional preparation[J].Childhood education,2008,84:150-153.

⑥ THOMAS K M,BUSH S B,BUCALOS A.Can it be fixed? the challenge of remediating problem dispositions and lessons learned[J].Ailacte journal,2012,9:34-38.

乐观的态度面对工作和生活，具有包容性和开放性①。

其二，与个性相关的教师品性。持该种观点的研究者主要从教师人格特质的方面来描述和测量教师的品性，主要包括：（1）教师人格表现出有责任心、诚实可靠、严谨有条理；（2）有创造力和想象力；（3）善于调节自己的情绪，能够抵制诱惑，严格自律②。

其三，与胜任力相关的教师品性。通过观察和访谈那些能够胜任教育教学工作的教师来归纳其特质。主要观点认为，有胜任力的教师应当具备如下特质：（1）能够有效沟通，包括准确的口头表达、较强的文字功底和得体的行为表达等；（2）能够与同事、家长、社区密切协作，共享信息并乐于接受他人观点；（3）反思自己的教学与学习行为；（4）有较强领导力和实现自我发展的能动性③。

在学校效能的相关研究中，稳定的教师品性在教育教学活动中稳定出现，并且独立于学生的背景要素之外，这些特质包括：创设安全有序的学校环境、基于专业理论的教学领导力，对学生的高成就期望，建立明确的学习目标和常规的学生评价④。而伍尔福克认为能促进学生发展的教师应具备如下品性——热爱学生，尊重学生的家庭背景，看到学生的发展潜力，激励学生获得高成就，具有教育教学的创造力以及幽默感⑤。也有实证研究从学生学业成绩和学业表现的视角出发，他们认为即使在不同国家的社会文化背景和教育传统中，教师品性对学生发展的影响也表现出某些共性特征，这些特征包括工作热情、专业素养和能力、

---

① SHIVELEY J, MISCO T. But how do I know about their attitudes and beliefs? a four-step process for integrating and assessing disposition in teacher education[J]. The clearing house: a journal of educational strategies, issues and idieas, 2010, 83: 9-14.

② JOHNSTON P, WILSON A, ALMERICO G M. Meeting psychometric requirements for disposition assessment: valid and reliable indicators of teacher dispositions[J]. Journal of instructional pedagogies, 2018, 21: 1-12.

③ MPOFU N, NTHONTHO M. Connecting the dots: exploring dispositions in teacher education[J]. Gender and behaviour, 2017, 15: 290-303.

④ SCHMITT D R. Effective schools research: twenty-years of debate [C]. Savannah, G. A: Paper presented at the Annual Meeting of the Eastern Educational Research Association (Eric Document Reproduction Servia NO. ED 308 230), 1989.

⑤ WOOLFOLK A. Educational psychology[M]. 9th ed. Boston: Pearson Education, 2004: 15.

成就动机等，这些特征要素均与学生的学业成绩有显著的正相关关系①。

过去我们的教师只需要学习固定的知识、掌握一定的教学技能，积累丰富的实践经验，获得有效的资格认证，那么教师就可以开展教学活动。然而，经济社会环境以及教育政策的变化使得人们对教师的期望越来越高，包括知识、技能和品性在内的教师能力内涵也随之改变和拓展，尤其是在关注学生学业成绩和教师绩效考核的背景下，教师需要具备更多的知识、专业技能和特定的品性以促进学生发展。教师能力发展从职前教师教育到终身的专业发展都需要不断寻找促进学生

学习和发展所必需的知识、技能和品性，这需要教师群体之间构建学习共同体②。大量研究表明，学生发展需要高质量的教师和有效的外部支持，包括高质量的教师标准、较低的生师比、充足的财政投入、教师充满工作热情且具备较强的工作能力等等，但上述条件无法全部满足时，我们更应该强调教师的品性③。如果我们将品性设置为教师准入的门槛，那么未来我们还面临一系列的挑战，例如有效的测量工具，稳健的评估方法，充足的评估时间以及可判断的核心价值等④。

三、教师胜任力研究

（一）胜任力模型

胜任力的研究起源于 20 世纪 70 年代，学习成绩、智力测验等标准化测试的结果并非决定个体未来发展成就的关键因素，应该用胜任力（competence）取代智力，其领导的研究小组发现，那些取得优异工作业绩的人并非智力超群，而是因为他们表现出自律、和谐的人际关系、良

① SCHLEICHER A.Where immigrant students succeed：a comparative review of performance and engagement[J].PISA 2003 intercultural education，2006，17(5)：507.

② JOHNSON S，KARDOS S，KAUFMAN D et al.The support gap：new teacher's early experiences in high-income and low-income schools[J].Education policy analysis archives，2004，6(12)：12-61.

③ HELM C.Teacher dispositions affecting self-esteem and student performance[J].Clearing house，2007，80(3)：109-110.

④ WASICSKO M M，WIRTZ P，RESOR C.Using dispositions in the teacher admission process[J].SRATE journal，2009，18(2)：19-26.

好的团队协作、理性严谨的态度等胜任力特征①。什么是胜任力？斯宾塞将胜任特征概括为："能将工作优异者和平庸者有效区分的个人特质，这种特质可以分为潜在的和深层次的，包括动机、特质、情感、态度和价值观，以及特定专业领域的知识、技能。"② 需要指出的是胜任力（competence）有别于能力（ability）和潜力（compacity），胜任力强调的是个体的工作绩效，是从结果来看蕴含在个体身上的潜在特质集合③。基于这一理论，众多研究者采用任务分析法、关键行为事件访谈法、胜任力评鉴法等方法收集数据，进而构建胜任力模型④。从根本上讲，胜任力模型是指个体为承担某一特定工作任务，能够满足工作或岗位要求的需要具备的胜任特征总和。以下将重点阐述两个经典胜任力模型——冰山模型（iceberg cmpetency model）和洋葱模型（onion model）。

1. 冰山模型

冰山模型将个体的胜任力分为两大类五个基本要素，一类是可见的胜任力特征，主要包括知识（knowledge）和技能（skills），另一类是不可见的胜任力特征，由浅入深依次包括自我概念（self-concept characteristics）、特质（traits）和动机（motives）三个要素。将这五个要素视为一个整体，比喻为漂浮在海面上的冰山，海面以上是可见的冰山一角——知识和技能，而冰山更多的部分是隐藏在水面以下，例如人的自我概念、特质和动机等。处于水面之上的知识和技能是最容易被观测的，同时也是容易通过外部干预产生变化，例如通过正式的或非正式的教育培训可以获得知识和培养技能。与之相反，水面之下的胜任力特质不易触及，且不易改变和发展，这是一种稳定的个体心理特征。

---

① MCCLELLAND D C.Testing for competence rather than for intelligence[J].American psychologist, 1973,28:1-4.

② SPENCER L M,SPENCER S M.Competence at work:models for superior performance[M].New York:John Wiley & Sons,Inc,1993.

③ KOCHANSKI J.Competence based management[J].Training & development,1997,51(10):40-44.

④ 徐建平,张厚粲.中小学教师胜任力模型:一项行为事件访谈研究[J].教育研究,2006(1):57-61+87.

2. 洋葱模型

冰山模型采用二分法将胜任力特质分为显性特质和隐性特质，对于胜任力研究具有开创性的意义，但其不足之处在于没有详细阐述各种胜任力特征之间的内在联系。有鉴于此，美国学者博亚特兹认为各胜任力特征呈现出的是层层包裹的洋葱结构，由表及里，由外及内，其中个体的人格特质和动机是核心，中间层是自我概念、态度和价值观，最表层的则是人的知识和技能，个体在选择知识和技能的过程受到里层因素的影响和制约。与冰山模型的观点相一致，洋葱模型认为最核心的人格特质和动机是一种持续稳定的心理特质，一旦形成之后则难以轻易改变，而最表层的知识和能力可以通过外部干预来获得发展。

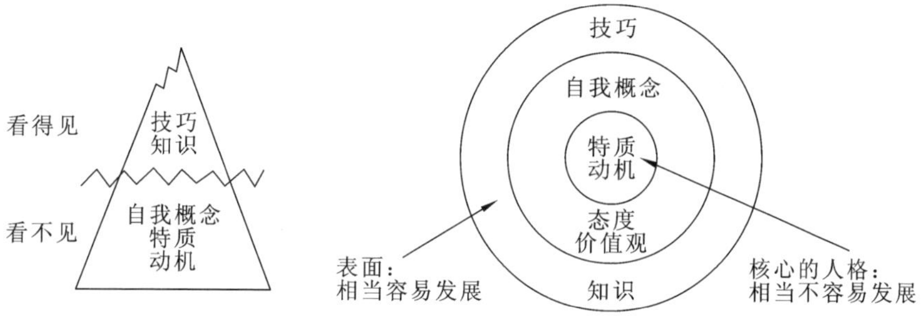

图 2-2 胜任力冰山模型和洋葱模型

人格特质也称为个性，是个体稳定的心理特征，包括性格、心理倾向等要素，直观表现为个体应对外部复杂环境和信息的行为模式。动机是指个体根据自己的最近发展区，为自己树立一系列具有挑战性的目标，并为之持续努力的内驱动力，高成就动机的人往往表现得更为自律，严谨，能够主动调节自己的行为，不断实现自我发展。自我概念则是个体对自己能力和价值的自我认知，也有心理学家称之为自我效能或自尊。社会角色则是个体将自我置于社会情境中，对自己所处的地位、身份的认知，并根据这种社会角色认知表现出与之相匹配的行为方式。价值观和态度是指人们对外部事物的偏好和行为反应，对个体的社会行为有直接的指导作用。知识是指个体对自然世界、社会文明的认知，以及个体在社会行为中经验积累，大致可分为程序性知识和陈述性知识两类，这两类又可以进一步划分为理论的和抽象的，或抽象的和具体的。技能则是在知识掌握的基础上，顺利完成特定工作任务的能力①。

无论是冰山模型还是洋葱模型，其本质都是强调人格特质和动机在个体工作绩效中的核心作用，综观两个模型都将个体的胜任力特征分为基准性特征（知识和技能）和鉴别性特征（自我概念、动机），基准性特征是满足工作要求的基本能力和知识基础，鉴别性特征才是区分绩优者和平庸者的关键要素②。

（二）教师胜任力

教师胜任力（teacher competency）研究起源于20世纪80年代，主要是学校管理者和教师教育工作者用以评价教师工作绩效，试图以基准性特征寻找合格教师的能力特质，以及用鉴别性特质挖掘优秀、卓越教师的能力特质。早期研究认为，教师胜任力主要是指教师成功开展教育教学活动所必需的教育专业知识和关键能力③。但奥尔森和怀特认为，随着经济社会发展和教育变革，仅具备特定专业知识和技能不足以胜任教师工作，教师还应具备特定的教育信念和专业价值观④。进入21世纪，为了培养让学生适应信息化时代和知识社会发展的关键能力，教师必须具备能够胜任复杂课程教学、课堂管理、沟通与评价的能力。在不同的学生核心素养框架和教育发展目标的引导下，学术界对教师胜任力的要素尚无一致性的结论。围绕教师的胜任特征，教育工作者和研究者已经达成的共识是，教师的胜任特征会对学生的学业表现产生积极的影响，甚至有学者认为这是影响学生学业成绩的唯一学校因素⑤。但有学者认

---

① BOYATZIS R E.The competent manager：a model for effective performance[M].New York：John Wiley & Sons，Inc，1982.

② BYHAM W C，MOYER R P.Using competencies to build a successful organization[M].Washington D.C.：Development Dimensions International Inc，1996.

③ WATTS D.Can campus-based pm-service teacher education survive? part II：professional knowledge and professional studies[J].Journal of teacher education，1982，33(2)：37-41.

④ OLSON C，WYETT J L.Teacher need affective competencies[J].Project innovation dummer，2000，7：30-33.

⑤ DAY C，SAMMONS P，STOBART G.Teachers matter：connecting work，lives and effectiveness[M].UK：McGraw-Hill Education，2007；HAKIM A.Contribution of competence teacher(pedagogical，personality，professional competence and social)on the performance of learning[J].The international journal of engineering and science，2015，4(2)：1-12.

为，这一研究发现也是最容易产生分歧的争论点，在多维复杂的教师胜任力要素中，要么缺乏实证依据，要么缺乏统一的理论框架[①]。现有的教师胜任力研究的主要分歧点在于，究竟哪些素养才是最核心、最关键的胜任力要素？大体而言有如下两类观点：

一是构建教师胜任力综合框架。这类研究主要通过质性研究方法，基于大量访谈和观察，从多个绩优教师身上归纳出教师胜任力的共性特征。例如，麦克伊万的研究指出绩优型教师表现出如下 10 个特征，分别是充满使命感和热情、积极乐观且待人真诚、具有领导力、全面关注、鲜明的个人风格、善于激励学生、有效教学、丰富知识、社区经验、精神生活（包括元认知、反思、沟通等）[②]。我国学者徐建平和张厚粲用行为事件访谈法，采集了 31 名中小学教师的访谈信息，通过他们对 180 个关键事件的主体分析和行为编码，将 31 名教师划分为绩优型和普通型两类，归纳出了 11 项教师基准性胜任特征和 11 项鉴别性胜任特征[③]。罗小兰采用问卷调查和行为事件访谈技术，在探索性因素分析的基础上构建了中学教师胜任力模型，包括关系特征、成就动机等 9 个维度，涉及 28 项具体胜任力特征，其中 13 项为核心特征，15 项为基本特征[④]。

这些研究都是基于二分的冰山模型将教师划分为绩优教师和一般教师并做差异性比较，但王强指出以简单的二分法建立的职业胜任特性模型，并不能解释不同亚群体在胜任力分类上的差异，因而其构建了隐喻教师胜任力深层结构的雨伞模型。雨伞模型从学科体系、组织管理、学生心理、专业实践、教学情境、教育评价、教育技术、课程开发、教学实践等九个方面归纳了教师胜任特征归，这九个胜任力特征之间是分工协作关系，就好比一把雨伞，各个部件之间相互支持才能撑起一把雨伞

---

① HARGRAVES A，FULLAN M. Professional capital：transforming teaching in every school［M］. New York：Teacher College Press，2012.

② MCEWAN E K. 培养造就优秀教师：高效能教师的十大特征［M］. 胡荣堃，等译. 北京：北京师范大学出版社，2007：9-21.

③ 徐建平，张厚粲. 中小学教师胜任力模型：一项行为事件访谈研究［J］. 教育研究，2006（1）：57-61+87.

④ 罗小兰. 中学教师胜任力模型探究［J］. 教育理论与实践，2010（12）：50-53.

(见图 2-3)[①]。

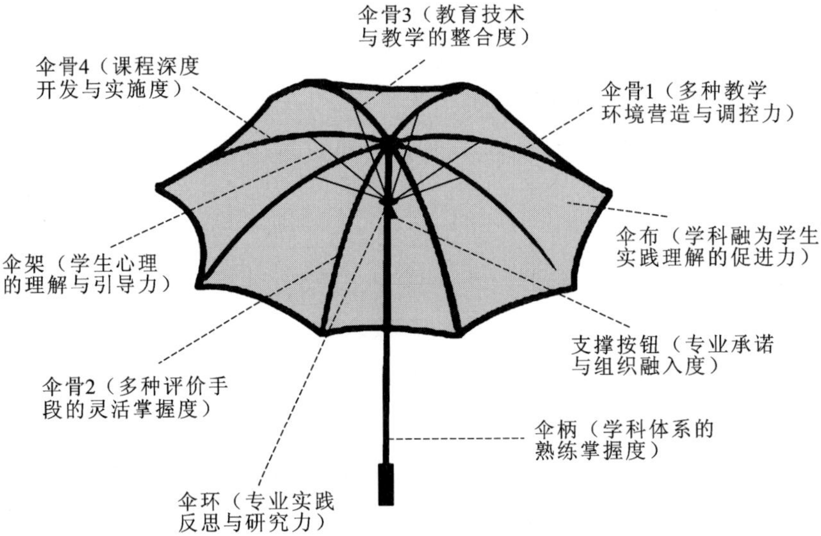

图 2-3　我国 K-12 教师胜任力深层结构的雨伞模型

二是侧重于教师胜任力特征中的某一项特征，这类研究结合经济社会发展背景、学生发展目标和教育目标，从教育结果的角度强调某一项胜任力特征的重要作用。从现有研究来看，被研究者重点研究的教师胜任特征有如下几个：

（1）教学胜任力，课程教学是教师工作的核心环节，教学胜任力直接关系到教师如何有效整合各种资源，创设良好的学习氛围，采取合适的教学方法，从而实现既定的教育目标和促进学生发展[②]。

（2）教师领导力，强调教师领导力的研究者认为，教师的课程教学能力、学生管理能力、人际交往能力等最终可以统整为教师领导力，有较强领导力的教师可以形成有效的教育质量系统，联结各种学校要素促

① 王强.我国 K-12 教师胜任力深层结构实证研究[J].教育研究,2012(10):136-140.

② ETUK N E,AFANGIDEH M E,UYA A O.Student's perception of teacher's characteristics and their attitude towards mathematics in oren education zone,Nigeria[J].International educational studies,2013,6(2):197-204.

进学生的发展[①]。

（3）信息技术胜任力，进入信息化时代，在教育教学中融入信息技术是未来教师必备的能力和素养，这不仅有利于提高教师开展教育教学活动的效率，同时教师可以培养学生的信息素养，以应对未来的技术革新和多变的世界，保证学生在激烈的社会竞争中保持核心竞争力[②]。

（4）营造和谐师生关系的能力，大量研究表明良好的师生关系使得学生获得充足的教师支持，更有利于学生的发展，包括认知能力与社会与情感能力的发展，因而教师的关键胜任特质表现在营造良好的师生关系方面[③]。

综观国内外的教师胜任力研究，教师胜任力首先表现为深厚的知识基础和专业的教育教学技能，其中知识主要强调的是教师的学科知识和教学法知识，技能主要包括教师从事教育教学活动的技巧和方法，使得教师更为高效地将知识、技能传授给学生，并促进学生全面发展。此外，优秀和卓越的教师还需要具备热情、乐观、责任心、创新、反思等人格特质，这些要素与学生发展密切相关，但两者之间的关系还缺乏实证证据，有待进一步研究。

第三节　学生非认知能力发展及其影响因素研究

经济学、教育学、社会学、心理学等学科的研究者对非认知能力的关注由来已久，心理学家通常使用人格特质（personality traits）来指代非认知能力，社会学家将其定义为社会和情感能力（social and emotional skills）或情商（emotional intelligence），而经济学家则倾向于使用非认知能力（non-cognitive skills），对比来看，心理学将非认知能力视为一种恒

① BERESTOVA A,GAYFULLINA N,TIKHOMIROV S.Leadership and functional competence development in teachers:world experience[J].International journal of instruction,2020,13(1):607-622.

② MATVIYEVSKAYA E G, TAVSTUKHA O G. Formation of information and communication competence of future teachers[J].International journal of emerging technologies in learning,2019,14:65-76.

③ ASPELIN J.Enhancing pre-service teacher's socio-emotional competence[J].International journal of emotional education,2019,11(1):153-168.

固的、稳定的心理特质，很难通过外部干预使个人的非认知能力获得发展。而社会学和经济学研究者认为，非认知能力和认知能力一样，是影响个体社会生活和发展的重要能力，可以通过后天的教育干预进行培养和发展。

一、不同学科视域下的非认知能力

（一）心理学视角

心理学是较早关注非认知能力的学科，通常从微观视角关注人的非认知能力，例如个性特征、人格特质、情绪智力或非智力因素等。从广义的角度说，一切认知能力之外的心理因素都可以称为非认知能力。认知能力是指与大脑生长和知识技能有关的发展方面，包括人的感知觉、记忆、思维、语言、智力等方面的发展①。除此之外的能力，均可以归属为非认知能力或称之为非智力因素，例如自我意识、自尊、意志、人格特质等。在心理学的相关研究中，有如下两个非认知能力相关的概念。

一是非智力因素。非智力因素（non-intellective factors）的概念最早由美国心理学家亚历山大在20世纪30年代提出，他主张将认知主体的个人倾向纳入儿童认知研究，包括动机、兴趣、信念、情感意志和气质性格等。我国从20世纪80年代开始，人们开始意识到人的非智力因素在个体成长中具有不可替代的重要作用，非认知因素对认知主体的活动表现出激励、定向和维持协调的功能，与智力因素一起共同促进个体的发展②。上海师范大学燕国材教授从广义、狭义和具体等三个层次对非智力因素进行了定义，广义的非智力因素是指智力因素以外的一切心理因素，狭义的非智力因素，主要包括动机、兴趣、感情、意志与性格等五个方面，具体的非智力因素包括三个维度，分别是第一维度的成就动机、求知欲望、学习热情，第二维度的责任感、义务感和荣誉感，第三

---

① 皮连生.教育心理学[M].4版.上海：上海出版社，2011：251-252.

② 张大均，胥兴春.近20年来教育心理学研究对我国教育改革的推动作用[J].心理科学，2005(6)：140-142.

维度的自制性、坚持性和独立性[①]。其他相关研究对非智力因素的界定大致相同，但包含的维度略有不同，有的认为智力因素包括注意、观察、思维、想象、创造、记忆等六个方面，有的学者则认为非智力因素包括心理过程、心理倾向和心理特征三个方面，其中心理过程包括情绪和意志，心理倾向包括动机、态度、兴趣和习惯，心理倾向包含性格和气质[②]。

二是人格特质。在对非智力因素的理解中，尽管不同的学者有不同的界定，但基本可以达成的共识是：非智力因素是智力活动中的气质和人格，其中人格占据主导地位，这使得后来的不少研究者将非智力因素等同于人格特质。奥尔波特的人格特质理论认为，人格特质是一种能使人的认知和社会行为表现出持久性、稳定性和一致性的心理结构，可以视为一种高度概括化的个体行为方式，也是造成个体差异的主要因素。延续奥尔波特的人格特质理论，卡特尔编制的《16 种人格因素量表》将人格特质分为乐群性、聪慧性、情绪稳定性、恃强性、外形性、原则性、冒险性、敏感性、怀疑性、幻想性、世故性、忧虑性、创新性、独立性、自律性和紧张性等 16 种类型。科斯塔和麦克雷将人格特质进一步浓缩为五个方面，编制了《大五人格量表》，即人的开放性（openness）、外向性（extroversion）、利他性（agreeableness）、尽责性（conscientious）、情绪稳定性（neuroticism）。罗伯特认为人格特质是一种包含思想、感觉和行为的较为持久的心理行为模式，是个体以固定方式回应其所处的特定情境的倾向性[③]。

从实证研究方面看，1966 年哥伦比亚大学的沃尔特对 186 名 4 岁的儿童进行了一项棉花糖实验[④]，实验告知儿童，当大人不在房间时他们只能吃一颗棉花糖，如果他们能够忍耐 15 分钟等到大人回来，那他们可

---

① 燕国材.非智力因素与教育改革[J].课程·教材·教法,2014(7):5-9.

② 周鹏,韩正彪.非智力心理因素对情报分析过程的影响机理[J].图书情报工作,2011(16):26-28.

③ ROBERTS B W.Back to the future:personality and assessment and personality development[J].Journal of research in personality,2009,43(2):137-145.

④ MISCHEL W.The marshmallow test:mastering self-control[M].New York:Little,Brown Spark,2014.

以吃两颗。实验结果表明，约有三分之一的儿童吃到了两颗棉花糖，其他儿童都没能忍耐到大人回来。研究人员在30年后的追踪调查发现，那些抵制住了棉花糖诱惑的儿童有更好的表现，例如优异的学业成绩，更好的身体素质等。另一项有影响力的心理学研究是佩里在1962年—1967年开展的一项追踪调查，该实验对3—4岁的弱势家庭儿童进行了一系列的教育干预，除阅读和数学之外，还重点培养儿童的计划制定、实施以及反思能力，实验对被试进行持续跟踪调查直到40岁。研究结果表明，这项实验没有显著提高儿童的智商，但是实验组儿童的教育成就和经济回报率显著高于控制组儿童。赫克曼和罗宾斯坦对此做出的解释是，这项实验成功地干预了被试的非认知能力，并且这种非认知能力的效益具有明显的迟效性①。此外，也有一些心理学研究表明个人的自我效能感、延迟性满足、人格特质与其事业成就和能力密切相关②。

综上所述，心理学视域下的研究通常关注不同人格特质之间的相互作用，而较少关注非认知能力与个体行为选择、职业收入、工作表现之间的关系。无论是非智力因素还是人格特质，都是关注个体在发展过程中的较为恒定的心理要素，虽不直接参与认知行为，但是对人的认知发展起着重要作用。不仅如此，非认知能力在个体发展、事业成就、生活幸福等方面也扮演着关键角色。

（二）社会学视角

在社会学研究中，非认知能力被视为学生社会性发展的重要方面，同时引入了“心理资本”的概念用以解释影响个体工作表现和收入的差异③。这里的心理资本实际指的就是个体的非认知能力。作为一个多维度的概念，社会学的相关研究认为非认知能力既与认知能力相关，但又

---

① HECKMAN J J, RUBINSTEIN Y. The importance of noncognitive skills: lessons from the GED testing program[J]. American economic review, 2001, 91(2): 145-149.

② SALGADO J F. A theoretical model of psychometric effects of faking on assessment procedures: empirical findings and implications for personality at work[J]. International journal of selection and assessment, 2016, 24: 209-228.

③ 许多多.大学如何改变寒门学子命运：家庭贫困、非认知能力和初职收入[J].社会，2017(4)：90-118.

区别于社会态度、行动和行为习惯。20 世纪中期自《科尔曼报告》发布之后，社会学领域开始围绕“工作社会化和社会学习”的议题开展一系列的实证研究。詹克斯利用科尔曼的调查数据开展的研究发现，在控制其他变量后，个人的勤奋程度、毅力、人际沟通能力对其在劳动力市场中的成功有显著影响①。同时有大量学者在对劳动力市场雇佣关系的研究发现，雇主看重的不仅仅是劳动者的生产技术，他们更看重的是劳动者稳定的个性品质，例如有责任心、忠诚、勤劳等②。

从 20 世纪 80 年代开始，社会学研究者开始关注如何培养有能力的人，所谓有能力的人是指能够根据复杂多变的外部环境做出灵活、适当的调整，并能够把握机会，善假于物的人③。鲍尔斯和金帝斯在对人力资本理论的批判中提出，非认知资源传递是社会不平等的根源所在，这种不平等并非由个体的认知能力造成④。更多的研究者将非认知能力界定为诱因性偏好（incentive-enhancing preferences），主要包括创新、责任感、思维开通和自律等要素⑤。还有社会学研究主要关注非认知能力中的领导力、自尊、教育期望以及学校有关的态度和行为等方面⑥。

非认知能力也被称为社会与情感能力（social and emotional skills），亦可以称之为情商（emotion quotient）。1994 年，被誉为情商之父的丹尼尔·戈尔曼发起创立了学术、社会和情感学习合作组织（Collaborative for Academic，Social and Emotional Learning，CASEL），该组织将社会与情感能力定义为“人们获得自我意识、自我管理、社会意识、人际关系

---

① JENCKS C.Who gets ahead? the determinants of economic success in America[M].New York:Basic Book,1979.

② MOSS P,TILLY C.Skills and race in hiring:quantitative findings from face to face interviews[J].Eastern economic journal,1995,21(3):347-374.

③ WATERS E,SROUFE L A.Social competence as a development construct[J].Developmental review,1983,3(1):79-97.

④ SAMUEL B,GINTIS H,OSBORNE M.The determinants of earnings:a behavioral approach[J].Journal of economic literature,2001,39(4):1137-1176.

⑤ HEINECK G,SILKE A.The returns to cognitive abilities and personality traits in Germany[J].Labor economics,2010,17(3):535-546.

⑥ HSIN A,YU X.Life-course changes in the mediation of cognitive and non-cognitive skills for parental effects on children's academic achievement[J].Social science research,2017,63:150-165.

和负责任的决策等五个方面的知识和技能"，并开始探索培养学生社会情感能力的课程和实践活动，以发展学生非认知能力为核心的社会情感学习项目开始进入公众视野。从 2016 年开始，经合组织（OECD）开始围绕社会与情感技能展开了持续的研究，并于 2018 年继 PISA 项目之后，开始实施名为"社会与情感能力测评"的大型跨国项目调查，旨在世界范围内测评多个国家或地区学龄儿童的非认知能力，以及如何通过教育提升这些能力。该测评在大五人格的基础上重新构建了五个维度的非认知能力，分别是任务表现、情绪调节、分工协作、思想开放和与人交往等五个方面①。

谢尔顿及其研究团队向美国政府提交的报告中指出：社会情感、认知、语言和学术是人类发展的主要领域，这几个要素相互交织，相互影响，对个体学习有重要的影响作用。但当下的教育过于关注学术能力，忽视了其他方面的发展，导致大量教育投入收效甚微②。大量实证研究表明，培养社会情感能力可以有效提升学生学业成绩，保证身心健康，并在情感、态度和价值观方面有积极的影响作用③。此外，在学生领导力的相关研究中，有学者认为社会情感能力是领导力的核心体现，有较强社会情感能力的人通常表现出工作更为高效和较强的团队组织力④。

（三）经济学视角

长期以来，由于人格特质的非稳定性使得非认知能力被排除在经济学研究领域以外，经济学家认为人的行为决策主要依靠外部情境约束和

① OECD's study on social and emotional skills[EB/OL].http://www.oecd.org/education/ceri/social-emotional-skills-study/about/ OECD's Study on Social and Emotional Skills.

② SHELDON B,SYDNEY C,JULIA S.The practice base for how we learn:supporting students' social, emotional,and academic development[R].NCSEAD,2018.

③ DURALARK J A, et al.The impact of enhancing students' social and emotional learning: a meta-analysis of school-based universal interventions[J].Child development,2011,82(1):405-432.

④ MAHON E G,TAYLOR S N,BOYATZIS R E.Antecedents of organizational engagement:exploring vision,mood and perceived organizational support with emotional intelligence as a moderator[J].Frontiers in psychology,2014,5:1322.

激励，并非心理学家认为的心理动机①。然而，随着心理学研究的深入，大量可靠证据表明人格特质具有稳定性，同时大量测量人格特质的工具被研发并被得到实证检验，例如罗森伯格的《自尊量表》②，罗特乐的《内外控制点量表》③《大五人格量表》④等，这些因素使得经济学将非认知能力纳入研究范围成为可能，其中以赫克曼为代表的经济学家开展的相关研究产生了广泛影响。

赫克曼和罗宾斯坦对美国高中辍学生学历教育文凭的研究发现，获得普通教育发展证书的高中辍学生，其工资水平高于其他高中辍学生，但比有相同认知水平的普通高中毕业生低近 10%，这背后可能的原因是高中辍学生和普通高中毕业生的认知能力无显著差异，但形成两者工资差异的主要影响因素是他们之间的非认知能力差异⑤。后续的研究进一步论证了非认知能力在提高劳动者工资收入，劳动力市场中雇主的行为选择，以及降低青少年犯罪率等方面具有重要的经济收益和社会效益⑥。2010 年，赫克曼和努斯鲍姆组织了一场以“人的能力”为主题的学术研讨，从经济学视角对能力概念进行了界定，归纳了切实可行的经济学研究方法，并对已有的实证研究进行了回顾和述评，会议讨论最后指出了经济学研究关注非认知能力的必要性和重要性⑦。此后围绕非认知能力开展的经济学研究大量涌现，相关研究成果有力地证明了人格特质、自尊和动机等非认知能力的经济价值。例如有研究表明，自尊是个体对自

① ALMLUND M, DUCKWORTH A L, HECKMAN J J, et al. Personality psychology and economics [R]. National Bureau of Economic Research, No.W16822, 2013.

② ROSENBERG M. Society and the adolescent self-image [M]. Princeton, New Jersey: Princeton University Press, 1965.

③ ROTTER J B. Generalized expectancies for internal versus external control of reinforcement [J]. Psychological monographs, 1966: 80.

④ GOLDBERG L R. An alternative description of personality: the big-five factor structure [J]. Journal of personality and social psychology, 1990, 59(6): 1216-1229.

⑤ HECKMAN J J, RUBINSTEIN Y. The importance of noncognitive skills: lessons from the GED testing program [J]. American economic review, 2001: 145-149.

⑥ HECKMAN J J, STIXRUD J, URZUA S. The effects of cognitive and noncognitive abilities on labor market outcomes and social behavior [J]. The journal of labor economics, 2006, 24(3): 411-482.

⑦ The University of Chicago Law School. Conference: Creating Capabilities: Source and Consequences for law and social policy [C]. Chicago University, 2008. http://www.law.uchicago.edu/ceratingcapabilities.

我价值的认知和评价，与人的工作绩效存在正相关关系，能够有效预测劳动者的预期收入①。自尊与收入之间以努力度为中介变量，自尊感较强的人往往表现出更强的内驱动力，从而实现收入的增加②。在自尊与学业成绩的关系研究中，大量研究发现了自尊与学业成绩之间相关关系，但两者之间是否存在因果关系还有待进一步验证③。20 世纪末，心理学家将人格特质归纳为五大特质，包括情绪稳定性（neuroticism）、外向性（extraversion）、开放性（openness）、利他性（agreeableness）和尽责性（conscientiousness）。已有研究表明，人格特质中的尽责性与工作表现紧密相关，其他人格特质影响作用尚不显著④。

二、学生非认知能力发展的影响因素

已经有充足证据表明非认知能力具有较高经济价值、社会价值，关系到学生学业成绩，影响学生未来在劳动力市场中的工作表现、工资收入和事业成就，乃至个人长期福祉和生活幸福感。一般而言，个体的智商发展在 10 岁左右就进入相对稳定状态，而非认知能力的可塑周期更长，可以延续到青少年时期甚至成年期⑤。这意味着探讨促进学生非认知能力发展的投资机制更具现实意义。从非认知能力发展的投入机制来看，对非认知能力的投资应该从个体成长早期阶段开始，后期投入虽然同样可以促进人的非认知能力发展，但需要支付更高昂的成本，加强弱势家庭儿童的早期教育投入才是公平而有效率的公共政策⑥。然而，正如威尔所言："我们现在对非认知能力形成和投资机制，以及非认知能

① SOMMER K L, BAUMEISTER R F. Self-evaluation, persistence, and performance following implicit rejection: the role of trait self-esteem[J]. Personality and social psychology bulletin, 2002, 28(1): 926-938.

② DRAGO F. Self-esteem and earnings[J]. Journal of Economic Psychology, 2011, 32(3): 480-488.

③ GALANOU C, GALANAKIS M, ALEXOPOULOS E, et al. Rosenberg self-esteem scale Greek validation on student sample[J]. Psychology, 2014, 5(8): 819-827.

④ HURTZ G M, DONOVAN J J. Personality and job performance: the big five revisited[J]. Journal of applied psychology, 2000, 85(6): 869.

⑤ HECKMAN J J. Policies to foster human capital[J]. Research in economics, 2000, 54(1): 3-56.

⑥ HECKMAN J J, MATEROV D V. The productivity argument for investing in young children[J]. Revise of agricultural economics, 2007, 29(3): 446-493.

力如何获得经济回报还知之甚少。”[①] 但我们可以看到的是，已经有学者开始关注非认知能力的投资机制，并做了大量的工作，主要影响因素包括如下方面。

（一）家庭因素

家庭是影响学生非认知能力发展的首要因素，应当修正传统的家庭人力资本投入函数，引入非认知能力以更好地解释家庭对孩子投资的作用机制[②]。家庭对非认知能力发展的影响主要表现在：（1）家庭背景的影响。家庭经济收入、社会地位、文化资本对学生非认知能力发展有显著影响，高收入家庭可以为孩子发展提供更好的生活和学习环境，有效推动其非认知能力发展，从而影响其学业成绩和社会行为[③]。父母受教育程度，社会网络宽广度，文化资本占有度都有利于培养孩子的社交能力、沟通能力和机会把握能力[④]。（2）父母教养方式的影响。庞的研究发现，权威型的家长可以尊重和培养孩子的个性和独立性，同时又不会疏于管教，在这种家庭教养方式下，孩子可以表现出更好的自我管理能力，在心理发展和学业成绩等方面也表现得更为出色[⑤]。在中国传统文化背景下，中国家庭的教养方式呈现两极分化，要么是倾向于父母权威的专制型家庭教养方式，要么是父母放任不管的忽视型的家庭教养方式。家庭社会经济地位直接决定着家庭教养方式，例如对于社会经济地位较低的流动人口家庭而言，父母外出务工，忙于生计，或将孩子交由祖辈隔代监管，或忽视对孩子的家庭教育，通常采取忽视型家庭教养方式。

---

① WEEL B T.The noncognitive determinants of labor market and behavioral outcomes:introduction to the symposium[J].Journal of human resources,2008,43(4):729-737.

② CUNHA F,HECKMAN J J,LOCHNER L,et al.Interpreting the evidence on life cycle skill formation[J].Handbook of the economics of education,2006,1:697-812.

③ CARNEIRO P,HECKMAN J J.The evidence on credit constraints in post-secondary schooling.[J] The economic journal,2002,112(482):705-734.

④ 李丽,赵文龙,边卫军.家庭背景对非认知能力影响的实证研究[J].教育发展研究,2017(1):45-52.

⑤ PONG S L,JOHNSTON J,CHEN V.Authoritarian parenting and Asian adolescent school performance:insights from the US and Taiwan[J].International journal of behavioral development,2010,34(1):62-72.

从子女发展的角度来看，权威型教养方式最有利于子女的非认知能力发展①。(3) 父母参与的影响。父母参与可以促进子女形成良好的自我管理能力，增强他们在学校生活中的适应能力，提高他们的学习动机②。

(二) 学校因素

在现有研究中，影响学生非认知能力发展的学校因素主要聚焦于如下几个方面：

其一，班级规模是影响学生非认知能力发展的重要因素。在早期研究中，史密斯和格拉斯的元分析发现，班级规模对 12 岁以下的学生态度和情感发展影响作用最大，对 18 岁以上的学生影响最弱③。从学生行为特征看，有研究发现在小规模班级中，学生的努力程度和创新行为更为明显，较少出现消极情绪和行为，但这种影响效应只出现在小学生群体中，对八年级学生的影响不显著④。缩小班级规模的另一项积极意义在于改善学生的人际交往状况，在小班额班级中，学生与学生、学生与老师之间的关系更为融洽，学生愿意与他人分享自己的想法和观点，表现出良好的沟通和人际交往能力⑤。以非认知能力作为班级规模和预期收入的中介变量，缩小班级规模可以有效促进学生非认知能力发展，进而让学生获得约 4.6% 的经济回报。城乡对比来看，缩小班级规模让城市学生的经济收益更大，经济回报率约为 7.9%⑥。

其二，学生非认知能力发展中的同群效应。从学生交往来看，学生的非认知能力发展有显著的同群效应，学生在班级内部通过社会交往，

---

① 黄超.家长教养方式的阶层差异及其对子女非认知能力的影响[J].社会,2018(6):216-240.

② 李波.父母参与对子女发展的影响:基于学业成绩和非认知能力的视角[J].教育与经济,2018(3):54-64.

③ SMITH M,GLASS G.Meta-analysis of research on class size and its relationship to attitudes and instruction[J].American educational research journal,1980,17(4):419-433.

④ FINN J,PANNOZZO G,ACHILLES C.The"whys"of class size:student behavior in small classes[J].Review of education research,2003,73(3):321-368.

⑤ ZAHORIK J,MOLNAR A,SMITH P.SAGE advice:research on teaching in reduced-size classes[J].Education policy studies laboratory,2003,1(103):14-15.

⑥ DEE T,WEST M.The non-cognitive returns to class size[J].Education evaluation and policy analysis,2011,33(1):23-46.

基于共同的兴趣爱好和价值观形成一个个小的集体，置身于小集体中的学生在与集体成员的互动中，逐步构建起自己的能力体系，进而促进自身发展，这种能力包括认知和非认知两个方面[①]。国内学者王春超和钟锦鹏开展了一项小学生班级内座位随机安排实验，考察同群效应在小学生非认知能力发展中的影响作用。研究结果表明，学生座位周围班干部的数量会影响其人格特质中的开放性和情绪稳定性，其中女生在同群效应中获得的收益显著高于男生[②]。

其三，教师对学生非认知能力发展的影响。詹宁斯和迪普雷特的研究发现，有丰富教育实践经验和较高层级学历证书的教师更有利于学生的非认知能力发展，且这两个因素对学生非认知能力发展的贡献率显著高于对学业成绩的贡献率[③]。学生非认知能力发展离不开教师的有效支持，教师支持可以分为学业支持和情感支持，其中情感支持有利于增强学生的自尊心，能够给予学生有效情感支持的教师通常表现出利他型的人格特质[④]。事实上，教育过程不仅仅是讲述和解释，更多的是师生之间的情感互动和关系构造，良好的师生关系有助于学生的身心健康，规范学生的社会行为[⑤]。与此同时，教师作为学生的榜样，教师积极的态度和价值观会直接影响学生非认知能力发展[⑥]。

近年来，我国学者也开始关注如何从学校变革方面着手促进学生的非认知能力发展。例如毛亚庆等在我国西部地区试点实施社会情感学习项目，该项目致力于社会情感学习课程开发，通过学校管理、家校合作

① CARRELL S E, SACERDOTE B I, WEST J E. From nature variation to optimal policy? the importance of endogenous peer group formation[J]. Ecoomimetrica, 2013, 81(3): 855-882.

② 王春超，钟锦鹏. 同群效应与非认知能力：基于儿童的随机实地试验研究[J]. 经济研究，2018(12): 177-192.

③ JENNINGS J L, DIPRETE T. Teacher effects on social and behavioral skills in early elementary school[J]. Sociology of education, 2010, 83(2): 135-159.

④ KIM L E, MACCANN C. Instructor personality matters for student evaluations: evidence from two subject areas at university[J]. British journal of educational psychology, 2018, 88(4): 584-605.

⑤ WALKER J M T. Authoritative classroom management: how control and nurturance work together[J]. Theory into practice, 2009, 48: 122-129.

⑥ 杨传利，毛亚庆，张森. 东西部农村地区小学生社会情感能力差异研究：教师与家长教育行为的中介效应[J]. 西南大学学报(社会科学版), 2017(4): 81-87.

等方法创设支持学生非认知能力发展的制度性环境①。王树涛和毛亚庆对农村寄宿制学校的研究发现，不完善的寄宿基础设施和专业能力不足的生活老师，使得学校寄宿不利于农村留守儿童的非认知能力发展，其中对低龄儿童造成的不利影响尤为明显②。

第四节 研究述评

随着人力资本内涵的扩展，非认知能力日益受到经济学家的关注和重视，心理学在儿童心理、人格特质等方面的研究，为我们从经济学视角讨论学生非认知能力发展提供了可能，这意味着教育经济学的研究边界已经向外拓展，不局限于教育学与经济学的学科交叉，而是在一个跨学科的广阔视野中考察学生非认知能力发展的投资机制、经济回报和社会效益。

现有研究可达成的共识是，非认知能力被置于认知能力同等重要的位置，非认知能力发展是学生作为全人发展的重要方面，也是衡量教育质量的重要指标。非认知能力直接影响着学生的学业成绩、未来收入、工作成就和生活福祉。整体而言，当前对学生非认知能力发展的研究遵循两条路径，一是研究非认知能力的经济价值与效益，例如以非认知能力作为重要的解释变量，考察非认知能力在提升学生学业成绩、提高工资薪酬、降低社会犯罪率等方面的作用。二是探究非认知能力的投资机制，将非认知能力作为教育产出指标，探讨学生非认知能力发展的家庭投资机制和学校投资机制。相关研究取得了较为丰硕的成果，但仍然存在以下几点不足：

第一，现有研究大多集中于非认知能力的经济价值，但对非认知能力的投资机制还有待进一步研究。大量实证研究都阐明了，非认知能力

① 毛亚庆，杜媛，易坤权，等.基于学生社会情感能力培养的学校改进：教育部-联合国儿童基金会“社会情感学习”项目的探索与实践[J].中小学管理，2018(11)：31-33.

② 王树涛，毛亚庆.寄宿对留守儿童社会情感能力发展的影响：基于西部11省区的实证研究[J].教育学报，2015(5)：111-119.

在获得更好的学业表现，获取更多的工作收入以及降低犯罪率等方面具有积极的影响作用，表明非认知能力的经济价值与社会效益。然而，非认知能力是如何形成的？心理学研究从神经发展和心理机制来解释非认知能力发展，社会学则是从个体社会性发展的角度来关注人的非认知能力，那么从资源配置的角度看，在资源相对稀缺的约束条件下，我们如何进行人力、物力、财力资源的配置，以实现学生的非认知能力发展？对这个问题的研究还有待进一步地深化和拓展。

第二，在学生非认知能力发展的影响因素研究中，研究者普遍聚焦于家庭因素，对学校因素，尤其是教师因素的影响作用研究不足。现有研究普遍关注家庭因素的重要影响作用，例如家庭经济资本、文化资本、父母参与、父母教养方式等，相关研究成果对我们家庭教育发展具有积极的指导意义。然而，对家庭因素的关注无疑低估了学校和老师对学生发展的影响作用，学校是除家庭之外，学生学习和发展另一重要场所，教师是学生生命发展周期中的关键他人，一个好的老师对学生的影响是一辈子的，探讨学校因素尤其是教师对学生非认知能力发展的影响作用，对于维护教育公平、提升教育质量更具政策意义。如果忽略了这一点，我们很有可能错失一个有效的政策工具。

第三，教师质量与学生非认知能力发展之间的关系有待进一步揭示。教育生产函数的研究意义在于，在既定的教育目标和资源约束条件下，寻找最优的投入要素组合。当前的教育生产函数研究中，教育产出指标一般采用学生学业成绩，例如标准化测验分数。那么，以提高学生学业成绩为导向的教育投入要素组合，是否同样适用于学生的非认知能力发展？同时，在一系列投入要素中，代表教师质量的通常是容易观测的显性指标，例如经验、学历、资格证书等，还有大量的不可观测特征被排除在研究之外，使得教师对学生发展的影响作用被低估。而在教师专业发展的研究中，研究者提出了各种各样的教师能力框架和教师胜任力模型，对教师应该具备的能力做了较为全面的归纳和理论研究，为我们的教师教育发展提供了借鉴和参考。但这些研究很大程度上割裂了教师专业发展与学生发展之间的关系，如果不深入探讨教师与学生非认知能力发展之间的关系，并提供可靠的实证职称，则有可能导致我们的教师供给政策失之空疏。

本研究在已有研究基础上，立足于教育经济与政策研究，将教育生产函数两端进行探索性扩展。在教育产出方面，以学生的非认知能力作为测量指标，主要包括自尊、学习兴趣和自我管理能力三个方面。在教育投入方面聚焦于教师特质，这种教师特质既包括表层的反映教师知识和技能的可观测变量，也包括隐藏在水面之下的教育信念和教师人格特质，以此描绘中国社会文化背景下，能够促进学生非认知能力发展的教师特质以及表现出的城乡差异，从而为我国教师供给政策、教师教育改革与发展提供借鉴和参考。

第三章　研 究 设 计

研究设计是确保研究有序推进的行动计划，包含研究问题确定、研究方法选取、测量指标操作化、数据收集和分析等内容。任何研究的有效开展都离不开明确的研究思路、适切的研究方法、精确的数据搜集和科学的分析解释，这也是本研究推进的必要条件。

第一节　研 究 问 题

确定研究问题是从具体现象中抽象出问题，思维从发散走向收敛、聚焦的过程。在研究开展之前，研究者首先要确定需要探索和解释的中心问题，并反思它的可操作性，然后才能用几个关键词或短语对问题进行描述。研究思路是贯穿整个研究过程的主线，同时明确研究思路可以限制研究边界，使得研究有的放矢，具备较强的针对性。本研究要回答的主要问题是，什么样的老师可以有效促进学生的非认知能力发展？具体而言，包括以下方面：

第一，优质的教育发展究竟需要什么样的教师？在我国教育发展从“有学上”到“上好学”的战略转型期，如何提升教育质量是当前值得关注的议题。从现实角度看，我们可以观察到的现象是，教师质量已成为教育质量提升的制约性因素，在城乡教育一体化发展的战略背景下，我们究竟需要什么样的老师才能保证义务教育优质发展？我们应该制定什么样的政策来推动教师教育的改革和发展，扩大优质教师供给？对这一问题的探究涉及两个关键节点，一是弄清教师需要知道什么，具备什么，发展什么。二是弄清哪些要素是教师必备的特质。

第二，教师在学生非认知能力发展中扮演着什么样的角色，发挥着什么样的作用？教育作为培养人的社会活动，促进人的全面发展是其根本目的。在过去的研究中，对学生发展的研究主要聚焦于认知能力发展，已有大量研究围绕学业成绩及其影响因素开展。事实上，从人的生命发展周期来看，非认知能力也是影响个体发展的重要因素，在某种程度上甚至超越了认知能力的重要性。从这个角度来说，以学生的非认知能力作为教育产出，在控制其他投入要素的前提下，探究哪些教师特质在影响学生非认知能力发展，这是本研究所要探讨的核心问题。

第三，在城乡不同的教育发展环境中，教师特质对学生非认知能力发展的影响是否存在城乡差异？如果有差异，城乡学校分别需要什么样的教师？教师作为教育活动开展的主体之一，其根本任务是通过自己的专业劳动促进学生的发展。教育教学活动的开展要契合学生个体发展的规律，在我国城镇化背景下，城乡教育发展形成了两种相互关联又泾渭分明的教育生态，学生的发展根植于其所处的教育生态，这就导致城乡学生发展对教师提出了差异化需求，由此我们可以提出的问题是，影响学生非认知能力发展的教师特质是否存在城乡差异？更进一步讲，城乡学生发展是否对教师有差异化需求？这是在中国大地上办教育所要面对和亟须探讨的现实问题。

第二节　研究方法

一、研究范式

（一）混合研究范式

在社会科学研究领域，混合研究方式日益引起关注，成为独立于定量与定性研究范式之外的第三种研究范式。所谓混合研究范式是指一种尝试综合考虑多种观点、视角、层次和立场的知识方法论①。随着研究问题深入，研究者逐渐感受到单一研究方法的局限性，开始尝试一种可以综合使用定性与定量资料的方法，其基本原理是通过采用多种方法实现对研究问题三角互证，或者说是将不同研究方法得出的结果进行相互印证和补充②。柯林斯等确立了混合研究的四个基本原理：一是丰富的研究参与者，混合定量和定性研究，确保研究者和研究对象都可以被纳入研究框架。二是检测研究工具的信度，评估现有工具是否恰当，或者研发新的研究工具，检验现有工具的信度和效度等。三是通过分析得出完整性的研究结果，评估干预过程的可信度。四是增强解释力，通过翔实丰富的资料获取和互证，增加研究结果的解释力和实用性③。

混合研究方法中对“方法”一词的广义解释包含数据收集方法的问题和策略（例如问卷调查、访谈、观察等），研究方法（例如实验设计、人类学、民族志方法等），以及相关的哲学问题（例如本体论、认识论和价值论）。混合研究方法的优势在于如下几个方面：首先，在研究设计阶段，定量研究可以有效确定研究对象的代表性，并将特殊个案筛选出来。而定性研究则有助于界定研究问题中的核心概念，并为研究工具设计提供思路和线索。其次，定量数据可以在数据收集阶段为研究者提供基线信息，帮助避免精英偏见，定性数据则可以简化和推进数据搜集的过程。最后在数据分析阶段，定量数据可以评估定性数据的普遍性，为定性研究提供新的视角，定性数据则可以解释、澄清、描述和验证定量研究结果并加以修正，让冰冷的数据资料充满人情味，更接地气。

从定量研究、定性研究和混合研究三种范式的关系来看，混合研究可以被视为多个方法重叠。在图 3-1 坐标轴中心部分的属于纯粹的混合

---

① JOHNSON R B, ONWUEGBUZIE A J, TURNER L A. Toward a definition of mixed methods research [J]. Journal of mixed methods research, 2007, 2: 112-133.

② GREENE J C, CARACELLI V J, GRAHAM W F. Toward a conceptual framework for mixed-method evaluation design [J]. Educational evaluating and policy analysis, 1989, 11(3): 255-274.

③ COLLINS K M T, ONWUEGBUZIE A J, SUTTON I L. A model incorporating the rationale and purpose for conducting mixed methods research in special education and beyond [J]. Learning disabilities: a contemporary journal, 2006, 4: 67-100.

研究，研究者以混合方法的逻辑和实用主义哲学为基础，相信定性和定量的数据和方法会有利于研究问题的解决和研究结果的解释。当研究路径从中心区域向两端移动时，则形成了两种混合研究的类型，一是以定性为主的混合研究，这种类型的研究依赖定性研究方法，遵循建构主义和结构主义——批判性的研究过程观点，但是不否认定量分析在对研究结果进行演绎中的重要作用①。二是以定量为主的混合研究，研究者以定量研究方法为主导，遵循后实证主义的观点，以大样本的定量数据对研究问题进行描述、分析和解释，同时也认识到定性数据和方法对研究过程中的个案和案例的解释具有一定价值。

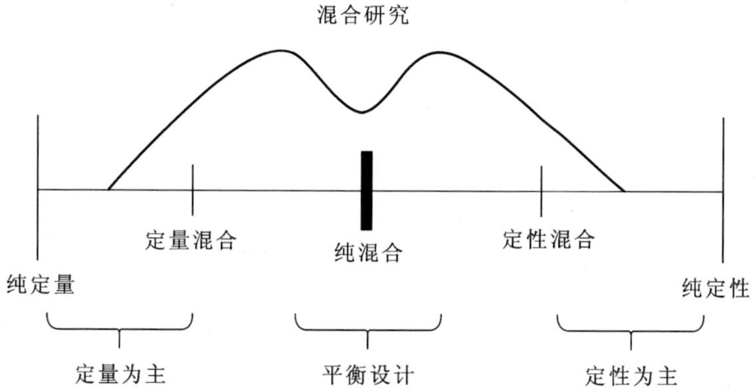

图 3-1　三种主要研究范式关系图

根据定量和定性方法在混合研究中的使用顺序或组合搭配，除上述的等同设计、以某种方法为主的主辅设计之外，混合方法还有如下三种设计类型②：

（1）顺序设计。在顺序设计的混合研究策略中，定量和定性两种研究方法存在使用顺序上的前后关系。研究者先使用某种方法得出一个研究结果，然后使用另一种方法加以详细说明。例如先使用定性研究方法对研究问题进行规范和价值论述，然后采用大样本的定量研究方法从个

① JOHNSON R B, ONWUEGBUZIE A J, TURNER L A. Toward a definition of mixed methods research [J]. Journal of mixed methods research, 2007, 2: 112-133.

② TASHAKKORI A, TEDDLIE C. Mixed methodology: combining qualitative and quantitative approaches [M]. Thousand Oaks, CA: Sage, 1998.

性结果中演绎出整体情况。或者，先使用定量研究方法对研究对象进行描述和分析，接着使用定性的资料对定量分析结果进行个案说明或补充论证。

（2）并行设计。在并行设计的策略中，定量和定性两种方法处于同等位置，通过对两种方法的综合使用，同时搜集定量和定性两种形式的数据资料，在对研究问题进行论证的过程中将这两种形式的信息资料进行整合，以实现对研究问题进行全面描述和分析的研究目的。换而言之，研究者紧密围绕研究问题，两种研究方法获取的信息相互嵌套，以整合的形式建构不同的问题分析单元。

（3）多层次设计。这种混合研究设计中，研究者先选择某种特定的理论视角，然后基于这种“最佳视角”的理论假设为确定的研究问题拟定研究框架，研究者在此框架内选择合适的方法进行资料收集，同时研究框架也会限定研究边界，为研究问题的分析解释提供工具。在这种研究策略中，研究者根据研究对象的不同，将研究问题分解为若干层次，在不同的层次采用不同的资料收集方法和分析方式，通过多层次问题的相互验证得出全面的结果。

总而言之，混合研究范式是以实用主义知识观为基础，围绕研究问题选择适当的研究方法或者方法组合，并贯穿于研究设计、数据收集、数据分析等各个阶段，不局限于定性和定量研究之间的界限或哲学方法论的讨论。

（二）本研究的混合研究设计

本研究拟采用混合研究范式进行研究设计、收集数据资料并展开问题分析。之所以采用混合研究范式是出于以下两点考虑：

一是与研究问题匹配。本研究探讨的核心问题是“能促进学生非认知能力发展的教师具备什么样的特质”，对这一问题的探究涉及诸多影响学生非认知能力发展的控制变量，同时需要探讨教师特质对学生非认知能力发展的影响，那么定量研究是最为适切的研究方法。同时考虑到学生发展的城乡差异、区域差异和校际差异，教师特质与学生非认知能力发展之间的关系还需要通过定性研究，找出具有典型性的个案和案例加以分析。在此情况下，收集大样本的定量数据和开放式的定性材料，更有利于对该问题的理解和分析。

二是结合学科特征。作为教育经济学专业的研究者，教育生产函数是教育经济学领域的经典方法。在构建教育生产函数的过程中，本研究的教育产出指标主要为学生的非认知能力发展水平，包括自尊、学习兴趣和自我管理能力三个方面，从学生非认知能力发展的视角探讨教师在其中的作用及权重，这是以定量研究为主的研究方法。同时，在过去的学习实践中，本人及所在的研究团队长期关注义务教育教师问题，对部分中西部区县和学校进行了跟踪调查，获取了大量包括统计数据、访谈材料、观察记录在内的一手资料，采用混合研究范式，将这些资料与大规模的基线调查数据相结合，有助于我们对定量研究结果进行通情式的理解。

教师因素与学生发展必然紧密相关，以学生非认知能力发展来审视教师特质，需要我们尽可能全面地将影响学生非认知能力发展的投入因素纳入分析框架，因此，本研究采用混合研究方法中的多层次设计策略，具体表现在研究实施的各个阶段：

在研究设计阶段，围绕人力资本理论构建教育生产函数，然后围绕产出指标和投入指标进行概念的操作化和测量。对学生非认知能力指标的选取，一方面源自对已有文献的梳理，包括考虑研究对象身心发展规律，已有研究证明具有经济价值且对学生未来发展具有重要作用的非认知能力，以及我国小学教育的目的和培养目标中对学生非认知能力发展提出的要求。另一方面，在文献梳理的基础上设计了访谈提纲，通过对校长、一线教师和家长的访谈，根据他们对学生非认知能力的理解，归纳出学生非认知能力的若干重要维度，与文献梳理资料相互印证，实现本研究非认知能力的概念界定和测量指标可操作化。

在资料收集阶段，围绕前期访谈、观察所得的定性资料，结合相关文献设计了调查问卷，根据调查对象的不同，分别从学校、教师和学生三个层面收集定量的信息。学校问卷主要用于收集学校层面的基本信息以及影响学生非认知能力发展的学校要素，教师问卷用于收集教师的基本信息、学历、工作经验、教育信念、人格特征等信息，学生卷围绕学生的个体因素、家庭背景和非认知能力展开测量。此外，在问卷调查过程中，选择部分具有代表性的教师和学生进行跟踪回访，以获得相关定性资料作为佐证。

在数据分析阶段，通过构建生产函数模型，在控制学生个体、家庭、学校等层面投入要素的基础上，分析教师特质变量对学生非认知能力发展的影响，由此得出的数据结果可以有效从样本演绎出整体的情况。但是，冰冷的数据背后还需要我们加入一些通情式的讨论，例如教师的这些能力如何影响学生非认知能力发展，教师和家庭对学生的非认知能力发展是否存在交互作用等等，对这些问题的回答都无法通过定量分析获得答案，从这个意义上说，本研究选择混合研究设计更为适宜。

二、方法选择

在讨论应该给教育分配多少公共资源的问题时，离不开对教育生产函数的探讨。在教育投入资源有效利用的前提假设下，教育投入要素与教育产出之间的数量关系就被称为教育生产函数①。其中，投入要素并非单个要素，而是政府、社会、学校、家庭和个体等多元主体全部可能的教育投入要素组合。

从公共政策视角来看，教育管理者和决策者可以通过教育生产函数来寻找最优的教育投入要素组合，或者说在特定教育产出目标的引导下，确定各种投入要素应被赋予的权重，这些投入要素组合直接决定着公共政策的价值导向和实施效果，因而成为一种有效的教育资源分配工具。具体而言，教育生产函数的表达式为：

$$A=a\ (S,\ Q,\ C,\ H,\ I), \tag{3.1}$$

其中，A 代表教育产出，例如学生的学业成绩、升学率、工资收入、认知和非认知能力等，S 代表受教育年限，Q 表示影响教育产出的学校特征，包括教育经费投入、教师特征等，C 代表学生个体特征，例如智商、

① HANUSHEK E A.Conceptual and empirical issues in estimating educational production function issues[J].Journal of human resources,1979,14(3):351-388.

能力、性别、年龄等，H 代表学生的家庭特征，例如家庭社经地位、家庭文化资本、家庭教养方式等，I 代表家庭教育投入，例如购买学习用具的投入，课外补习投入等。公式（3.1）表达的是在其他变量不变的情况下，某一核心解释变量对教育产出的影响，然而，投入要素之间的内在关联性往往会导致“牵一发而动全身”，某一个投入要素的改变可能会使得其他变量随之发生改变，例如当代表学校特征的 Q 变量变化时，家长则会根据学校的情况增加或减少教育投入，由此导致家庭变量 H 和 I 的变化，因此要想了解学校变量的全部影响，则需要知道学校特征变量 Q 和其他变量的变化在如何影响公式（3.1）中的 S 和 I，这些关系可以表示为：

$$S=f(Q, C, H, P), \tag{3.2}$$

$$I=g(Q, C, H, P), \tag{3.3}$$

在公式（3.2）和公式（3.3）中，P 代表与家庭教育决策相关的价格，如学费、学习用品价格、孩子上学的机会成本等。将公式（3.2）、（3.3）带入公式（3.1），得到教育产出 A 的另一种简约表达式：

$$A=b(Q, C, H, P), \tag{3.4}$$

根据上述公式，本研究构建的教育生产函数可以表示为：

$$A_n=f(Q, T, C, H, P), \tag{3.5}$$

其中，A_n 代表第 n 个学生的非认知能力，包括自尊、学习动机、自我管理等三个方面，Q 代表影响学生非认知能力发展的学校因素，例如生均公用经费、班级规模、班师比、生师比等，T 代表教师特征，包括教师的学历、经验、教师资格、教育信念、人格特质等，C 代表学生的个体特征，如性别、年龄、身心健康水平等，H 代表影响学生非认知能力发展的家庭特征，例如父母学历、职业、经济收入、社会资本、家庭教养方式等，P 代表班级环境，如同伴效应、师生关系等。

三、计量模型

本研究通过构建教育生产函数，探讨和归纳影响学生非认知能力发展的教师特质。鉴于研究数据具有明显的嵌套性特征，本研究采用两层次线性回归模型，从个体和班级两个层面考察学生的非认知能力发展的差异，引入班级变量解释教师对学生非认知能力发展的影响作用。

（一）两水平回归模型

长久以来，线性回归模型是教育量化研究普遍使用的计量方法，传统的线性模型的基本假设是线性关系、数据分布呈正态、方差齐性以及个案相互独立。实际上，社会性作为生命个体的重要属性，个体的生存与发展根植于复杂的社会情境之中，个体在与复杂情境的互动中形成自身鲜明的个性特征，同时又在社会结构中扮演着多重身份和角色，每个学生都是一个独特的个体，同时他又是某个家庭的成员，某个班集体的一分子，从属于一所学校，其在不同的组织中有自己的位置和角色[①]。这也就是说，学生对于教育的反应是嵌套于不同层次的场域中，小到一个班级、一所学校，大到一个学区、一个省。在不同层次的教育场域内，组内学生的反应有相同的背景。如果在数据分析过程中，忽略这种数据的嵌套结构，难免会造成数据估计偏误和合成偏差[②]。因而，自 20 世纪 80 年代起，对教育量化研究方法最多的批评是未能对多层的或多水平数据进行分析。

事实上，教育研究中的数据具有典型的多层嵌套特征，学生的发展是家庭、学校、社区、社会等因素综合影响的结果，研究者不仅关注学生个体的层面变量的影响作用，例如学生个人的智力水平、努力程度，更为重要的是关注学生个体与班级或学校层面变量之间的相互作用，例如家庭环境、教育投入、学校质量等因素的影响。在不同的班级环境中，学生的个体差异可能是相同的，也有可能是不同的。在学生个体层面，不同解释变量之间的关系也可能因班级而异，或因学校而异。

本研究关注的学生非认知能力发展数据同样呈现出明显的嵌套结构，学生非认知能力发展内嵌于班级和学校组织环境中，因此有必要采用分层技术，区分来自个体的影响因素（如性别、年龄、民族、家庭背景

① LAZARSFELD.Observations on the organization of empirical social research in the United States.advanced imaging and network technologies[J].International society for optics and photonics,1961:203-213.

② 胡森，波斯尔斯维特.教育大百科全书：教育研究方法：下[M].张斌贤，等译.重庆：西南大学出版社，2007:561-562.

等）和来自学校、班级因素（如班级氛围、教师特质等）对学生非认知能力发展的影响。在数据可行条件下，还能适当地评估哪类学生的非认知能力发展更容易或更难受到班级或学校水平特征的影响。传统的回归模型在处理多层（嵌套）数据分析时存在局限，引入多水平模型（Multi-Level Modeling，MLM）有利于揭示个体因素与群组因素之间的互动关系①。

多层模型是适用于呈正态分布的多层次、多水平数据的计量模型和估计方法，这种方法有两个核心特征：一是研究者可以对教育单元内部或不同教育单元之间的交互过程进行公式化并进行检验，以解决合成偏差问题。造成合成偏差的原因在于，某一个变量在不同的层次上会产生不同的平均数，当综合考虑这些平均数的时候，就会产生合成偏差。同时，在每个层次上还容易产生选择性偏误。二是这种方法通过设置随机截距和随机系数来规范误差结构，传统线性模型对嵌套结构数据进行分析时，由于标准误估计不包含分组形成的方差和协方差成分，因而容易出现估计偏误。

1. 多层模型的一般表达式

多层线性模型在处理分层嵌套数据时，我们以学生和学校两水平的模型为例，两水平线性模型的基本函数表达式为：

层 1 模型：$Y_{ij}=\beta_{0j}+\beta_{1j}X_{ij}+\gamma_{ij}$，

层 2 模型：$\beta_{0j}=\gamma_{00}+\gamma_{01}\omega_{j}+\mu_{0j}$，

$\beta_{1j}=\gamma_{10}+\gamma_{11}\omega_{j}+\mu_{1j}$，

……

层 1 模型代表学校内部，学生发展水平和学生个体特征因素之间的函数关系。Y_{ij}代表第 j 所学校中第 i 个学生的发展水平，X 代表影响学生发展的背景特征，包括个体的和家庭的，r 代表随机误差。层 2 模型模拟了学校特征如何影响其内部学生发展水平分布，层 2 模型实际上是探讨是否存在一个学校特征可以减弱或增强学生个体和家庭背景对学生发展的影响。对于两水平模型的参数估计通常采用两种方法，一是在大样本数据

① 张雷，雷雳，郭伯良.多层线性模型应用：第 2 版[M].北京：教育科学出版社，2005：1-17.

的分层线性模型中，采用最大似然法确定参数值，即以给定的观察数据作为样本构建似然函数，似然函数可以计算得到函数参数值随机变量的观测值的概率，然后找出函数最大化的参数值。二是在样本量较小的情况下，采用约束极大似然法进行参数估计，其基本原理是先用最小二乘法计算残差估计值，然后采用最大似然法推导方差和协方差的估计值。当样本量较小时，约束最大似然法比完全最大似然法的估计值更可靠[①]。

2. 两水平模型的主要形式

（1）零模型

零模型是多层线性模型的基准模型，即在模型中均不纳入水平 1 和水平 2 中上的解释变量。确定组内数据显著相关是建立多层模型的前置条件，如果不满足此前置条件，则表明数据之间没有显著的组间差异，此时多层分析结果等同于多元线性回归模型。零模型主要用于估计观察值在总变异的均值和方差成分，或者说是估计总变异中组内差异和组间差异各自所占的权重，以此为多层分析提供基准，论证采用多层分析方法的必要性。零模型中一个重要的辅助性指标是组内相关系数（Intraclass Correlation Coefficient，ICC），组内相关系数=组间方差/总方差，即组间变异在总变异中所占的比重，组内相关系数的取值范围是 0—1，数值越趋近于 1 表明同一组观察值之间具有高度相似性，与之相反，组内相关系数趋近于 0 则表明同一组观测值不相似。通常而言，当组内相关系数大于等于 0. 059 时，则认为观察值之间存在不可忽视的异质性，需要采用多层分析方法进行数据分析[②]。

（2）组均值模型

当我们通过零模型确定了层 2 组间变异对结果变量总变异的影响，那么我们需要进一步考虑应将哪些反映组特征的变量纳入层 2 模型，用来解释不同组别均值的差异。因此，我们可以假设层 1 模型不包含任何解释变量，用层 2 模型中的解释变量来解释层 1 模型的截距项。

---

① 王松桂，等.线性模型引论[M].北京：科学出版社，2004：111-118.

② 谢宇.回归分析[M].北京：社会科学文献出版社，2010：301.

(3) 随机系数模型

从某种程度上来说，均值模型可以视为随机系数模型的特殊形式，即只将层1模型中的截距项视为在层2模型上是随机的。而当考虑层1模型中多个斜率系数时，我们需要将这些斜率系数全部或者部分地设定为随机效应，以反映其在不同组间的随机变化，这就是随机系数模型。在设定随机系数模型时，理论上可以把层1模型所有解释变量的系数（斜率）都设定为随机斜率，但从实际操作层面看，设定过多的随机斜率会导致模型循环迭代而不收敛等参数估计问题。为避免这一问题，可以将部分核心解释变量的回归系数设定为随机系数，而假设其他控制变量的系数为固定效应，由此构建混合模型[①]。

(4) 完整模型

完整模型是基于随机系数模型，在层2模型中纳入表示组特征的解释变量。在完整模型中，层1模型考察的组内个体的因变量受自变量影响的结构关系，同时，层2模型通过层2的自变量来解释层1自变量随层2变量变化的作用大小，从而实现分析组特征因素对个体行为、特征的影响作用。

(二) 变量选择

1. 因变量

因变量为通过量表测量的学生自尊、学习兴趣和自我管理能力，量表均采用李克特四级量表，选项分别为“非常不像我、不像我、有点像我、很像我”，依次取值1—4分，采用探索性因子分析进行降维，将不同维度的指标合成一个量化指标。其中，自尊得分的取值范围为10—40分，分数越高表明学生的自尊感越强，学习兴趣和自我管理能力得分是由因子得分转化而来，取值范围均为0—10分，分数越高表明学生的学习兴趣更为浓厚，自我管理能力越强。

2. 自变量

影响学生自尊发展的变量主要包含学生个体特征、家庭特征、学校

① 王济川，谢海义，姜宝法.多层统计分析模型：方法与应用[M].北京：高等教育出版社，2008：39-40.

特征等三个方面。本研究将教师因素单列，除去教师因素外的其他变量称为学校变量。具体如下：

（1）学生个体因素

学生个体变量主要包括学生的性别、年龄和民族，其中性别以男生作为参照，编码为0，女生编码为1。年龄变量为学生自填的连续变量；民族变量以汉族为参照，编码为0，其他少数民族统一编码为1。独生子女编码为1，非独生子女为0。留守儿童编码为1，非留守儿童为0。

（2）家庭变量

其一，家庭社会经济文化（econmic，social and cultural status，ESCS）指数。家庭社会经济文化指数借鉴国际学生评估项目（PISA）的测量方法，由父母学历、职业、家庭经济资本和文化资本等四个要素合成计算得出。其中，根据我国的教育制度将父母学历换算成相应受教育年限，取父亲和母亲中受教育年限的最高的一方作为测量指标。父母的职业参照中国社科院在《中国社会分层研究报告》的职业划分标准，从低到高分别赋值为“1分（无业、待业）—10分（党政干部）”，取父母双方职业得分最高的一方作为测量指标。家庭经济资源以家庭所拥有的物品为测量指标，共计10项物品，“有”计1分，“无”计0分，分数越高表明家庭经济资源越丰富。文化资源以学生家中的藏书量为测量指标，根据图书数量分为“25本以下，26—100本，101—500本，500本以上”四类，分别赋值1—4分。对父母受教育程度、职业、经济资源和文化资源进行因子分析，将四个指标综合成家庭社会经济文化指数：

$$I_{ESCS}=(\beta_1 \times edu+\beta_2 \times ocup+\beta_3 \times eco+\beta_4 \times cul)/\gamma,$$

β_1—β_4 分别代表四个指标的因子载荷系数，γ 为主因子特征值。

其二，父母教育参与。父母的教育参与主要测量父母对孩子学习、生活的时间投入和参与频率，问卷共设置10个条目，囊括了日常生活、学习监督和指导、娱乐放松等方面（详见附录学生问卷第21题）。每个题项按照父母参与频率设置“从来没有、每年1—2次、每月1—2次、每周1—2次和每天”等五个选项，依次赋值1—5分，分数越高，表明父母的教育参与程度越高。

其三，父母教养方式。父母的教养方式主要包含严厉、关爱、自由三个维度，采用李克特四级量表，共设置13个条目，例如“父母会严格规定我可以做什么，不可以做什么，并且绝不让步”“我可以像其他小朋友一样做自己喜欢的事情”“遇到不开心的事，父母总是鼓励我、安慰我”等。选项为“从不、偶尔、经常、总是”，依次赋值1—4分，各维度指标计算各条目均值。在严厉维度，分数越高表明父母教养方式越严厉。在关爱维度，分数越高表明父母关爱程度越高，在自由维度，分数越高表明父母的教养方式更为宽松、民主，对孩子发展不过分干涉。

（3）教师特质

教师变量主要包括教师的知识、能力、人格和教育信念四个方面，选取班主任教师的学历、教龄作为教师知识和能力的代理变量，其中教师学历换算成对应的受教育年限。通过《大五人格量表》测算班主任的人格特征，共包含情绪稳定性、外向性、开放性、利他性和尽责性等五个方面，分数取值范围为1—5分，分数越高分别代表情绪压力越大、性格外向、乐于接纳新生事物、为他人着想和认真负责等。通过《教师信念量表》分别测试教师的教育信念，主要测量教师在学生管理、教育教学、学生评价和师生关系等四个方面的态度和价值观，通过主成分分析法估计四个维度的因子得分，为方便解释，将因子得分转换成百分制，分数越高表明教师的教育信念更为开放，即教师秉持以学生为中心、学生自主学习、民主管理和全面评价学生的教育信念。

（4）班级变量

班级变量主要包括班级规模、学生感知的教师支持、集体支持和同伴交往等四个指标。班级规模以学生所在班级的人数作为观测指标，以学生自填的班级支持量表作为观测指标，选项从“非常不同意”到“非常同意”分别赋值1—4分，共分为教师支持和班级氛围两个维度，计算各维度下属条目均值，分数越高表明教师对学生关注越多，学生的班集体归属感越强。同伴交往以学生自己填的好朋友数量作为观测指标。

（5）学校变量

将教师变量和班级变量从学校变量中分离后，本研究以学校类型、生均公用经费支出两个指标作为学校变量。学校类型以农村小规模学校为参照组，编码为0，乡镇中心学校编码为1，城区学校编码为2。

表3-1 自变量界定与测量

变量名称	变量界定	均值/分	标准差
个体变量			
性别	男生=0，女生=1	0.47	0.50
年龄	连续变量	9.23	0.61
民族	汉族=0，少数民族=1	0.22	0.41
是否独生子女	0=否，是=1	0.24	0.24
是否留守儿童	0=否，是=1	0.44	0.50
家庭变量			
社会经济文化指数	父母学历、职业、经济资源和文化资源合成指标	9.46	2.19
父母陪伴	综合维度得分取均值，取值范围1—5分	3.18	1.00
家庭教养方式			
严厉、惩罚	6条目总分取均值，分数越高，严厉程度越高	1.94	0.65
关爱、理解	5条目总分取均值，分数越高，温暖程度越高	2.94	0.68
自由、民主	2条目总分取均值，分数越高，民主程度越高	2.42	0.85
教师变量			
学历	学历换算成对应受教育年限	13.8	1.82
教龄	连续变量	16.36	11.09
职称	0=未评级，1=三级，2=二级，3=一级，4=高级	3.19	1.17
家乡	本乡镇=0，乡镇外=1	0.46	0.50
师范专业	0=非师范专业，1=师范专业	0.75	0.44
人格特质			
情绪稳定性	情绪稳定/情绪波动	2.46	0.56
外向性	含蓄、自主、稳健/乐观、友好、自信	3.50	0.52

续表

变量名称	变量界定	均值/分	标准差
开放性	喜欢熟悉的事物/喜欢新鲜的事物	3.30	0.37
利他性	乐于助人、富有同情/多抱敌意，为人多疑	3.84	0.38
尽责性	半途而废、冲动、粗心/不屈不挠、自律、负责	4.06	0.56
教育信念			
学生管理	教师管理/民主自管	75.74	19.53
教育教学	教师中心/学生中心	51.04	19.62
学生评价	结果评价/过程评价	39.65	16.86
师生关系	教师权威/师生平等	47.78	16.02
班级变量			
班级规模	学生所在班级的样本数	58.44	0.22
教师支持	学生感知的教师关注程度	2.82	0.66
班级氛围	学生自评的班级氛围及集体归属感	3.29	0.56
同伴交往	学生在班上的好朋友数量	6.36	7.68
学校变量			
学校类型	农村学校=0，城市学校=1	0.51	0.49
班师比	学校在岗教师数/班级数	3.04	0.02
学校平均 ESCS	样本学校学生家庭平均 ESCS	6.54	0.78

第三节　样本选择

本研究的调查对象是小学三年级在校学生，之所以选择三年级学生作为调查对象主要出于如下方面的考虑：一是三年级学生的年龄为 9 岁左右，正处于非认知能力发展的重要年龄段。二是农村小规模学校多为 1—4 年级的非完全小学，选择三年级学生可以有效保证农村小规模学校学生的样本量。三是基线调查以问卷调查为主，需考虑调查对象的识字和阅读理解水平。在确定研究对象后，抽样是保证研究有效开展的重要环节，本研究采用随机分层抽样对 2018—2019 学年第二学期小学三年级在校学生进行抽样，具体可分为三阶段抽样：

一、地区和区县样本选择

在我国东、中、西部的经济版图中，中部6省的经济总量落后于东部地区，同时经济发展速度落后于西部地区，经济总量与人均量甚至落后于部分西部省份。与之对应，中部地区义务教育发展出现水平塌陷或低水平均衡的现象[①]。在此背景下，选择湖北省作为调查取样的地区，有如下两点理由：

一是湖北省作为中部地区教育大省，其教育发展具有一定代表性。湖北省是中部地区农民工的输出省份之一，大量人口外流使得农村留守儿童教育问题突出。有统计数据表明，截至2018年10月，湖北省农村留守儿童数量为69万人，占全国农村留守儿童比例的9.9%[②]。从教育投入角度看，2009年—2018年的近十年间，湖北省一般预算内公共教育经费投入从317.29亿元增长至1065.64亿元，公共教育经费支出占财政总支出的比例基本维持在15%左右水平，从2009年的15.17%降至2018年的14.68%，其中2012年随着教育财政支出4%目标的实现，当年教育经费支出占比达到了19.24%。此外，湖北省农村地区在校生人数不足200人的小规模学校大量存在，城镇学校和农村小规模学校成为留守儿童入学主要场所。由此可见，多元的教育发展模式、显著的城乡差异使得湖北省教育发展具有一定代表性。

二是近十年来，湖北省政府在义务教育教师队伍建设方面做了大量探索，并取得了一定成效。为促进县域内义务教育均衡发展，在公共财政预算约束的条件下，湖北省以农村教师队伍建设为主要着力点，出台了一系列政策旨在强化农村学校的师资力量。从2004年开始，湖北省推行资教生计划，每年选取5000名高校毕业生前往农村学校资教，该计划实施的成功经验直接推动了特岗计划的出台。2009年以后，湖北省密集

---

① 雷万鹏，钱佳，马红梅.中部地区义务教育投入塌陷问题研究[J].教育与经济，2014(6)：3-9.

② 民政部.2018年全国农村留守儿童摸底与调研报告[EB/OL].http://www.mca.gov.cn/article/gk/tjtb/201809/20180900010882.html.

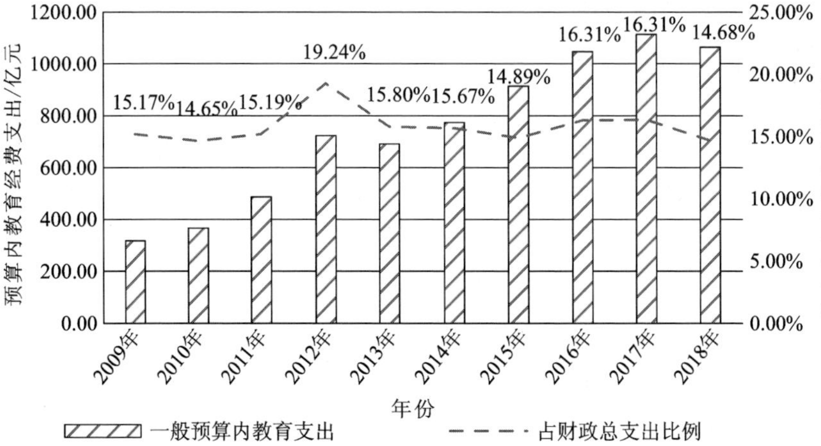

图 3-2　湖北省一般预算内公共教育经费 2009—2018 年①

出台了一系列政策，从教师补充、教师质量提升、城乡教师交流等方面着手强化本省农村教师队伍建设，这些政策的实施一定程度上缓解了湖北省农村地区教师短缺和农村师资薄弱等问题（详见表 3-2）。

表 3-2　湖北省教师政策梳理

年份	名称
2004 年	资教生计划
2005 年	农村教师质量提升工程
2009 年	义务教育均衡发展行动计划
2011 年	“启明星”计划
2012 年	农村义务教育教师补充新机制
2013 年	农村骨干教师补助计划
2015 年	乡村教师支持行动计划
2016 年	教师资格定期注册；加强师范生教育实践能力
2017 年	调整城乡教师岗位比例，规范教师岗位聘用

① 教育部、国家统计局、财政部《关于全国教育经费执行情况统计公告》(2008—2017 年)。

在确定湖北省作为样本区域后，需要考虑在湖北省内选取区县样本。从经济社会发展水平看，湖北省社会经济发展呈现“中间高，东西低”的态势，湖北省中部的荆州、宜昌、襄阳地区经济发展水平较高，经济发展相对落后的地区主要分布于鄂东和鄂西。在湖北省鄂东和鄂西地区有三个连片特困地区，分别为大别山区、秦巴山区和武陵山区。有鉴于此，本研究根据社会经济发展水平，在湖北省东部和西部地区共选择8个区县作为地区样本，鄂东地区选择黄冈市下辖的罗田县和英山县，鄂东南地区选择咸宁市下辖的咸安区、崇阳县和通山县，鄂西地区选择恩施土家族苗族自治州的巴东县、建始县、恩施市（详见图3-3）。

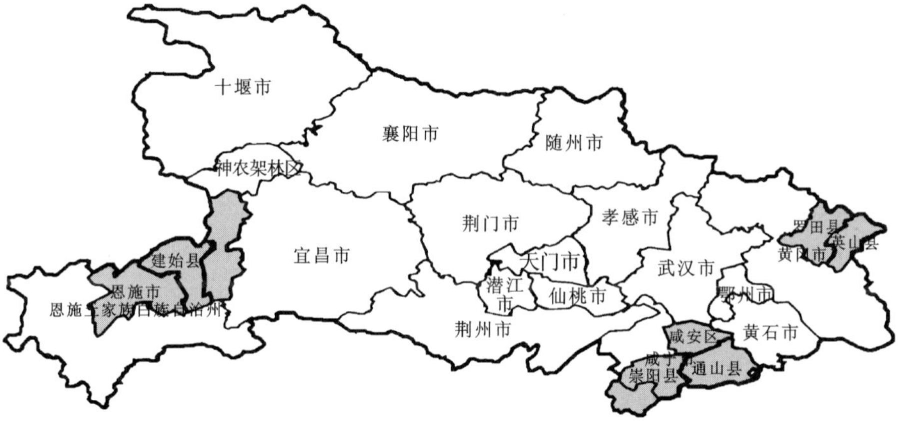

图3-3　湖北省区县样本分布图

二、乡镇和学校样本选择

在选定8个区县后，除选取县城（城关镇）外，在县域内按经济社会发展水平选取一个中等经济发展水平乡镇和一个低等经济发展水平乡镇，由此每个区县选择包括城关镇在内的三个乡镇构成乡镇样本。随后，在城关镇内按照教育质量和学校发展水平选取1—2所完全小学作为参照。在其他两个乡镇内，选择镇中心小学1所及其下辖的教学点1—3个，教学点须保证有三年级学生，由此平均每个区县选择的学校样本约为8个，包含县城小学、乡镇中心小学、农村小规模学校三种学校类型。以英山县为例，我们选取了地处温泉镇（城关镇）的英山实验小学，同时随机选取了草盘地镇和雷店镇作为乡镇样本，在草盘地镇选取了草盘小学（中心小学）及其下辖的红花小学、牛岭小学、过路滩小学等3所小规模学校。雷店镇选取了五一小学（中心小学），及其下辖的程咀小学，飞跃小学等2所小规模学校，合计8所学校。具体而言，在选取的8个区县中，每个区县选取的学校总数为6—10所不等，共选取学校样本64个，其中城区学校15所，乡镇小学15所，乡村小学34所（详见表3-3）。

表3-3　各区县学校样本数量统计表　　（单位：所）

区县	城区学校数	镇中心小学数	农村小规模学校数	合计
英山县	1	2	5	8
罗田县	2	2	2	6
咸安区	2	2	3	7
通山县	2	1	5	8
崇阳县	2	2	5	9
恩施市	2	2	6	10
建始县	2	2	2	6
巴东县	2	2	6	10
合 计	15	15	34	64

三、班级和学生样本选择

在确定学校样本后，学校内以班级为单位进行整群抽样，开班数量2个以上的学校，选取2个班级作为班级样本，开班数量不足2个班的学校则全部班级入样。样本班级中的学生全部入样，填写学生问卷。同时，样本班级的班主任教师和主要科任老师选取3—5名填写教师问卷。需要指出的是，农村小规模学校教师数量少，班师比约为1∶1—1∶2，因此在调查过程中，农村小规模学校的教师全部填写教师问卷纳入教师样本。

第四节 问卷设计

本研究围绕学生非认知能力发展及其影响因素进行调查工具的设计，对校长、老师和学生分别设计了调查问卷和访谈提纲，在本章第一节中已对主要因变量和核心解释变量的可操作化进行了阐述，以下将根据研究设计情况呈现调查问卷的基本结构。

一、学生问卷结构

学生问卷以测量非认知能力水平和影响学生非认知能力发展的个体因素、家庭因素为主要思路展开设计。

1. 非认知能力

学生问卷围绕非认知能力的测量展开设计，以三个心理学量表分别测量学生非认知能力中自尊、学习兴趣和自我管理能力，三个量表均为李克特四级量表，其中自尊量表包含 10 条目。学习兴趣量表包含 17 条目，自我管理能力量表包含 21 条目。

2. 学生个体特征

学生个体特征包括：（1）人口学信息，例如性别、年龄、民族、兄弟姐妹数量等人口学指标；（2）身心健康状况，身体健康设置题目“最近一年中，你经常生病吗?”，选项为没有、很少、经常三级变量。心理健康为一组主观感受题目，包含 8 条目，每个条目设置“没有”至“经常”五级选项，分别赋值 0—4 分，采用反向计分方式，分数越高说明心理健康水平越好；（3）前置受教育水平：设置题目“你是否上过幼儿园”，选项为“没有，上过一年或不到一年，上幼儿园超过一年”。同时关注学生的学业成绩，“你的学习成绩在班上处于什么位置?”，选项为“后几名、中等偏下、中等、中等偏上、前几名”等五级变量。此外，还有若干题目测量学生的同伴交往、师生关系、自我期望、是否担任班干部、社交能力等。

3. 学生家庭特征

家庭特征测量主要包含家庭经济资本、社会地位、文化资本、父母陪伴、家庭教养方式等主要内容。(1) 家庭经济资本由家中拥有的物品(如电脑、手机、私家车等) 测量而得，家庭社会地位主要用父母从事的职业进行划分，文化资本通过家中拥有的教育文化物品加以测量。(2) 父母陪伴通过列举 10 个行为，例如“你的爸爸妈妈经常陪你一起运动或玩耍吗”，选项依次为“从来没有、每年 1—2 次，每月 1—2 次，每周 1—2 次，每天”，选项分别赋值为 0—4 分，分数越高则父母陪伴频率越高。(3) 家庭文化资本通过列举家中的书桌、电脑、文学作品、艺术品、工具书等，让学生选择“有”或“没有”，选择“有”计 1 分，“没有”计 0 分，10 个条目的得分总和代表家庭文化资本的高低。(4) 家庭教养方式的测量借鉴了瑞典临床心理学家 Perris 编制、我国学者岳东梅等研究者修订的《家庭教养方式量表》，共分为严厉惩罚、关爱理解、宽松自由三个维度，共计 13 条目。

二、教师问卷结构

教师问卷以教师能力为核心解释变量展开设计，即从本研究构建的教师能力框架设计测量指标，同时加入对教师个人、家庭和工作信息收集的变量。

1. 教师特质

本研究采用的教师能力框架，包含知识、技能、教育信念和人格特征四个主要维度。其中知识和技能以受教育水平、工作经验和是否获得教师资格作为代理变量。教师的教育信念采用《教育信念量表》，包含学生管理、教育教学、学生评价和师生关系等四个维度，总计 38 个条目，选项“完全不同意”赋值 0 分，“完全同意”赋值 4 分，部分题目采用反向计分，分数越高说明教师越倾向于民主管理、全面评价、以学生为本的教育信念。人格特征采用《大五人格量表》，包含开放性、外向性、情绪稳定性、责任性和利他性五个维度，共计 60 条目，选择“完全不同意”赋值 0 分，“完全同意”赋值 4 分，分数越高代表各类人格特质越显著。

2. 教师信息

（1）教师个人信息，问卷设置了若干题目获取教师的性别、年龄、民族、家乡、学历等个人信息。（2）教师的婚姻、孩子养育、年工资收入、住房情况、家校距离等家庭信息。（3）教师工作信息包括教师的身份、职称、是否担任班主任、周课时量、工作时间分配、任教科目和班级数量等方面。（4）家校沟通，包括教师与家长沟通的频率、方式和内容等。此外还设置了题目测量教师的课外阅读时间和离教意愿等。

三、学校问卷结构

学校问卷主要用于收集学校层面影响学生非认知能力发展的投入信息，主要调查对象为校长或学校负责人。学校问卷可分为如下模块：

（1）校长的个人基本信息，包括性别、年龄、学历、教龄、职称等信息。

（2）学校基本概况：包括学校类型、所在地、生源情况、班级数、在校生数、教师数、教师的学历结构、年龄结构等。

（3）学校硬件设施：包括教学用房面积、办公用房面积、学生宿舍面积、图书数量、功能室配备和教育设备等。

（4）学校经费支出：总经费支出、人员性经费支出、公用经费支出。

第四章　教师特质与学生自尊发展

自尊是个体对自我价值认知和自我接纳水平的总体感受，较高的自尊感有利于提高学生学习成绩，培养学生毅力和自我调节能力，构筑良好人际关系，积极应对生活挑战以及改善生活幸福感和长期福祉①。相反，较低的自尊感不利于培养学生的韧性，也是影响学生社会情感能力发展和学业成绩的重要风险因素②。从这个意义上来说，自尊是个体非认知能力的重要方面，对学生的发展，尤其是对处于不利成长环境中的学生尤其重要。

小学阶段是儿童认知能力和非认知能力发展的重要阶段，小学阶段最重要的教育任务是让学生获得对自己的认知，学生开始意识到自己是区别于他人的独立个体，这也是学生人格发展的核心和学生社会性发展的起点。从学生社会性发展角度看，自尊是社会评价和学生自尊需要的关系反映，学生在社会比较过程中获得自我价值认知的评价和体验③。学术界已达成的基本共识是，包括父母和老师在内的成年人在培养学生自尊方面起着重要作用。其中，教师作为影响学生发展的重要他人，教师如果能够为学生提供充足、一致和积极的支持，有力培养孩子自尊，

---

① GALANOU C, GALANAKIS M, ALEXOPOULOS E, et al. Rosenberg self-esteem scale Greek validation on student sample[J]. Psychology, 2014, 5(8): 819-827.

② DOUMEN S, BUYSE E, COLPIN H, et al. Teacher-child conflict and aggressive behavior in first grade: the intervening role of children's self-esteem[J]. Infant & child development, 2011, 20: 449-265.

③ 魏运华. 自尊的概念与结构[J]. 社会心理科学, 1997(1): 35-39.

那么在早期表现出行为问题的学生就不太可能在后期出现行为问题①。

有鉴于此，我们利用《学生自尊量表》测量学生的自尊发展水平，采用正反计分方式的李克特四级量表，共计包含10条目的问题，得分总和代表学生自尊发展的整体水平，总分取值范围为10—40分，分数越高说明学生自尊发展水平越高。本章想要讨论的问题是：（1）在城乡教育一体化发展的战略背景下，学生自尊发展水平是否存在城乡差异、家庭差异和学校差异？（2）如果存在差异，那么在影响学生自尊发展的诸多要素中，教师的哪些特质在影响学生自尊发展？其影响机制是什么？（3）基于城乡不同的教育发展生态，城乡学生的自尊发展对教师特质要求有何不同？围绕这些问题，我们对全样本、农村学生样本、城市学生样本分别构建回归模型，在控制个体、家庭和学校等变量后，以教师特质作为核心解释变量，以此描绘有利于学生自尊发展的教师特质。

第一节　学生自尊发展现状描述

一、学生自尊发展的整体描述

从全部学生样本来看，小学三年级学生的平均自尊得分为29.67分，最高分40分，最低分11分，标准差5.15。在全部4527个学生样本中，学生自尊得分的第1四分位数为26分，中位第3四分位数为33分，中位数为30分，中位数与均值相近，表明学生自尊得分总体呈现正态分布。学生自尊的分布直方图更为直观反映了学生自尊的分布趋势，从图4-1可见学生自尊得分的总体分布呈现负偏态，我们将对学生自尊得分1%范围以外的数值进行“缩尾”处理，以此保证回归模型对数据正态分布的前提要求。

分地区来看，在取样的8个区县中，恩施地区的学生自尊发展水平

① HARME B K，PIANTA R C.Early teacher-child relationships and the trajectory of children's school outcomes through eighth grade[J].Child development，2001，72：625-638.

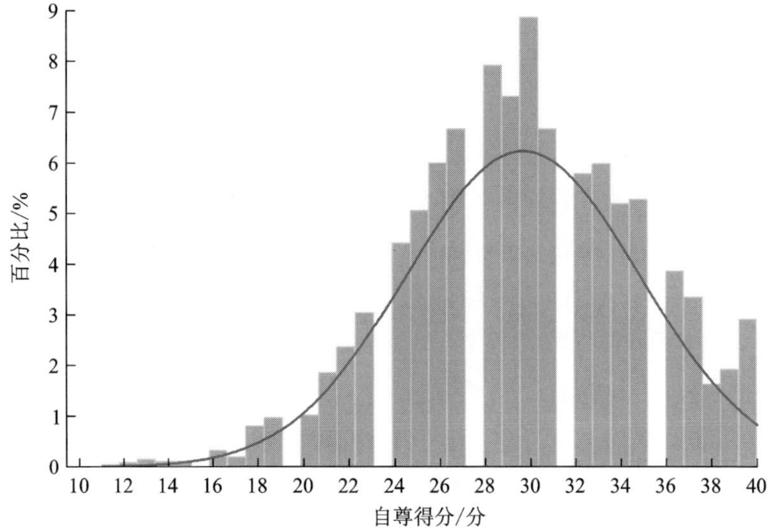

图 4-1　学生自尊发展分布直方图

整体较高，恩施地区三个区县得分从高到低依次为巴东县（30.75 分）、恩施市（29.96 分）和建始县（29.92 分）。英山县学生自尊平均得分仅次于巴东县，平均得分为 30.36 分。通山县学生的自尊平均得分为 28.54 分，在 8 个地区样本中相对最低。从学生自尊发展水平的离散程度看，崇阳县学生的平均得分为 29.17 分，标准差为 5.86，在 8 个地区样本中，崇阳县学生的自尊得分离散程度最高，表明县域内学生自尊发展的个体差异相对较大。罗田县学生的平均自尊得分为 29.49 分，标准差为 4.71，表明罗田县学生自尊得分相对集中，学生自尊发展的个体差异相对较小，其他区县的标准差均在 5.00 左右。卡方检验结果显示，学生平均自尊发展水平有显著的地区差异，卡方值为 515.74，自由度 203，显著性检验 $p<0.05$。从箱型图（图 4-2）也可以看出学生自尊发展的地区差异，巴东县学生自尊得分的中位数高于总体均值，英山县、建始县和恩施市的中位数和总体均值持平，咸安区、崇阳县和通山县的中位数低于总体均值。

关注学生自尊的一个重要原因在于，自尊与学生学业成绩有密切联系。有研究表明自信、自尊感强的学生，其学业表现往往更为优秀，自

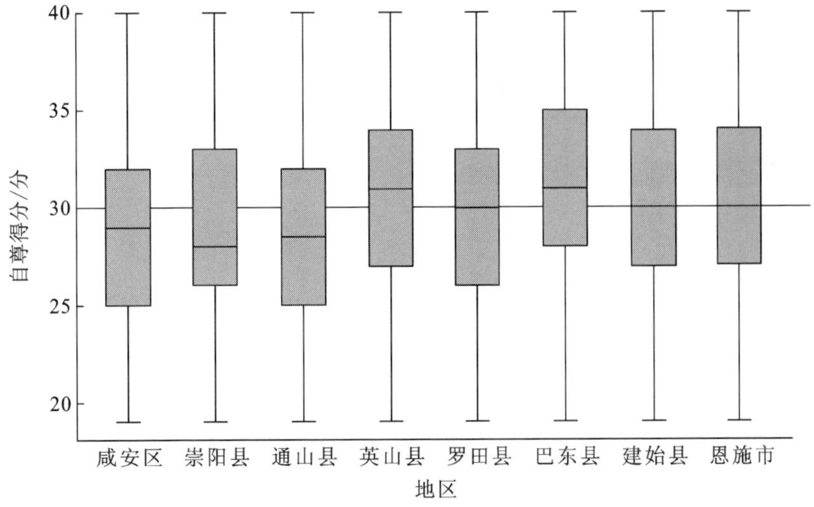

图 4-2　各地区学生自尊发展箱型图

卑、自弃学生的学业表现则较为糟糕①。学生自尊来源于生活学习中获得的成功体验，成绩好的学生通常表现得更为自信②。由此可见，自尊与学生学业成绩之间有显著的正相关关系，但两者之间是否为因果关系尚未获得一致性结论。为充分描述学生自尊发展的整体概况，以下将结合学生自评成绩进一步描述学生自尊发展情况。在学生问卷中设置题项“你在班上的成绩处于什么位置”，选项包括“前几名、中等偏上、中等、中等偏下、靠后”五个选项，按学业成绩分组的统计结果表明，学生自尊得分与学习成绩显著正相关（相关系数 0. 313，显著性 $p<0.01$）。从表 4-1 可见，在成绩排名靠前的组内，学生平均自尊得分为 31. 79 分，自尊得分与学业成绩排名显著正相关，学习成绩靠后的学生平均自尊得分为 26. 47 分，中等成绩学生的自尊得分趋近均值。

① HATTIE J A.Self-concept[M].New Jersey:Lawrence Erlbaum Associates,Inc,1992:181-189.

② BAUMEISTER R F,CAMPBELL J D,KRUEGER J I,et al.Does high self-esteem cause better performance,interpersonal success,happiness,or healthier lifestyles? [J].Psychological science in the public interest,2003,4(1):1-44;魏运华.学校因素对少年儿童自尊发展影响的研究[J].心理教育与发展,1998(2):12-16.

表 4-1　学生自尊发展与学业成绩

学习成绩	样本量/个	均值/分	最小值/分	最大值/分	标准差
前几名	722	31.79	15	40	4.92
中等偏上	1225	30.81	11	40	5.06
中等	1529	29.46	12	40	4.78
中等偏下	528	27.61	12	40	5.01
后几名	454	26.47	11	40	4.76

二、学生自尊发展的差异分析

学校和家庭是学生活动的两个主要场所，也是学生自尊养成的两个重要场域。毫无疑问，出生于不同家庭背景、不同成长环境的学生，其自尊发展水平具有显著个体差异。从公共政策角度看，我们既要关注学生自尊发展的个体差异，同时需要关注学生成长的环境因素。有鉴于此，以下将从学生个体、家庭环境、学校环境等方面描述学生自尊发展存在的差异。将学生自尊发展视为一个整体，以城乡分布、家庭类型和学校类型为分类标准，分类比较学生自尊发展的差异性。

（一）个体差异分析

从表 4-2 可见，学生自尊发展存在显著的性别差异，女生自尊发展水平显著高于男生，两者的均值分别为 29.96 分和 29.52 分，显著性检验 $t=-3.517$（$p<0.001$）。从民族分布看，汉族学生自尊平均得分为 29.53 分，少数民族学生自尊平均得分为 30.20 分，汉族学生显著低于少数民族学生（$t=-3.631$，$p<0.001$）。留守儿童自尊平均得分显著低于非留守儿童，两者自尊得分均值分别为 29.02 分和 30.19 分（$t=7.6112$，$p<0.001$）。寄宿学生自尊平均得分为 28.35 分，走读（包含租房陪读）学生自尊平均得分为 29.80 分，寄宿学生自尊发展水平显著低于走读学生（$t=-4.444$，$p<0.001$）。此外，学生自尊发展没有显著的年龄差异，独生子女与非独生子女的自尊发展也没有统计性显著差异（见表 4-2）。

表 4-2　学生自尊发展的个体差异

个体特征		均值/分	t 值
性别	男生	29.52	-3.517^{***}
	女生	29.96	
民族	汉族	29.53	-3.631^{***}
	少数民族	30.20	
是否寄宿	寄宿	28.35	-4.444^{***}
	走读	29.80	
独生子女	非独生子女	29.86	-0.179
	独生子女	29.90	
留守儿童	非留守儿童	30.19	7.6112^{***}
	留守儿童	29.02	

注：显著性水平，+表示 $p<0.1$，* 表示 $p<0.05$，** 表示 $p<0.01$，*** 表示 $p<0.001$。后表同。

（二）家庭差异分析

1. 家庭经济资本差异

在问卷调查中，我们以家庭拥有的手机、电视机、电脑、摩托车和私家汽车的数量作为家庭经济资本的代理指标，选项分别为“没有”“有 1 个”“有 2 个”“有 3 个”，四个选项依次赋值 1—4 分，家庭经济资本分数取值范围为 5—20 分。在 4527 个学生样本中，家庭经济资本最大值为 16 分，最小值 5 分，平均值 7.25 分，标准差 2.49。根据家庭经济资本得分，我们将学生家庭分为低经济资本家庭（5—10 分）、中经济资本家庭（11—15 分）和高经济资本家庭（16—20 分）三类，三类家庭的占比分别为 37.86%、61.07% 和 1.07%，以此比较不同经济资本家庭的学生自尊发展水平。

表 4-3 家庭经济资本与学生自尊发展

家庭经济资本	最小值/分	最大值/分	均值/分	标准差	有效样本量/个
低经济资本	12	40	29.15	4.99	1610
中经济资本	11	40	29.99	5.21	2528
高经济资本	11	40	29.75	5.20	389
整体水平	11	40	29.67	5.15	4527

通过表 4-3 可发现，中等经济资本家庭的学生自尊水平高于其他两类家庭背景的学生，其最小值为 11 分，最大值为 40 分，平均分 29.99 分。低经济资本和高经济资本家庭学生的自尊平均得分分别为 29.15 分和 29.75 分。差异性检验结果表明，三类家庭背景学生自尊发展水平的卡方值为 103.61，自由度 58，显著性检验 p 值小于 0.001，表明在 99% 的置信区间内，中经济资本家庭学生的自尊发展水平显著高于其他两类家庭背景的学生。换而言之，学生自尊发展水平与家庭经济资本显著正相关。同时，通过与整体平均水平的比较发现，中经济资本和高经济资本家庭出身的学生自尊发展高于整体的平均水平，而低经济资本家庭背景的学生自尊发展低于整体均值。

2. 家庭文化资本与学生自尊发展

在学生问卷中，以学生家中有的书桌、文学作品、艺术品等作为测量家庭文化资本的代理变量，“没有”计 0 分，“有”计 1 分，总分取值范围为 0—10 分，分数越高，家庭文化资本越高。按照家庭文化资本得分将家庭分为三类：一是低文化资本家庭（0—3 分），占学生样本总数的 15.9%；二是中文化资本家庭（4—7 分），占学生样本总数的 62.3%；三是高文化资本家庭（8—10 分），占学生样本总数的 21.8%。

表 4-4 家庭文化资本与学生自尊发展

家庭文化资本	最小值/分	最大值/分	均值/分	标准差	样本量/个
低文化资本	11	40	27.65	4.90	710
中文化资本	11	40	29.45	4.98	2819

续表

家庭文化资本	最小值/分	最大值/分	均值/分	标准差	样本量/个
高文化资本	12	40	31. 77	5. 10	989
整体水平	11	40	29. 67	5. 15	4527

从表 4-4 可见，学生自尊发展水平与家庭文化资本呈现显著的正相关关系，家庭文化资本越高，学生自尊得分越高。具体而言，低文化资本家庭的学生自尊平均得分为 27. 65 分，标准差 4. 90，最低分 11 分，最高分 40 分；中文化资本家庭的学生自尊平均得分 29. 45 分，标准差 4. 98，最低分 11 分，最高分 40 分；高文化资本家庭的学生自尊平均得分为 31. 77 分，标准差 5. 10，最低分 12 分，最高分 40 分。三类家庭学生自尊平均得分的卡方检验结果显示，三类家庭的学生自尊发展存在显著差异（卡方值为 355. 293，$p<0.001$）。

3. 家庭社会地位与学生自尊发展

父母职业参照中国社科院在《中国社会分层研究报告》中提出十大职业划分，按照从低到高分别赋值为“1 分（无业、待业）—10 分（党政干部）”，取父母双方职业得分的平均值作为家庭社会地位的测量指标。按照父母职业得分的均值将家庭分为三类，一是低社会地位家庭（1—3 分）、中社会地位家庭（4—6 分）、高社会地位家庭（7—10 分），三类家庭背景的学生占比分别为 9. 3%、75. 4%、15. 3%。

表 4-5 家庭社会地位与学生自尊发展

家庭社会地位	最小值/分	最大值/分	均值/分	标准差	样本量/个
低社会地位	11	40	29. 63	5. 21	422
中社会地位	11	40	29. 49	5. 09	3412
高社会地位	15	40	30. 61	5. 34	693
整体水平	11	40	29. 67	5. 15	4527

从表 4-5 可见，高社会地位的家庭学生平均自尊得分为 30. 61 分，其中最低分 15 分，最高分 40 分，标准差 5. 34，显著高于低社会地位家

庭和中等社会地位家庭。中等社会地位家庭的学生自尊发展相比最低，均值为29.49分，标准差为5.09。低社会地位家庭的学生自尊得分平均值为29.63分，标准差为5.21。卡方检验结果显示，三类家庭的学生自尊发展有显著差异（卡方值为100.99，$p<0.001$）。三类家庭的两两比较发现，中、低社会地位家庭的学生自尊发展在统计上无显著差异，来自高社会地位家庭的学生，其自尊发展水平显著高于中、低社会地位家庭学生。

4. 家庭教养方式与学生自尊发展

根据学生问卷中的家庭教养方式量表测量了家庭教养方式的严厉、关爱和干涉三个维度，分别对应严厉型、关爱型和自由型三种家庭教养方式，通过比较三个维度的得分，以得分最高的维度作为学生家庭教养的主要方式，分组可知严厉型家庭（9.7%）、关爱型家庭（58.2%）、自由型家庭（32.1%）。进一步比较三类家庭学生的自尊发展可知，关爱型家庭教养方式的学生自尊发展水平最高，平均得分30.06分，其中最低分12分，最高分40分，标准差4.99。其次为自由型教养方式，学生平均自尊发展水平为29.53分，最低分11分，最高分40分，标准差4.99。严厉型家庭教养方式学生平均自尊发展水平相对最低，平均分为27.81分，最低分11分，最高分40分，标准差6.19（见表4-6）。三类家庭的学生自尊发展水平存在显著的组间差异（卡方值为276.19，显著性$p<0.001$），对三类家庭进行两两比较也得到了相同的结果，即关爱型家庭>自由型家庭>严厉型家庭。由此说明，过于严厉的家庭教养方式不利于学生的自尊发展，宽松自由、关爱型的家庭更有利于孩子的自尊发展。

表4-6　家庭教养方式与学生自尊发展

家庭教养方式	最小值/分	最大值/分	均值/分	标准差	样本量/个
严厉型	11	40	27.81	6.19	438
关爱型	12	40	30.06	4.99	2633
自由型	11	40	29.53	4.99	1456

（三）学校差异分析

1. 学校所处位置与学生自尊发展

2018 年 4 月，国务院办公厅印发了《关于全面加强乡村小规模学校和乡镇寄宿制学校建设的意见》指出，提高乡村学校的教育质量，重点是要加强两类学校的建设，一类是农村小规模学校，一类是乡镇寄宿制学校。在城乡教育一体化发展的战略背景下，比较城乡学生自尊水平的差异，更加有利于我们发现农村小规模学校学生非认知能力发展的优势与不足。

在 4527 个学生样本中，乡村学校有效学生样本 820 个，乡镇学校有效学生样本 1379 个，城市学校有效学生样本 2328 个。整体来看，学生自尊发展的平均得分为 29. 67 分，乡村学校的学生自尊发展水平最高分 40 分，最低分 11 分，平均值 28. 60 分，标准差 4. 85。乡镇学校学生自尊发展水平，最高分 40 分，最低分 12 分，平均值 29. 31 分，标准差 4. 98。在县城学校中，学生自尊发展水平最高分 40 分，最低分 10 分，平均值 30. 27 分，标准差 5. 27（见表 4-7）。单因素方差检验显示，三组学生自尊发展水平的自由度为 58，卡方值为 145. 56，显著性检验 p 值为小于 0. 001，表明三组学生的自尊发展水平在 99% 的置信区间内有显著差异。组间比较发现，乡村学校学生的自尊发展水平显著低于乡镇学校学生和县城学校学生。同时，县城学校学生自尊发展水平显著高于乡镇学校。以上数据表明，县域范围内小学三年级学生的自尊发展水平呈现从城市向乡村地区梯次递减的格局。

表 4-7 学生自尊发展水平的城乡差异分析

城乡分布	最小值/分	最大值/分	均值/分	标准差	有效样本量/个
乡村学校	11	40	28. 60	4. 85	820
乡镇学校	12	40	29. 31	4. 98	1379
城市学校	11	40	30. 27	5. 27	2328

2. 班级规模与学生自尊发展

比较不同班级学生的自尊发展水平，我们主要通过“班级规模”这一指标对班级进行分类。2011 年湖北省教育厅颁布的《湖北省义务教育学校办学基本标准（试行）》提出："小学的班额标准近期目标为 45 人/班，远期目标为 35 人/班。"从国家标准来看，通常将 66 人以上称为超大班额，56 人以上称为大班额①。有鉴于此，本研究按班级规模将班级分为小班额（少于 35 人）、标准班额（35—55 人）、大班额（56—65 人）、超大班额（66 人以上）等四种类型。

调查数据显示，在 4527 个学生样本中，四类班级的学生人数占比分别为 13. 12%、25. 73%、13. 16% 和 47. 98%。具体而言，在小班额班级中，学生自尊发展最低分 11 分，最高分 40 分，均值 28. 04 分，标准差 4. 60。在标准班额班级中，学生自尊发展最低分 13 分，最高分 40 分，均值 29. 15 分，标准差 5. 00。在大班额班级中，学生平均自尊得分 31. 00 分，其中最高分 40 分，最低分 11 分。在超大班额班级中，学生平均自尊得分为 30. 03 分，最低分 12 分，最高分 40 分，标准差 5. 12。班级对比发现，不同规模的班级学生自尊发展存在显著组间差异（卡方值为 313. 13，$p<0.001$），其中大班额班级中的学生平均自尊得分最高，其次为超大班额班级，小班额班级学生自尊得分最低。

表 4-8 学生自尊发展的班级差异分析

班额大小	最小值/分	最大值/分	均值/分	标准差	有效样本量/个
小班额（少于 35 人）	11	40	28. 04	4. 60	594
标准班额（35—55 人）	13	40	29. 15	5. 00	1165
大班额（56—65 人）	11	40	31. 00	5. 53	596
超大班额（66 人以上）	12	40	30. 03	5. 12	2172

① 2016 年，国务院印发的《关于统筹推进县域内城乡义务教育一体化改革发展的若干意见》提出："全国 2018 年底基本消除 66 人以上超大班额、2020 年底基本消除 56 人以上大班额。"

第二节　全部学生样本分析

一、研究假设

在学校教育和家庭生活中，学生能否获得成功体验和他人肯定是影响学生自尊发展的关键因素[①]，学生的成功体验来源于三个主要方面：一是学业成绩，优异的学业成绩可以显著增强学生的自尊感。但在前文的论述中已提到，学业成绩和学生自尊之间是否存在因果关系尚未有一致性的结论，但两者之间的相关关系是毋庸置疑的[②]。二是在与同伴交往中获得，来自同伴的支持会显著增强学生自尊感。三是在与教师相处中获得，教师的支持、关爱、鼓励和期望都会对学生自尊发展产生积极影响[③]。

在师生交往中，师生之间构建和谐融洽的关系是学生自尊发展的重要影响因素，师生关系越为融洽、亲密，学生自尊发展水平越高[④]。在教师的言行方面，言行举止礼貌、有亲和力的教师可以有效提升学生的自尊感[⑤]。在早期的研究中，Nelson 发现强调纪律、组织管理和勇于创新的教师对学生自尊发展有显著的正向影响[⑥]。同时，有研究者对 4—6 年级学生自尊发展的研究发现，善于激发学生主动性和自主性的教师

---

① MARZANO R J, MARZANO J S, PICKERING D. Classroom management that works research-based strategies for every teacher[R]. Alexandria, VA: Association for supervision and curriculum development, 2003.

② BAUMEISTER R F, CAMPBELL J D, KRUEGER J I, et al. Does high self-esteem cause better performance, interpersonal success, happiness, or healthier lifestyles? [J]. Psychological science in the public interest, 2003, 4(1): 1-44.

③ 魏运华.学校因素对少年儿童自尊发展影响的研究[J].心理发展与教育,1998(2):12-16.

④ SANGEETA K, ANUSUIYA T. Role of student teacher relationship in educational adjustment and self-esteem of fifth, sixth and seventh grade students[J]. Indian journal of health and wellbeing, 2014, 5(12): 1472-1476.

⑤ MUHAMMAD U, MUHAMMAD S F, MUHAMMAD P A, et al. Teachers' politeness as a predictor of students' self-esteem and academic performance[J]. Bulletin of education and research, 2017, 39(1): 229-243.

⑥ NELSON G. The relationship between dimension of classroom and family environments and the self-concept, satisfaction and achievement of grade 7 and 8 students[J]. Journal of community psychology, 1984, 12: 276-287.

可以有效增强学生的自尊感[①]。相反，教师严厉批评和挖苦等侵略性的言行会显著降低学生的自尊感[②]。综观以上研究可发现，教师对学生自尊发展的影响主要集中在如下方面：一是构建和谐融洽的师生关系。二是教师在教育教学过程中的行为表现和价值导向。三是教师人格特质对学生自尊的影响。基于这些研究，我们从教师人格特质方面可提出如下研究假设：

H1a：工作经验丰富的教师更有利于培养学生的自尊感；

H1b：教师学历与学生自尊发展显著正相关；

H1c：相较于非师范专业的教师，师范专业教师对学生自尊发展的影响更大；

H1d：本乡本土教师更有利于学生的自尊发展；

H2a：教师人格特质的外向性、开放性和尽责性与学生自尊发展显著正相关；

H2b：教师的学生管理信念与学生自尊发展显著正相关；

H2c：教师的教学信念与学生自尊发展显著正相关；

H3a：教师特质和家庭因素对学生自尊发展有显著的交互作用；

H3b：教师特质和班级因素对学生自尊发展有显著的交互作用。

二、两水平回归模型

（一）基准模型

1. 零模型

在多层线性模型中，零模型是多层线性模型分析的起点，即在不加入任何解释变量的前提下，将学生自尊发展的差异分解到不同层次，通过零模型来检验因变量在不同层次的变异，以此判断进行多层线性模型

---

① RYAN R M，GRONICK W W. Origins and pawns in the classroom：self report and projective assessment of individual differences in children's perceptions[J]. Journal of personality and social psychology，1986，50：550-558.

② BHASIN M P. The dynamics of teacher-pupil perception[J]. Indian psychological review，1987，32(2)：30-34.

是否具有可行性。零模型可用数学公式表达为：

层 1 模型：$y_{ij}=\beta_{0j}+\varepsilon_{ij}$，

层 2 模型：$\beta_{0j}=\gamma_{00}+\mu_{0j}$，

混合模型：$y_{ij}=\gamma_{00}+\mu_{0j}+\varepsilon_{ij}$。

从零模型回归结果看，在不加入任何解释变量的前提下，学生平均自尊发展水平为 29.417 分（显著性 $p<0.001$）。学生自尊发展的方差成分结果显示，学生个体层面的方差成分为 22.204，班级层面的方差成分为 2.934，由此可计算出学生自尊发展的组内相关系数 ICC = 0.117，表明学生自尊 11.7% 的变异来自班级层面，88.3% 的变异由学生个体（包括家庭背景）解释。根据 Cohen（1977）的建议，当组内相关系数大于 0.059 属于不可忽略的组间差异，必须考虑组间差异的相关特征。换而言之，学生自尊的发展因个人和班级而异，我们采用当前数据对学生自尊发展进行建模时，必须要考虑学生与班级两个层次之间的数据存在嵌套关系这一事实。此外，基于学生个体和班级层次进行分析的零模型相对于线性回归模型检验结果也具有统计性显著意义（$p<0.001$），表明分层线性回归模型的拟合度优于多元线性回归模型。

表 4-9　学生自尊发展的零模型参数估计与检验结果

变量	零模型
固定效应	
截距项	29.417***（0.194）
方差成分	
层 2：班级层面	2.934***（0.504）
层 1：学生个体	22.204***（0.471）
组内相关系数	0.117

注：括号内数值为标准误差。

协方差模型主要考察学生个体（包括家庭）变量对其自尊发展的影响，协方差模型是在零模型的基础上引入第一层变量，包括学生性别（sex）、年龄（age）、民族（ethic）、是否为独生子女（single）、是否为留守儿童（mig）、家庭经济社会文化地位（ESCS）、父母陪伴（accom）、家庭教养方式（fedu）等变量，并假设以上各变量均为固定效应。协方差模型的表达式为：

$$层1模型：y_{ij}=\beta_{0j}+\sum_{i=1}^{n}\beta_{ij}x_{ij}+\varepsilon_{ij},$$

$$层2模型：\beta_{0j}=\gamma_{00}+\mu_{0j},$$

$$\beta_{1}=\gamma_{10},$$

$$\beta_{i}=\gamma_{i0},$$

$$混合模型：y_{ij}=\gamma_{00}+\sum_{i=1}^{m}\gamma_{i0}x_{ij}+\mu_{0j}+\varepsilon_{ij},$$

其中 y 表示学生的自尊发展水平，x 代表影响学生自尊发展的自变量，β_i 代表学生个体和家庭层次自变量对回归模型的偏回归系数，γ_{i0} 代表各层 1 变量的固定效应。对比零模型和协方差模型可以发现，两个模型截距项的估计值分别为 29.417 和 29.514，两者较为接近。从零模型和协方差模型的随机效应看，层 2 班级层面的随机效应方差分别为 2.934 和 2.933，两个模型之间的变化幅度较小，层 1 个体层面的随机效应方差从 22.204 降至 19.349，降低幅度 22.20%，由此表明学生个体和家庭层次的变量有效解释了学生自尊发展的个体差异，相比之下协方差模型的拟合度优于零模型。

表 4-10　学生自尊发展的协方差模型估计结果

固定效应	零模型	协方差模型
平均自尊水平		
截距项	29.417***(0.194)	29.514***(0.218)
性别（0=男生）		0.177(0.135)
年龄		0.086(0.118)
少数民族（0=汉族）		-0.100(0.197)
独生子女		0.016(0.159)
留守儿童		-0.340*(0.141)
家庭 ESCS		0.379***(0.076)

续表

固定效应	零模型	协方差模型
父母陪伴		0.648***(0.081)
教养方式		
严厉惩罚		−0.907***(0.101)
关爱理解		1.309***(0.105)
宽松自由		0.431***(0.080)
方差成分		
层 2：班级层面	2.934***(0.504)	2.933***(0.500)
层 1：个体层面	22.204***(0.471)	19.349***(0.412)

注：括号内数值为标准误差。

从协方差模型的固定效应部分看，除性别、年龄、民族和独生子女等变量外，其他家庭变量的回归系数均在 95% 置信区间内显著。具体而言，学生自尊发展在统计上没有显著的性别、年龄、民族以及独生子女和非独生子女之间的差异。同时，是否为留守儿童（0＝否，1＝是）的回归系数为−0.340，表明非留守儿童的自尊发展显著高于留守儿童。家庭经济社会文化地位与学生自尊发展显著正相关，家庭 ESCS 指数每提高一个单位，学生自尊得分提高 0.379 分。父母陪伴时间与学生的自尊发展显著正相关，父母陪伴的时间越多，学生自尊发展水平越高，两者的回归系数为 0.648。从家庭教养方式看，家庭教养方式的三个维度均对学生的自尊发展有显著影响，其中严厉惩罚与学生的自尊发展显著负相关，表明在家庭教育中，严厉程度越大，孩子的自尊水平越低。关爱理解和宽松自由与学生的自尊发展显著正相关，表明关爱型和民主型的家庭教养方式更有利于孩子自尊发展。

2. 随机系数模型

如果班级层面每个模型的 γ_{i0} 都等于 0，那么公式 4.2 表示的模型则变成了随机系数模型。此时，影响学生自尊发展水平的变量不会随着班级环境的变化而呈现出系统性变化，而只是随机地在不同班级间发生变化。构建随机系数模型首先在不加入班级层面的变量的情况下，我们将协方差模型中的家庭经济社会文化指数、家长陪伴、家庭教养方式等变量设定随机效应，以此观察这些变量随班级的变异情况，如果随机效应统计性显著，则在对应的层 2 模型中设置随机效应，并将其纳入层 2 解释变量加以解释。此外，为避免变量之间的多重共线性以及收敛迭代效果不好等问题，我们在随机系数模型中，将除虚拟变量以外的自变量进行了组均值（group mean）的“对中”（centering）处理。

表 4-11　学生自尊发展的随机系数模型的随机效应

随机效应	系数
截距项	2.937***(0.500)
家庭经济社会文化	0.032(0.091)
父母陪伴	0.114*(0.091)
严厉、惩罚	6.42e-10**(3.45e-09)
关爱、理解	0.091*(0.137)
自由、民主	0.020(0.08)
层 1：学生个体	19.166***(0.440)

注：括号内数值为标准误差。

从表 4-11 随机系数模型的随机效应部分可见，截距项、家长陪伴和教师支持等变量的回归系数在不同班级之间的随机效应是显著的。具体而言，家长陪伴在不同班级之间的回归系数为 0.114，显著性检验 $p<0.05$，家庭教养中的严厉惩罚维度在班级间的变异方差较小，显著性检验 $p<0.01$，关爱理解维度在班级间的变异方差为 0.091，显著性检验 $p<0.05$。其他家庭经济社会文化、教养方式等变量在不同班级之间的变异没有统计性显著。

随机系数模型中，层 1 变量的方差成分为 19.166，比协方差模型的层 1 变量方差成分下降约 1%，表明协方差模型的基础上，随机系数模型的数据拟合度进一步提升，但父母陪伴、家庭教养方式等变量在班级层面具有显著的变异，这意味着有可能也有必要找到一些班级层面的因素对这些系数随班级不同而出现的变异进行解释。

（二）班级均值模型

表 4-12 为以班级学生自尊的平均发展水平作为因变量的班级均值模型，在控制学校和班级变量后，考察教师特质对学生自尊发展的影响作用。从学校方面看，乡村学校、乡镇学校和城市学校学生自尊的班级平均水平在统计上没有显著差异。班级规模对学生自尊的班级平均发展水平有显著正向影响，班级人数每增加 1 人，班级平均自尊水平提升 0.03 分（$p<0.001$），引入班级规模二次项发现，最优的班级规模为 65 人。班师比与学生自尊发展的班级平均水平显著负相关，班级配备的教师每增加 1 人，学生的平均自尊水平下降 0.095 分（$p<0.001$），将班师比的二次项纳入回归方程，可计算出班师比的拐点为 3.4∶1，由此表明一个班级配备教师的最佳数量为 3—4 人。学校背景对学生的自尊发展有显著的正效应，回归系数为 1.398（$p<0.001$）。

1. 教师显性特质对班级均值的影响

从教师显性特质来看，教师工作经验对学生自尊的班级均值有显著正向影响，教师教龄每增加 1 年，学生自尊发展的班级均值提高 0.029 分（$p<0.001$）；教师学历与学生自尊发展的班级均值显著正相关，教师的受教育年限越高，班级平均发展水平越高（$p<0.05$）；与非师范专业相比，师范专业教师对班级均值的影响更为显著，回归系数为 0.657（$p<0.001$）；相较于外地教师，本乡本土的教师更有利于提升学生自尊发展的班级平均水平，回归系数为-0.712（$p<0.001$）；教师职称与学生自尊发展的班级均值显著负相关，教师职称等级越高，班级平均得分越低。

2. 教师人格特质对班级均值的影响

教师人格特质对班级均值的影响表现在如下方面：其一，教师人格特质的情绪稳定性、利他对班级均值的影响作用在统计上不显著；其二，教师外向性与班级平均发展水平显著负相关，回归系数为-0.302（$p<0.001$），说明性格内敛、沉稳的教师更有利于提升学生自尊发展的班级平均水平；其三，开放性人格特质对学生自尊发展的班级均值有显著正向影响，即表现出富有创新精神、乐于接纳新生事物的教师更有利于提升学生自尊发展的班级整体水平，回归系数为 0.903（$p<0.001$）；其四，

尽责性与学生自尊发展的班级均值显著正相关，回归系数为 0.442（$p<0.001$），表明有责任心，工作作风严谨的教师更有利于提升学生自尊发展的班级整体水平。

3. 教师专业特质对班级均值的影响

在学生管理方面，教师的学生管理信念与学生自尊发展的班级均值显著负相关，回归系数为-0.178（$p<0.001$），采取集中式管理的教师更有利于学生的自尊发展。师生关系信念对学生自尊有显著的正向影响作用，回归系数为 0.162（$p<0.001$），表明倾向于建立平等师生关系的教师，班级整体的自尊发展更好。教师评价信念与学生自尊发展的班级均值显著负相关，回归系数为-0.068（$p<0.05$），即关注学生学业成绩的教师更有利于提高学生自尊发展的班级平均水平。教师的教学信念对学生自尊有显著的正向影响，回归系数为 0.492（$p<0.001$），在教育教学过程中，以学生为中心，激励学生自主学习的教师更有利于班级学生的自尊发展。

表 4-12　学生自尊发展的班级均值模型

固定效应	零模型	班级均值模型
学校变量		
学校类型（农村学校=0）		
乡镇学校		-0.021(0.094)
城市学校		0.116(0.118)
班级规模		0.028***(0.003)
班师比		-0.095***(0.028)
学校 ESCS		1.398***(0.088)
教师显性特质		
工作经验		0.029***(0.004)
学历		0.042*(0.021)
家乡（本乡镇=0）		-0.712***(0.051)
师范专业（非师范专业=0）		0.657***(0.068)

续表

固定效应	零模型	班级均值模型
职称		-0.360***(0.031)
教师人格特质		
情绪稳定性		-0.044(0.059)
外向性		-0.302***(0.060)
开放性		0.903***(0.070)
利他性		-0.117(0.082)
尽责性		0.442***(0.059)
教师专业特质		
学生管理		-0.178***(0.044)
师生关系		0.162***(0.024)
学生评价		-0.068*(0.029)
教育教学		0.492***(0.030)
截距项	29.417***(0.194)	23.965***(0.563)
方差成分		
层2：班级层面	2.934***(0.504)	2.199***(0.047)
层1：个体层面	22.204***(0.471)	22.204***(0.471)

注：括号内数值为标准误差。

（三）完整模型

在随机系数模型和班级均值模型中，学生个体层面和班级层面因素对学生自尊发展有不同程度的影响。学生发展作为家庭和学校的联合生产过程，我们既需要考虑层1和层2变量对学生自尊的直接效应，还需要在模型中加入层2变量和层1变量的交互效应，以观测教师特质对学生自尊发展的跨层影响（见表4-13）。从模型2的随机效应部分来看，父母陪伴、家庭教养方式等变量在班级层面的变异无统计性显著意义，表明模型中包括教师特质在内的班级层面变量对这些变量在班级层面的变异做出了较好的解释。

表 4-13　学生自尊发展的完整模型

固定效应	模型 1	模型 2
控制变量	学生家庭、学校、教师学历等显性特征变量	
截距项	23.701***(4.371)	23.691***(4.372)
家庭 ESCS	0.973**(0.342)	0.985**(0.343)
父母陪伴	0.205(0.834)	0.327(0.852)
学校 ESCS	1.194*(0.563)	1.193*(0.563)
情绪稳定性	0.098(0.407)	0.099(0.407)
外向性	−0.274(0.450)	−0.272(0.450)
开放性	0.859+(0.495)	0.860+(0.495)
利他性	−0.086(0.575)	−0.084(0.575)
尽责性	0.240(0.450)	0.239(0.450)
学生管理	−0.002(0.334)	−0.003(0.334)
师生关系	0.059(0.175)	0.059(0.175)
学生评价	0.075(0.240)	0.075(0.240)
教育教学	0.486*(0.218)	0.486*(0.218)
家庭 ESCS×学生评价	−0.172*(0.075)	−0.174*(0.075)
父母陪伴×外向性	−0.366**(0.139)	−0.374**(0.142)
父母陪伴×利他性	0.686**(0.219)	0.665**(0.224)
父母陪伴×学生管理	−0.349**(0.128)	−0.351**(0.132)
方差成分		
层 2 班级层面	1.785**(0.326)	1.787***(0.326)
层 1 个体层面	17.605***(0.381)	17.537***(0.389)

注：括号内数值为标准误差。

1. 完整模型的固定效应

加入层 1 和层 2 变量交互项的完整回归模型结果显示，在层 1 变量中，家庭社会经济文化地位对学生自尊发展有显著正向影响，回归系数为 0.985（$p<0.01$）；在家庭教养方式中，严厉惩罚维度与学生自尊发展

显著负相关，回归系数为-0.687（$p<0.01$），关爱理解和民主自由对学生自尊发展有显著的正向影响，回归系数分别为0.894（$p<0.001$）和0.346（$p<0.001$）；父母陪伴和教师关注的主效应在统计上不显著；在层2变量中，班级氛围、同伴支持和学校ESCS对学生自尊发展有显著的影响作用，三个变量的回归系数分别为1.280（$p<0.001$）、0.026（$p<0.01$）和1.193（$p<0.05$）。教师人格中的开放性对学生的自尊发展有正向影响，回归系数为0.860（$p<0.1$），教师的教育教学信念对学生自尊发展有显著正效应，回归系数为0.486（$p<0.05$）。

2. 完整模型中的交互效应

（1）学生评价信念与家庭ESCS的交互作用

在模型4中，教师的学生评价信念与家庭ESCS的交互项回归系数为-0.174（显著性$p<0.05$），表明教师的学生评价信念越倾向于开放，家庭ESCS对学生自尊发展影响作用越小。对家庭ESCS处于中下水平的学生而言，教师的学生评价信念越倾向于开放，其自尊发展水平越高，且对低家庭ESCS学生的影响更大。从图4-3可见，在评价信念趋向保守的教师班上（学生评价信念得分趋近于1），不同家庭的学生自尊发展之间有较大差异，家庭ESCS水平越高，学生自尊得分越高。在开放评价信念的教师班上（学生评价信念得分趋近于5），学生自尊发展因家庭背景产生的差异显著缩小，由此说明能够全面评价学生、不以考试成绩作为唯一评价标准的教师，更有利于弱势家庭学生的自尊发展。

（2）外向性与父母陪伴的交互作用

教师人格特质中的外向性、利他性对学生自尊发展没有单独的效应，但与父母陪伴之间存在显著的交互作用。其中，外向性和父母陪伴的交互项系数为-0.374（显著性$p<0.01$），表明父母陪伴与教师人格特质的外向性对学生自尊发展的影响存在相互削弱的作用。具体而言，对于父母陪伴时间处于中高水平的学生而言，人格特质趋向于内向的教师更有利于其自尊发展。与之相反，对父母陪伴时间相对不足的学生而言，性格活泼、外向的教师更有利于他们的自尊发展。总体来看，教师人格的外向性特质对学生自尊发展的影响取决于父母陪伴时间，外向型人格的

教师可以有效弥补父母陪伴不足给学生自尊发展带来的不利影响（见图4-4）。

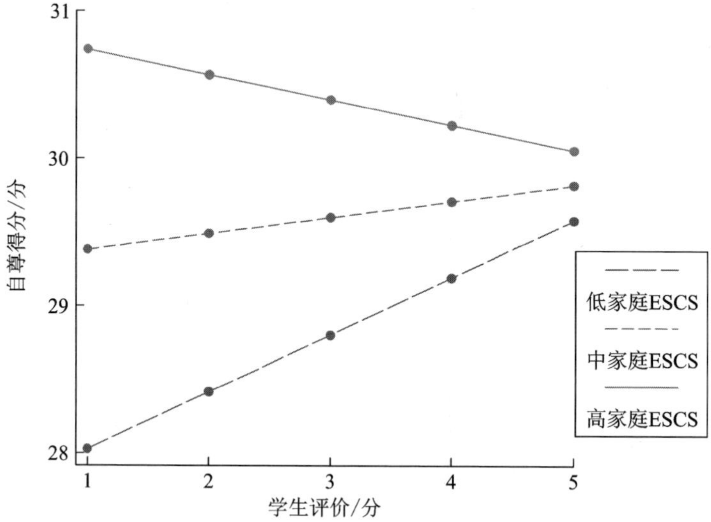

图 4-3　学生评价与家庭 ESCS 的交互作用

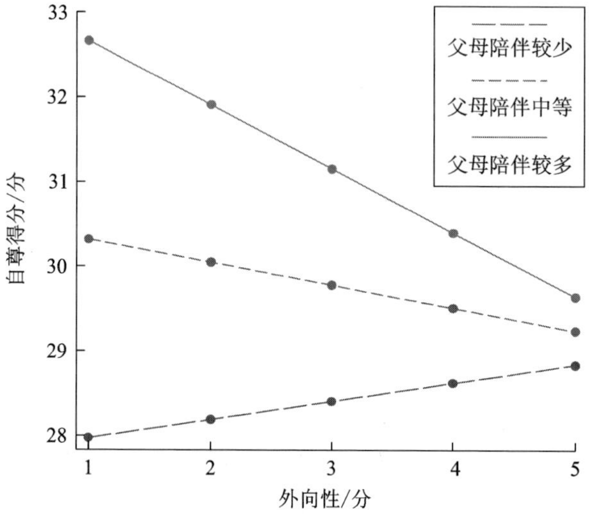

图 4-4　外向性与父母陪伴的交互作用

（3）利他性与父母陪伴的交互作用

教师人格的利他性与父母陪伴的交互项回归系数为 0. 665（显著性

$p<0.01$)，表明富有同情心、为他人着想的教师能够增强父母陪伴对学生自尊发展的影响作用。从图 4-5 可见，当父母陪伴的时间处于中、高水平时，教师的利他性越强，则学生的自尊发展水平越高，其中父母陪伴时间较多的组，教师利他性的影响作用更大。而在父母陪伴较少的组内，教师的利他性与学生自尊发展时间呈现负相关。由此表明，利他性特征明显的教师可以给父母陪伴对学生自尊的影响“锦上添花”，但不能明显改善父母陪伴时间不足学生的自尊发展。

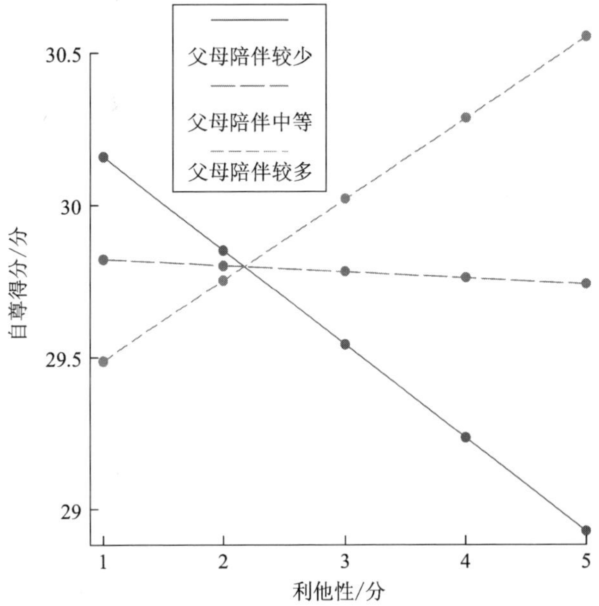

图 4-5　利他性与父母陪伴交互作用

（4）学生管理信念与父母陪伴的交互作用

教师的学生管理信念对学生自尊发展的主效应在统计上不显著，但从学生管理信念对父母陪伴的影响作用有显著的调节作用，两者交互项的回归系数为-0.351（显著性 $p<0.01$)，表明父母陪伴对学生自尊发展的影响作用，随着教师管理信念的提升而逐渐削弱。具体而言，在学生管理工作中趋向于民主管理、学生自主管理的教师，其班上学生因父母陪伴时间而形成的自尊发展差异小于传统管理信念的教师。这意味着，对于父母陪伴时间不足的学生而言，教师的管理越趋向于开放、民主，

其自尊发展水平越高（图 4-6）。

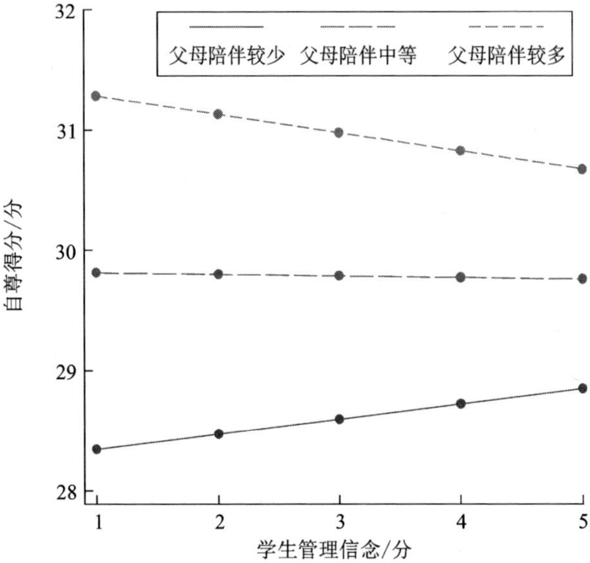

图 4-6　学生管理信念与父母陪伴交互作用

三、分析结果

从教师显性特质看，教师的教龄、学历、职称、专业背景、家乡等显性特质对学生自尊没有显著的直接效应。但教师的专业背景以教师关注水平为条件变量，当学生获得的教师关注处于中等以上水平时，师范专业教师更有利于学生的自尊发展，研究假设 H1a、H1b、H1d 被拒绝，研究假设 H1c 被部分验证。

从教师人格特质看，教师人格特质的开放性在 1% 显著性水平下，对学生的自尊发展有显著的正向影响。教师人格特质的利他性和外向性对学生自尊发展没有直接影响，但与父母陪伴有显著的交互效应。具体而言，对于父母陪伴时间相对比较充足的学生而言，性格内敛、沉稳的教师更有利于其自尊发展，而对父母陪伴时间相对不足的学生而言，外向性格的教师更有利于其自尊发展。同理，对于父母陪伴时间较多的学生来说，利他性人格的教师才能发挥积极的影响作用。总之，教师人格的开放性和利他性父母陪伴时间为前置条件，父母陪伴时间越充足，教师人格开放性和利他性特征越明显，则学生的自尊发展水平越高，研究假设 H2a、H3a 得以验证。

从教师专业特质看，教师需要有开放的学生管理信念、学生评价信念和教育教学信念，其一，开放的教育教学信念对学生的自尊发展有显著的直接效应。其二，学生评价信念对学生自尊的直接影响效应在统计上不显著，但学生评价信念与家庭 ESCS 有显著的交互作用，对于家庭经济社会文化地位较低的学生来说，秉持开放学生评价信念的教师更有利于其自尊发展。其三，教师的学生管理信念对学生的自尊发展没有直接效应，学生管理信念与教师关注有显著的交互效应，当教师关注处于中等水平时，传统和开放学生管理信念的教师对学生自尊的影响几乎没有差异，随着教师的关注增加，持有开放性学生管理信念的教师对学生自尊发展的影响作用逐渐增强，研究假设 H2c、H3b 得以验证。

第三节　分城乡学生样本分析

从全样本分层回归分析结果可看到，教师的人格特质和教育信念对学生的自尊发展具有显著的影响作用，并且这些特质对学生的家庭因素具有显著的调节作用。从现实角度看，在城镇化背景下，城乡教育发展形成了截然不同的生态，身处其中的教师面对着复杂的工作环境、不同家庭背景的学生、多元的家庭教育需求，必然对教师的知识、能力、教育信念提出了不同的要求。具体而言，农村教师面对的教育对象主要是来自农村家庭的孩子，其中有相当比例的留守儿童、贫困儿童以及特殊儿童，同时农村教师面临小班额教学、复式教学的挑战。相比之下，城市教师面临的主要挑战是城镇学校的大班额问题，在学生人数超过 60 人乃至更大班额的班级中，教师的哪些特质更有利于城市学生自尊发展？围绕这些问题，以下我们将分城市和农村样本，分别构建回归模型讨论教师特质对城乡学生自尊发展的影响。

一、农村学生样本分析

（一）基准模型

在2199个农村学生样本中，留守儿童占比52.16%，家庭ESCS指数平均值为46.2分（满分100），班级样本63个，其中最小班额6人，最大班额70人，平均班级规模48人，班师比最小为1∶1，最大为9∶1。在2199个学生样本中，农村学生自尊发展水平总体呈正态分布（图4-7），农村学生自尊发展平均得分为29.1分，最低分11分，最高分40分，标准差4.94。农村学生自尊发展的下四分数为26分，上四分位数为32分，表明半数农村学生的自尊得分取值在26—32分之间。在农村学生样本中，乡村学校学生自尊发展的均值为28.66，乡镇学校学生自尊发展的平均水平为29.36分，乡村学校学生的自尊发展水平显著低于乡镇学校学生（$t=-3.33$，$p<0.001$）。

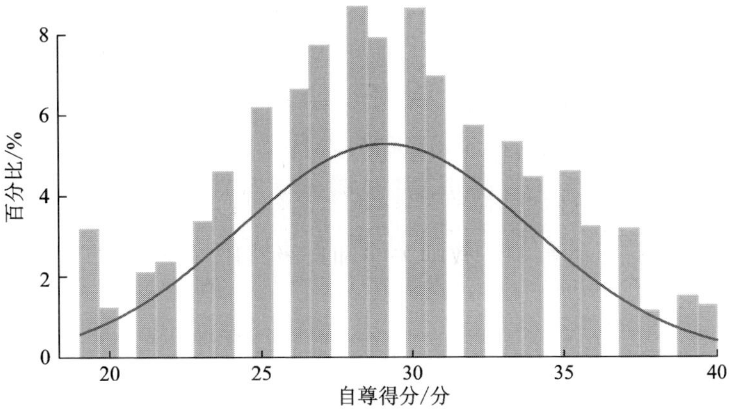

图4-7　农村学生自尊发展分布直方图

农村学生自尊发展的零模型结果显示，班级层面随机效应的方差为0.979，个体层面随机效应的方差为4.706，组内相关系数为0.042；学校层面随机效应的方差为0.920，个体层面随机效应的方差为4.723，组内相关系数为0.037，即农村学生自尊发展的班级差异和学校差异分别为0.042和0.037，均小于0.059，说明农村学生自尊发展班级差异和校际差异都属于可忽略的变异，此时两水平回归模型和多元回归模型对学生自尊发展的解释无显著差异。

（二）多元回归模型

我们构建了嵌套回归模型，模型1—模型4逐步加入教师的信号特征变量、人格特质、教育信念，四个模型的调节 R^2 从0.1336增加至0.2035，表明模型对学生自尊发展的差异具有较好的解释度（见表4-14）。从R-Model 1的回归结果可见，农村学生自尊发展没有显著的性别、年龄和民族差异，独生子女与非独生子女，留守儿童与非留守儿童之间也没有显著差异。在控制家庭影响因素后，家庭经济社会文化地位对学生自尊发展的影响在统计上不显著，可能的解释是农村学生的家庭经济社会文化地位差异较小，使得该指标在统计上不显著。父母陪伴时间对学生的自尊发展有显著的正向影响，父母陪伴时间每增加1个单位，学生自尊得分提高0.14分。从农村学生的家庭教养方式看，家庭教养方式越严厉，学生自尊得分越低，关爱理解和民主自由对学生自尊发展有显著的正向影响。

在R-Model 2中加入了学校变量和反映教师人力资本的信号特征变量，回归结果表明，在控制学生个体和家庭因素后，乡村学校和乡镇学校学生的自尊发展之间没有显著差异，学校的社会经济文化地位对学生的自尊发展没有显著影响，教师关注和班级氛围对学生的自尊发展具有显著的正向影响作用，学生获得的教师关注每提高1个单位，农村学生的自尊得分提高0.17分，班级氛围每提高1个单位，农村学生自尊得分提高0.17分。在不考虑教师人格特质和专业特质的前提下，教龄对学生的自尊发展具有显著的正向影响，表明教师工作经验显著影响学生的自尊发展，教师教龄每提高1年，学生的自尊得分提高0.10分。此外，师范专业和非师范专业教师对农村学生自尊发展的影响在1%水平上有显著差异，师范专业的教师更有利于农村学生自尊发展。

表 4-14　农村学生自尊发展的多元回归（OLS）模型

	R-Model 1	R-Model 2	R-Model 3	R-Model 4
控制变量	包括学生个体特征、学校类型、学校平均 ESCS 等变量			
家庭 ESCS	0.026(0.135)	0.015(0.136)	0.013(0.136)	0.013(0.136)
父母陪伴	0.143***(0.135)	0.122***(0.136)	0.121***(0.136)	0.123***(0.136)
严厉惩罚	−0.147***(0.172)	−0.105***(0.176)	−0.106***(0.176)	−0.107***(0.176)
关爱理解	0.213***(0.174)	0.136***(0.181)	0.136***(0.181)	0.135***(0.181)
民主自由	0.068**(0.135)	0.047*(0.137)	0.047*(0.137)	0.047*(0.137)
班级规模		−0.138(0.042)	−0.222(0.045)	−0.302+(0.047)
班级规模平方		0.270*(0.000)	0.372**(0.001)	0.439**(0.001)
班师比		−0.012(0.435)	0.019(0.445)	0.078(0.469)
班师比平方		0.006(0.045)	−0.032(0.045)	−0.068(0.050)
教师关注		0.170***(0.123)	0.170***(0.123)	0.169***(0.123)
班级氛围		0.171***(0.121)	0.170***(0.121)	0.170***(0.121)
同伴支持		0.077**(0.027)	0.075**(0.027)	0.078**(0.027)
工作经验		0.098*(0.016)	0.090*(0.017)	0.080+(0.027)
学历		0.053(0.109)	0.070(0.114)	0.024(0.128)

续表

	R-Model 1	R-Model 2	R-Model 3	R-Model 4
本乡人		0.018(0.338)	0.027(0.393)	0.038(0.437)
师范专业		0.051^{+}(0.265)	0.045(0.275)	0.046(0.292)
高级职称		0.005(0.342)	0.013(0.380)	0.004(0.417)
情绪稳定性			0.012(0.333)	0.047(0.370)
外向性			−0.003(0.305)	−0.022(0.318)
开放性			−0.025(0.459)	−0.029(0.503)
利他性			−0.028(0.474)	−0.012(0.551)
尽责性			0.101**(0.378)	0.100*(0.429)
学生管理				−0.081^{+}(0.313)
师生关系				−0.032(0.209)
学生评价				0.073^{+}(0.318)
教育教学				0.086*(0.191)
调节 R^2	0.1336	0.1985	0.1999	0.2035

注：括号内数值为标准误差。

在 R-Model 3 中，进一步考察了教师人格特质对学生自尊发展的影响作用，在加入教师的人格特质后，教师工作经验对学生自尊发展的影响作用依然显著，但影响作用有所降低，标准化回归系数降低 0.01。教师人格特质中的尽责性在 5% 的显著性水平下对学生的自尊发展有正向影响作用，即在日常工作生活中责任心强、作风严谨的教师更有利于农村学生的自尊发展。从教师的教育信念角度看，教师的教育教学信念越为开放，学生的自尊发展水平越高。同时，班级规模变量对学生的自尊发展有显著的正效应，即班级人数越多，学生的自尊发展水平越高。为验证班额小对学生自尊发展是否存在规模效应，通过构建班级规模的高次项，我们计算得出在农村学校中，有利于学生自尊发展的最优班级规模为 30 人。

从 R-Model 4 的结果可知，在加入教师人格特质和专业特质后，教师工作经验对农村学生自尊发展的影响显著降低，仅在 90% 的置信区间内显著（$p<0.1$），教师教龄每增加 1 年，农村学生的自尊得分提高 0.080 分。教师的五大人格特质中，尽责性与农村学生自尊发展显著正相关（回归系数为 0.100，$p<0.05$），其他人格特质对学生自尊的影响在统计上不显著。在专业特质方面，教师的教育教学信念对学生自尊发展具有显著的正向影响（$p<0.05$），即鼓励学生自主学习和探索性学习教师更有利于农村学生的自尊发展。

综观上述结果可发现：(1) 从家庭方面看，父母陪伴、家庭教养方式对农村学生自尊发展有显著的正效应；(2) 从学校方面看，班级规模、班级氛围、教师关注、同伴效应对学生的自尊发展具有显著的正向影响；(3) 从教师方面看，在不考虑教师人格特质和专业特质的前提下，工作经验丰富的教师更有利于学生的自尊发展，但将教师人格特质和教育信念纳入回归方程后，工作经验对学生自尊发展的影响不再显著。教师人格特质中的尽责性与农村学生自尊发展显著正相关，即工作和生活作风严谨、有责任心的教师更有利于农村学生的自尊发展。此外，教育教学信念倾向于开放的教师对农村学生的自尊发展有显著的正向影响。

（三）交互效应

采用逐步回归法可发现，教师人格特质的尽责性与父母陪伴、班级规模对农村学生自尊发展有显著的交互效应，利他性与班级规模对农村学生自尊发展有显著的交互效应，教师的学生管理信念和师生关系信念与班级氛围对农村学生自尊发展有显著的交互效应。详细结果如下：

表 4-15 教师特质的交互作用

控制变量	已控制学生个体、家庭、学校等变量		
父母陪伴×尽责性	0.490*（0.242）		
班级规模×利他性		−0.052*（0.021）	
班级规模×尽责性			0.067**（0.020）
调节 R^2	0.1973	0.1960	0.1983

注：括号内数值为标准误差。

1. 尽责性与父母陪伴的交互作用

教师人格特质的尽责性和父母陪伴对农村学生的自尊发展都有显著的主效应，尽责性和父母陪伴的交互项回归系数为 0.490（$p<0.05$），表明尽责性和父母陪伴对农村学生自尊发展的影响存在相互增强的关系。对于父母陪伴时间相同的学生而言，教师人格特质的尽责性特征越为明显，农村学生自尊发展水平越高。从教师人格尽责性的角度看，父母陪伴会显著增强教师人格特质尽责性对农村学生自尊发展的影响作用。换而言之，教师的责任心越强，农村学生的自尊发展水平随父母陪伴时间的增加而逐渐提高，两者之间存在双向加强的作用。从图 4-8 可见，代表父母陪伴水平低、中、高的三条直线斜率均为正，即教师人格特质的尽责性对不同父母陪伴时间的学生均有正向影响，但影响作用的大小取决于父母陪伴时间的多少。

2. 尽责性与班级规模的交互作用

尽责性与班级规模交互项的回归系数为 0.067（$p<0.01$），表明教师

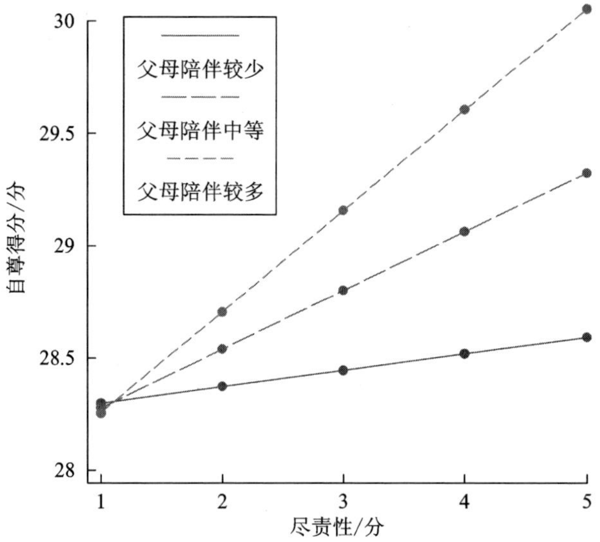

图 4-8　尽责性与父母陪伴的交互作用

人格特质的尽责性与班级规模对农村学生的自尊发展的影响存在相互增强的关系。图 4-9 直观地展示了教师人格的尽责性与班级规模的交互效应，标准班额和大班额的直线斜率为正，小班额直线的斜率为负，说明在标准班额或大班额班级中，农村学生自尊发展水平随着教师人格尽责性的提高而提高，这意味着教师人格尽责性的作用在班级规模达到一定阈值时会得到显著增强，在回归模型中引入班级规模的二次项，计算出最小的班级规模为 28 人，说明当班级规模达到 28 人以上时，教师人格的尽责性在班级规模的影响下进一步增强。

3. 利他性与班级规模的交互作用

教师人格特质的利他性对农村学生的自尊发展没有显著的直接效应，利他性和班级规模的交互项对农村学生自尊的回归系数为-0.052（$p<0.05$），说明教师人格的利他性和班级规模对学生自尊的影响存在相互削弱的关系。具体而言，教师人格特质的利他性对农村学生自尊的影响，随着班级规模的增加而逐渐缩小。从班级规模的角度看，教师人格的利他性对小班额班级的学生自尊发展作用最大，其次为标准班额的学生。

换句话说，有显著利他性人格特质的教师更有利于中小班额学生的自尊发展（见图4-10）。

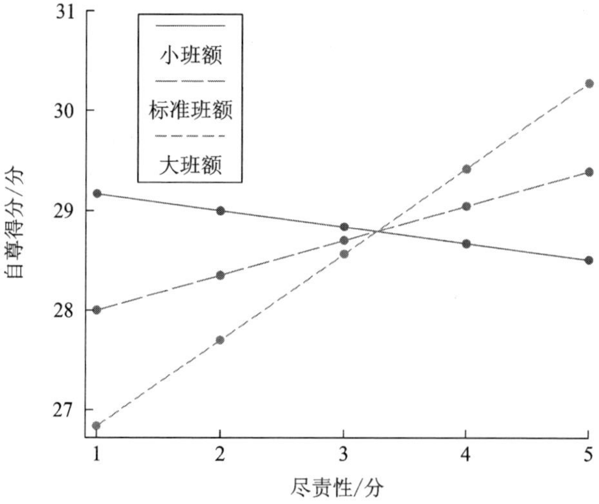

图 4-9　尽责性与班级规模的交互作用

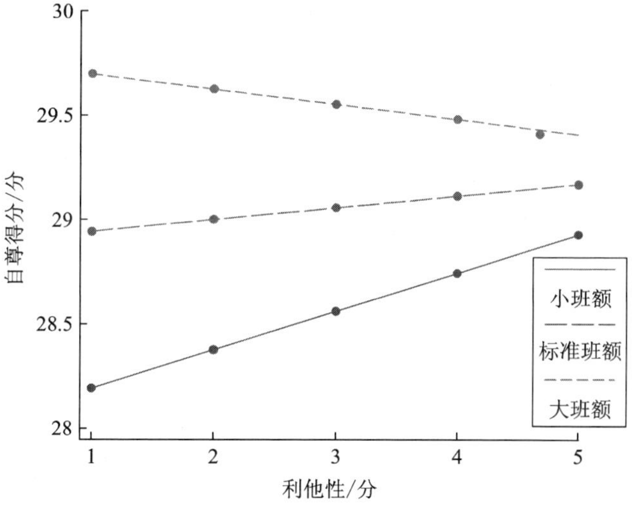

图 4-10　利他性与班级规模的交互作用

二、城市学生样本分析

城市学生样本量为2328个，其中留守儿童占比36.9%，学生自尊平均得分30.27分，标准差0.109。学生家庭ESCS平均得分45.49分，方差14.75，班级样本量共计33个，最小班级规模58人，最大班级规模74人，平均班级规模68人。从班师比看，最大班师比为1∶6，最小班师比为1∶3。城市学生自尊平均发展水平为30.27分，标准差5.27，下四分位数为27分，上四分位数为34分，表明75%的城市学生自尊得分在27分以上，半数城市学生的自尊得分在27—34分之间，整体发展水平高于总样本均值。

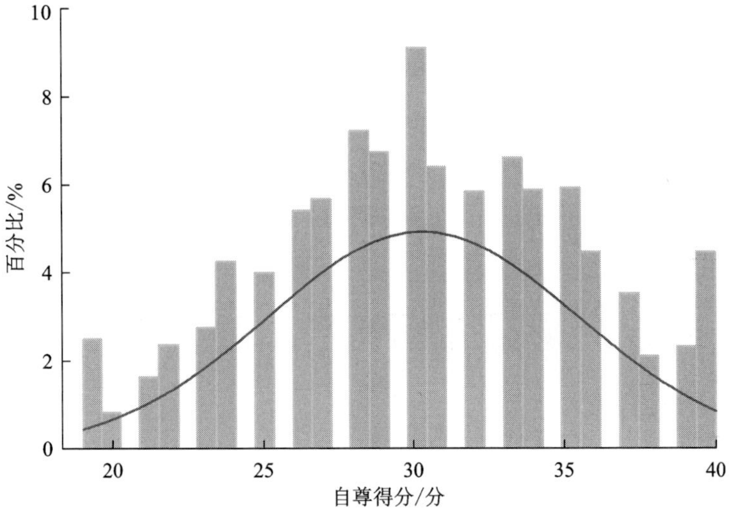

图4-11　城市学生自尊得分分布直方图

（一）基准模型

从零模型回归结果看，固定效应的截距项回归系数为30.313，随机效应中班级层面的方差成分为4.680，个体层面的方差成分为22.278，组内相关系数为0.174，表明在城市学生样本中，学生自尊发展差异的17.4%来自班级差异，82.6%来自学生个体差异，因此需构建分层线性模型考察个体和班级层面因素对城市学生自尊发展的影响以及两层变量之间的交互效应。

与零模型相比，协方差模型的随机效应中层 2 变量的方差成为 4.108，比零模型下降 12.22%，层 1 变量的方差成分为 19.600，比零模型下降 12.02%，表明家庭变量有效解释了城市学生自尊发展个体差，协方差模型的拟合度优于零模型。具体而言，在城市学校中，非留守儿童的自尊发展显著优于留守儿童。家庭经济社会文化地位和父母陪伴对城市学生的自尊发展有显著正向影响。从家庭教养方式看，教养方式中严厉程度越高，城市学生的自尊得分越低，关爱理解和宽松自由与城市学生自尊发展显著正相关，即关爱程度越高、家庭教养越为宽松自由，学生的自尊发展水平越高。

表 4-16　城市学生自尊发展的零模型与协方差模型

固定效应	零模型	协方差模型
截距项	30.313***(0.389)	33.034***(1.873)
性别		0.279(0.214)
年龄		-0.260(0.198)
民族		-0.099(0.310)
独生子女		-0.058(0.229)
留守儿童		-0.564**(0.227)
家庭 ESCS		0.524***(0.119)
家庭陪伴		0.631***(0.132)
严厉惩罚		-0.702***(0.164)
关爱理解		1.180***(0.168)
宽松自由		0.480***(0.132)
方差成分		
层 2：班级层面	4.680***(1.240)	4.108***(1.121)
层 1：学生个体	22.278***(0.658)	19.600***(0.661)

注：括号内数值为标准误差。

（二）班级均值模型

城市学生样本分布于33个班级，城市学生自尊发展的班级均值最小值为27.46分，最大值为39.75分，均值为30.27分，标准差2.15分。表4-17中的班级均值模型是以学生自尊的班级均值为因变量，学校因素为解释变量的回归模型。从随机效应看，班级层面的方差为1.829分（$p<0.001$），相较于零模型下降60.94%，说明学校变量能有效解释学生自尊发展的班级差异。从回归分析的固定效应部分看，学校背景与学生自尊发展显著正相关，学校平均经济社会文化地位的回归系数为2.993（$p<0.001$）。班级规模对学生自尊发展有显著的负向影响，班级人数每增加1人，学生自尊得分降低0.072分（$p<0.001$），引入班级规模的二次项发现，城市学生的最优班级规模为68人（城市班级样本的班级规模取值范围是58—74人）。班师比与城市学生自尊班级均值显著正相关（$p<0.001$），在回归方程中纳入班师比的二次项发现，班师比和城市学生自尊发展之间呈U型曲线关系，促进学生自尊发展的最小班师比为3：3：1，表明城市学校中一个班至少需要配备3名教师，才有利于学生的自尊发展。

1. 教师显性特质对城市班级均值的影响

教师工作经验与学生自尊发展显著正相关，教师的教龄每增加1年，学生自尊的班级均值增加0.145分（$p<0.001$）。从教师学历看，与中师学历的教师相比，大学专科学历教师对学生自尊发展的影响与之无显著差异，而大学本科学历教师对城市学生自尊发展的影响作用显著大于中师学历教师。与外地教师相比，本乡本土的教师更有利于城市学生的自尊发展（$p<0.001$）。对比师范专业和非师范专业教师来看，师范专业教师对城市学生自尊发展的影响作用更为显著，回归系数为0.957（$p<0.001$）。教师职称与城市学生自尊班级均值显著负相关，即教师职称等级越高，学生自尊发展的班级平均水平越低（$p<0.001$）。

2. 教师人格特质对城市班级均值的影响

在教师人格的五大特质中，情绪稳定性与学生自尊显著负相关，表明教师情绪越稳定，精神压力越小，城市学生自尊发展的班级整体水平越高，情绪稳定性的回归系数为-0.841（$p<0.001$）；外向性对学生自尊发展有显著的负效应，表明性格内敛、沉稳的教师更有利于城市班级学生的自尊发展，回归系数为-1.602（$p<0.001$）；开放性与学生自尊显著正相关，即具有开拓和创新精神，乐于接纳新鲜事物的教师，能够有效促进城市学生的自尊发展，回归系数为0.774（$p<0.001$）；利他性与城市学生自尊发展的班级均值有显著的正相关关系，回归系数为0.443（$p<0.001$），说明有同情心、同理心和包容心的教师更有利于提高城市学生自尊发展的班级平均水平；教师人格特征的尽责性对学生自尊发展有显著的正效应，回归系数为0.567（$p<0.001$），这意味着有责任心，工作和生活作风严谨的教师对班级均值有积极影响。

表 4-17 城市学生自尊发展的班级均值模型

固定效应	零模型	城市班级均值模型
截距项	30.313***(0.389)	28.891***(1.051)
学校 ESCS		2.993***(0.168)
班级规模		-0.072***(0.009)
班师比		0.223***(0.057)
教师显性特质		
工作经验		0.145***(0.008)
学历(中师=0)		
大学专科		0.042(0.119)
大学本科		3.871***(0.137)
家乡(本乡镇=0)		-1.502***(0.084)
专业(非师范专业=0)		0.957***(0.161)
职称		-1.293***(0.060)

续表

固定效应	零模型	城市班级均值模型
教师人格特质		
情绪稳定性		-0.841***(0.094)
外向性		-1.602***(0.109)
开放性		0.774***(0.119)
利他性		0.443***(0.117)
尽责性		0.567***(0.087)
教师专业特质		
学生管理		0.311***(0.071)
师生关系		0.529***(0.034)
学生评价		0.373***(0.042)
教育教学		0.561***(0.040)
方差成分		
层2：班级层面	4.680***(1.240)	1.829***(0.054)
层1：个体层面	22.278***(0.658)	22.278***(0.658)

注：括号内数值为标准误差。

3. 教师专业特质对城市班级均值的影响

从教师的教育信念看，教育信念的四个维度均在1%的显著性水平下，对城市学生自尊班级均值有正向影响。由此表明，能促进城市学生自尊发展的教师应具备如下教育信念：其一，在学生管理方面，主张民主管理和学生自我管理，师生共同制定班级管理规则，学生有更多机会参与班级事务；其二，在师生关系方面，强调师生关系平等，保持师生之间的亲密关系，有较为顺畅的沟通渠道；其三，在学生评价方面，不以考试成绩作为单一标准来评价学生，对学生评价侧重于过程与结果评价，能够保持客观性、全面性；其四，在教育教学方面，以学生为中心，构建学习共同体，鼓励小组学习和学生自主学习。

（三）随机系数模型和完整模型

将层 1 个体（家庭）变量和层 2 班级（学校）变量纳入回归模型，首先从随机效应部分看，父母陪伴、教师关注在随机系数模型中的随机系数分别为 0.113 和 0.262（显著性 $p<0.01$），在完整模型中的随机效应不显著，表明层 2 和层 1 变量的交互项有效解释了父母陪伴和教师关注在班级层面的变异。此外，完整模型的组内相关系数为 0.092，与零模型的组内相关系数 0.174 相比，下降 47.1%，由此可说明完整模型有效解释了学生自尊发展在班级层面的变异（表 4-18）。

表 4-18　随机系数模型和完整模型（随机效应）

随机效应	随机系数模型	完整模型
层 2：班级层面		
截距项	1.762^{+}(0.570)	1.741^{+}(0.564)
父母陪伴	0.113^{+}(0.142)	2.74e-09(2.06e-06)
教师关注	0.262^{+}(0.181)	0.018(0.103)
层 1：个体层面	17.210^{***}(0.651)	17.103^{***}(0.640)
离异系数(−2LL)	8447.008	8419.650

注：括号内数值为标准误差。

随机系数模型的固定效应结果显示，城市学生的自尊发展水平没有显著的性别、年龄和民族差异。在 1% 的显著性水平下，非留守儿童的自尊发展显著高于留守儿童，独生子女与非独生子女之间没有显著差异。从家庭背景角度看，家庭经济社会文化地位显著影响学生的自尊发展，家庭经济社会文化地位越高，城市学生自尊发展水平越高；父母陪伴对城市学生的自尊发展有显著影响，父母的关爱理解程度越高，且家庭教养方式相对民主自由，城市学生的自尊感越强。从学校因素看，学校平均 ESCS、教师关注、班级氛围、同伴效应等环境要素对学生的自尊发展有显著的正向影响。在随机系数模型的基础上，加入层 2 变量与层 1 变量的交互项构建完整模型，比较随机系数模型和完整模型可发现，加入交互项后，家庭 ESCS 的影响效应略有下降，父母陪伴的影响效应显著增强，教师关注的主效应显著削弱。

表 4-19　随机系数模型和完整模型（固定效应）

变量名	随机系数模型	完整模型
控制变量	已控制学生的性别、年龄、民族、独生子女等个体变量	
家庭 ESCS	0.299*(0.126)	0.266*(0.125)
父母陪伴	0.406**(0.139)	5.680***(1.459)
严厉惩罚	-0.461**(0.174)	-0.466**(0.173)
关爱理解	0.793***(0.176)	0.791***(0.175)
民主自由	0.342*(0.140)	0.347*(0.139)
学校 ESCS	5.100**(1.893)	5.164**(1.882)
班级规模	-0.092(0.059)	-0.091(0.059)
班师比	0.578(0.618)	0.590(0.615)
教师关注	1.281***(0.131)	0.445(1.021)
班级氛围	0.874***(0.127)	0.846***(0.126)
同伴效应	0.056*(0.024)	0.058*(0.024)
工作经验	0.014(0.083)	0.010(0.083)
学历	0.248(0.380)	0.258(0.378)
师范专业	5.201***(1.561)	5.297***(1.552)
高级职称	-1.515(2.263)	-1.505(2.251)
情绪稳定性	-0.566(1.084)	-0.604(1.078)
外向性	-3.776**(1.454)	-3.777**(1.446)
开放性	-0.233(1.557)	-0.219(1.548)
利他性	2.457*(1.205)	2.324+(1.199)
尽责性	1.993(1.247)	2.007(1.240)
学生管理	0.066(0.833)	-0.079(0.830)

续表

变量名	随机系数模型	完整模型
师生关系	0.383(0.335)	0.390(0.333)
学生评价	0.684(0.540)	0.713(0.537)
教育教学	0.149(0.396)	0.141(0.394)
父母陪伴×外向性		-0.751*(0.300)
父母陪伴×尽责性		0.656*(0.297)
截距项	26.032*(12.044)	26.811*(11.981)

注：括号内数值为标准误差。

在完整模型中，影响城市学生自尊发展的教师特质表现在如下方面：（1）在教师显性特质中，教师工作经验（教龄）和学历对城市学生自尊发展的影响作用在统计上不显著。与非师范专业的教师相比，接受过师范教育的教师更有利于城市学生的自尊发展。（2）从教师人格特质看，教师人格的外向性和利他性特征对学生的自尊发展有显著影响，其中外向性与学生的自尊发展显著负相关（回归系数为-3.776，显著性 $p<0.01$），这意味着性格内敛、沉稳的教师更有利于城市学生的自尊发展；富有同情心、同理心，具有利他性特征的教师对城市学生的自尊发展有显著正向影响（回归系数为2.457，显著性 $p<0.05$）。（3）从教师的教育信念看，教师的教育信念对城市学生自尊发展没有直接影响。

1. 外向性与父母陪伴的交互效应

在完整模型中，教师人格特质外向性对城市学生自尊发展有显著的负向影响，父母陪伴对学生的自尊发展有显著的正效应，外向性与父母陪伴的交互项回归系数为-0.751（$p<0.05$），表明外向性和父母陪伴对学生自尊的影响存在相互削弱的关系。当父母陪伴时间处于同一水平时，人格特质倾向于内向，性格内敛沉稳的教师更有利于城市学生自尊发展。具体而言，从图4-12可见，代表不同父母陪伴水平的直线斜率均为负，说明倾向于内向性人格特质的教师对学生的自尊发展有显著的正向影响，

其影响作用随着父母陪伴时间的增加而显著增强。由此表明，内向型人格特质的教师和父母陪伴时间会相互增强其对城市学生自尊发展的影响作用。

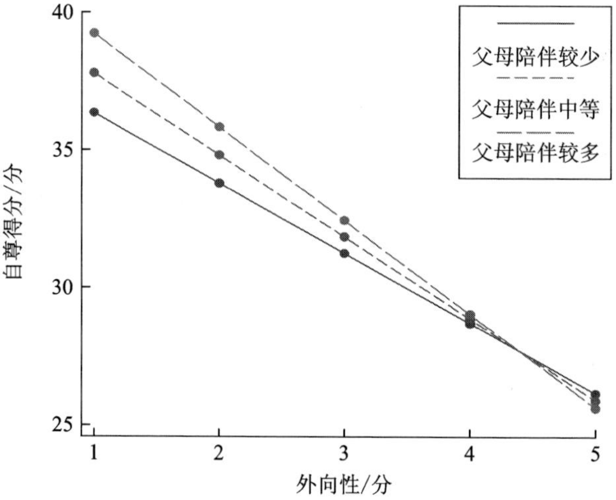

图 4-12　外向性与父母陪伴的交互作用

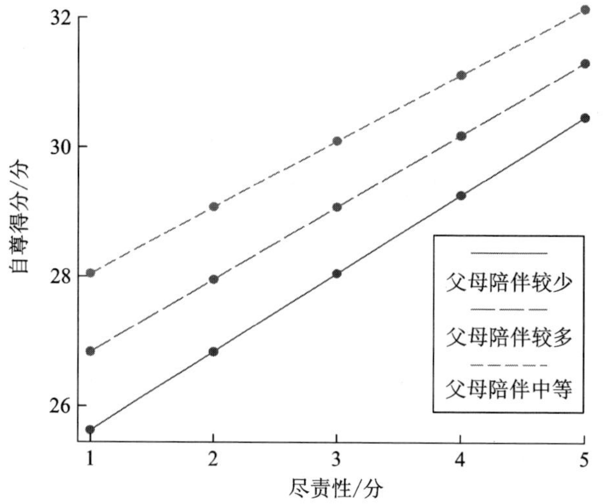

图 4-13　尽责性与父母陪伴的交互作用

2. 尽责性与父母陪伴的交互作用

教师人格特质的尽责性对城市学生的自尊发展没有直接的影响效应，尽责性与父母陪伴的交互项回归系数为 0.656（$p<0.05$），说明尽责性与父母陪伴对城市学生自尊的影响存在相互增强的关系。从图 4-13 可见，代表不同父母陪伴时间的三条直线其斜率均为正，当父母陪伴时间相同时，教师的尽责性人格特质越明显，城市学生自尊发展水平越高。同时，教师人格特质的尽责性对城市学生自尊发展的影响作用随着父母陪伴时间的增多而逐渐增大，也就是说，父母陪伴时间可以增强教师尽责性人格特质对城市学生自尊发展的影响作用。

三、分析结果

从农村学生自尊发展来看，影响农村学生自尊发展的教师特质表现在如下方面：(1) 教师的工作经验对农村学生自尊发展有显著的正向影响。(2) 教师人格特质的尽责性对农村学生自尊发展有显著的正向影响，其影响作用会随着父母陪伴时间的增加而显著增大。同时，班级规模也会显著增强尽责性人格特质对农村学生自尊的影响作用，当班级规模达到 28 人时，教师人格特质的尽责性对农村学生自尊发展的影响作用进一步增强。(3) 教师人格特质的利他性对农村学生自尊的影响以班级规模为条件变量，在标准班额和小班额的班级中，有明显利他性人格特质的教师更有利于农村学生的自尊发展。(4) 从教师专业特质看，传统的学生管理信念、开放的学生评价理念和教育教学信念可以有效促进农村学生自尊发展。此外，趋向于传统的学生管理信念不但可以有效促进农村学生自尊发展，而且可以显著缩小学生因所处的班级氛围不同而形成的自尊发展差异。(5) 教师的师生关系信念对学生自尊的影响作用以班级氛围为条件变量，当班级氛围较好时，传统的师生关系信念有利于促进农村学生自尊发展，而班级氛围较差时，开放的师生关系更有利于促进农村学生自尊发展。

从城市学生自尊发展来看，影响城市学生自尊发展的教师特质表现在如下方面：(1) 在城市教师中，与非师范专业教师相比，师范专业教师更有利于城市学生自尊发展；(2) 从教师人格特质看，性格内敛、沉稳的教师有利于城市学生自尊发展，且这种影响作用随着父母陪伴时间的增加而增强。同时，有爱心、富有同情心的教师可以有效促进城市学生自尊发展，教师责任心可以调节父母陪伴不足给学生自尊发展带来的不利影响。(3) 从城市教师的专业特质看，教师的学生管理信念、师生关系信念、学生评价信念和教育教学信念对城市学生的自尊发展没有直接影响。教师的学生管理信念和师生关系信念对城市学生自尊发展的影响作用随着学生获得的教师关注水平的增加而增加，开放的学生评价信念可以显著缩小学生因教师关注差异形成的自尊发展差异。

对比影响城乡学生自尊发展教师特质可发现如下异同点，从共性特质看，城乡教师都凸显了人格特质中的利他性和尽责性，即有爱心和责任心的教师可以有效促进城乡学生自尊发展。在教师专业特质方面，持有开放学生评价信念的教师更有利于学生的自尊发展。从城乡教师特质的差异看，表现在如下方面：(1) 在显性特质方面，农村教师侧重于工作经验，城市教师侧重于专业背景；(2) 在人格特质方面，性格内敛沉稳的城市教师更有利于学生的自尊发展，农村教师人格特质的外向性影响不显著；(3) 在专业特质方面，传统的学生管理信念有利于农村学生的自尊发展，而开放的学生管理信念有利于城市学生的自尊发展。

第四节　本 章 小 结

本章利用全部学生样本（4527 个）、农村学生样本（2199 个）和城市学生样本（2328 个）分别构建了学生自尊发展的回归模型，在控制其他解释变量后，重点解释了教师特质对学生自尊发展的影响作用，主要研究结果如下：

1. 家庭是影响学生自尊发展的首要因素

无论是从全学生样本，还是分城乡学生样本来看，家庭经济社会文化地位、父母教育参与、家庭教养方式等变量始终对学生的自尊发展有显著的影响。我们可以看到的现象是，家庭经济资本、文化资本、社会地位对学生自尊有显著的正向影响，这对已有的研究结论进行了验证——家庭是影响学生非认知能力发展的首要因素。同时也让我们看到，学校教育系统该如何应对这种学生家庭背景差异，通过教育教学活动培养学生的自尊感，能在短期内影响学生的学业成绩，从长期看能影响学生的职业选择和人生发展。

2. 教师的工作经验显著影响农村学生自尊发展，师范专业的教师更有利于城市学生自尊发展

在全部学生样本的分析中，教师的教龄、学历、专业背景、职称等显性特质对学生自尊发展没有显著影响，但在同等的教师关注水平下，有师范专业背景的教师能有效促进学生的自尊发展。从农村学生样本看，教龄与农村学生自尊发展之间有显著的正效应，即工作经验丰富的农村教师能有效促进学生的自尊发展。从城市学生样本看，与非师范专业的教师相比，师范专业的教师更有利于学生的自尊发展。

3. 教师人格特质中的外向性、利他性和尽责性对学生自尊发展有显著影响，并表现出明显的城乡差异

全样本的研究结果显示，教师人格特质的五个维度对学生的自尊发展的主效应在统计上不显著。但从农村学生样本看，教师人格特质中的尽责性对农村学生的自尊发展有显著的正向影响，说明在农村地区的教育环境中，面对留守儿童占较大比例的农村学生群体，表现出责任心强、工作生活态度严谨的教师更有利于其自尊发展。在城市学生样本中，教师人格中的外向性与学生自尊发展显著负相关，说明性格内敛、沉稳的教师更有利于城市学生的自尊发展，教师人格的利他性与学生自尊发展显著正相关，说明富有同情心、关爱学生的教师能有效促进城市学生的自尊发展。

4. 教师人格特质可以有效调节学生家庭因素的不利影响

无论是从全部学生样本，还是分城乡学生样本来看，趋向于内向型

人格的教师可以降低父母陪伴不足给学生自尊发展带来的不利影响。这对父母外出务工的留守儿童，或父母忙于家庭生计而忽视陪伴的孩子而言具有重要意义，对于这样的学生群体，性格内敛沉稳的教师更有利于促进他们的自尊发展。同时，教师人格的利他性、尽责性和父母陪伴对学生的自尊发展存在着相互增强的作用，父母陪伴的时间越多，教师人格的利他性和尽责性特征越明显，学生的自尊发展水平越高。

5. 教师开放的教育信念对学生自尊发展有显著的正向影响，并可以有效调节家庭因素的不利影响

教师的教育信念主要包括学生管理、师生关系、学生评价和学生学习信念四个方面，倾向于开放的教育信念有利于学生的自尊发展，即在日常教育教学工作中，表现出以学生为中心，关爱理解学生，强调师生平等，注重学生自主学习的教师能够有效促进学生的自尊发展。相反，在学生管理方面，学生管理信念倾向于保守的教师更有利于学生的自尊发展，尤其是开放的学生评价信念和教育教学信念能够促进低家庭社会经济文化地位、父母陪伴不足学生的自尊发展。

第五章　教师特质与学生学习兴趣

从教育思想演进历程看，基于兴趣开展教育教学活动是许多教育家的思想共识，例如赫尔巴特在《普通教育学》中提出："缺乏兴趣的教学将是空洞乏味的，如果不能激发学生的学习兴趣，那么所谓的全心全意执教就是一种空谈。"杜威在《我的教育信条》中也提出了类似的观点，杜威认为观察儿童的兴趣是每一个教育者进行教育活动之前需要做的准备工作，学生的兴趣向教育者传递了个体生命成长的能力信号，兴趣象征着生命体与生俱来的初始能力，从这种初始能力出发开展的教育活动才是有效的教育、适合的教育。兴趣的教育价值在学术界已有许多论述，归纳起来有如下方面：其一，学习兴趣是学生求知的起点和愉快学习的诱因；其二，学习兴趣是提升学业成绩的保障；其三，学习兴趣可以使精神更集中，保持学生的学习努力度；其四，学习兴趣对学生终身学习，对未来成功成才具有特殊意义；其五，学习兴趣具有德育价值，促进学生的个性全面发展①。从这个角度看，学习兴趣具有建构性和工具性双重价值，一方面学习兴趣在学习过程中属于非认知能力，但其是学生积极参与学习活动的动力来源，对学业成绩具有显著影响；另一方面，培养学习兴趣本身就是一种教育目的，关乎学生的未来发展和终身学习。

学生进行有效学习需要内部动力的驱动，而学习动机中最现实，最活跃的成分是学习兴趣。学习兴趣可以理解为个体认知世界、渴望获得

---

① 郭戈.关于兴趣教学原则的若干思考[J].教育研究,2013(3):119-124.

信息知识和不断探索真理的心理倾向，这种心理倾向带有明显的情绪色彩①。2010年，国务院审议通过的《国家中长期教育发展规划纲要(2010—2020年)》提出，除了品性培养、健康体魄、习惯养成之外，义务教育发展的一项重要任务是激发学习兴趣。2019年，中共中央、国务院《关于深化教育教学改革全面提高义务教育质量的意见》提出坚持“五育”并举，全面发展素质教育。其中，在智育方面重点强调了激发学生学习兴趣，提高学习能力，强调学生在教育中的主体地位，教师要在教育教学过程中关注和保护学生的好奇心、想象力、求知欲。由此表明，学生的学习兴趣作为重要的非智力因素，激发和保持学生学习兴趣是我国新时代背景下发展公平而有质量的教育所需要关注的重要议题。

从某种程度上说，教师质量等同于教育教学质量，教师在学生的学习兴趣、学习态度方面发挥着决定性的作用，学习兴趣既影响学生学业成绩，同时对学生个性全面发展、未来工作和生活有着深远影响。在此情况下，教师只有在具备一定的知识和技能、个人素质、职业前景和工作动力的情况下，才能满足人们对他们的期望②。本章在描述学生学习兴趣整体现状和发展差异的基础上，构建回归模型探究影响学生学习兴趣的教师特质。讨论的主要问题是：能有效激发学生学习兴趣的教师具备什么样的特质？这种特质包括三个方面，一是反映教师知识和技能的显性特质，例如工作经验、学历、职称、教师资格等；二是反映教师个性特征的人格特质；三是反映教师专业特质的教育信念。

第一节　学生学习兴趣发展现状

一、学生学习兴趣的整体描述

学生问卷中以《学习兴趣量表》作为测量工具，量表为李克特四级

---

① 申继亮.中学生学习兴趣的评估[J].心理发展与教育,1988(4):11-16.

② 国际21世纪教育委员会.教育:财富蕴含其中[M].联合国教科文组织总部中文科,译.北京:教育科学出版社,1996:135.

量表，从非常不同意到非常同意分别赋值 1—4 分，共 17 个条目，通过主成分分析法（Bartlett 检验显著性 $p<0.001$，KMO 值为 0.949），提取一个特征值大于 1 的主成分，以因子得分作为衡量学生学习兴趣的变量。为方便论述，我们将因子得分转换成取值范围为 0—10，数值越大表明学生的学习兴趣越为浓厚。从全部 4527 个学生样本看，学习兴趣的最大值为 10 分，最低分为 2 分，平均值 6.24 分，标准差为 1.23。第 1 四分位数为 6 分，第 3 四分位数为 7 分，中位数为 7 分，中位数高于均值，整体数据呈现正偏态分布（见图 5-1）。

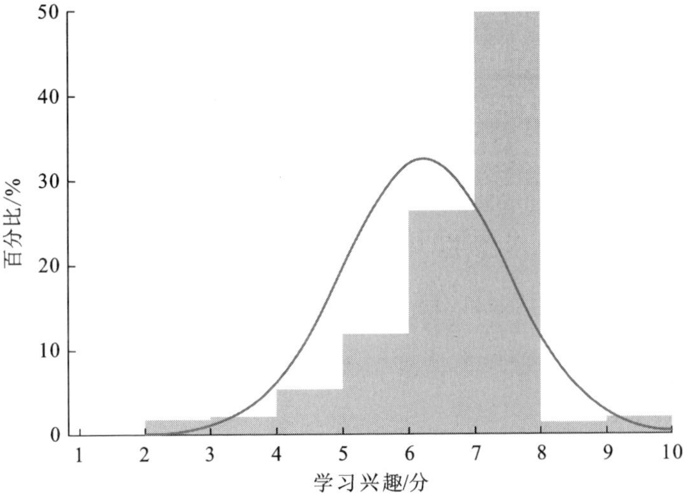

图 5-1 学生学习兴趣分布直方图

分地区看，咸安区学生的平均学习兴趣得分最高，平均得分 6.50 分（最高分 10 分，最低分 2 分），且城乡学生的学习兴趣均值都高于总样本均值。其次为建始县（均值 6.34 分，最高分 7 分，最低分 2 分）和罗田县（均值 6.33 分，最高分 10 分，最低分 2 分），得分最低的为通山县（均值 5.92 分，最高分 7 分，最低分 2 分）和崇阳县（均值 5.99 分，最高分 7 分，最低分 2 分）。从各地区的城乡差异看，除罗田县以外，其他各县（区）城市学生的学习兴趣均高于农村学生。在抽样的八个县（区）中，通山县和崇阳县城乡学生的整体学习兴趣都处于总体均值水平以下。其中，崇阳县和英山县城乡学生的学习兴趣差异显著大于其他各地区。从各地区学生学习兴趣得分的离散程度看，建始县的内部差异最小，标准为 1.00，差异最大的地区为咸安区，标准差达到 1.78 (图 5-2)。

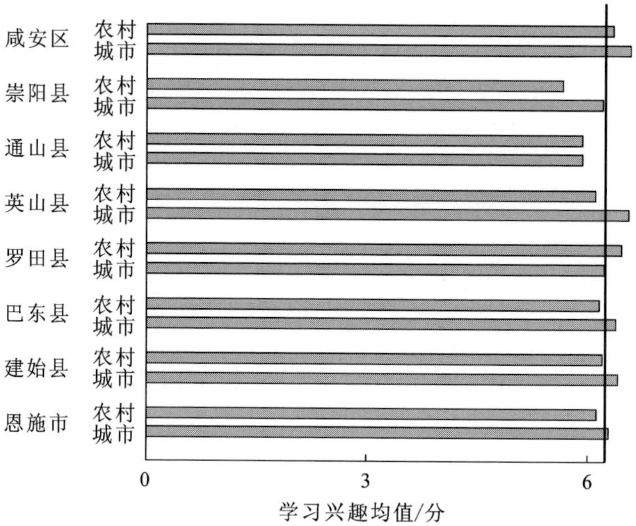

图 5-2　样本县（区）学生学习兴趣

从理论角度看，学习兴趣是学生参与学习活动的内生动力，学习兴趣可以有效提升学生的学习成绩。基于这一理论假设，我们在学生问卷中设置题项“你在班上的成绩处于什么位置”，选项包括“前几名、中等偏上、中等、中等偏下、靠后”五个选项，按学业成绩分组的统计结果表明，学生的学习兴趣与学习成绩之间显著正相关（相关系数 0.310，显著性 $p<0.01$），学习兴趣越浓厚，学习成绩排名越靠前。具体而言，学习成绩处于前几名的学生中，平均学习兴趣得分为 6.66 分，学习成绩靠后的学生平均学习兴趣得分为 5.29 分，比前几名的学生低 20.6%，中等成绩学生的学习兴趣得分接近均值。

表 5-1　学习兴趣与学习成绩的关系

学习成绩	样本量/个	均值/分	最小值/分	最大值/分	标准差
前几名	722	6.66	2	10	1.10

续表

学习成绩	样本量/个	均值/分	最小值/分	最大值/分	标准差
中等偏上	1225	6.49	2	10	1.05
中等	1529	6.26	2	10	1.13
中等偏下	528	5.86	2	10	1.25
后几名	454	5.29	2	9	1.49

二、学生学习兴趣的差异分析

（一）个体差异分析

我们选择了性别、民族、寄宿生、独生子女、留守儿童五个指标作为学生个体特征的分类变量，以此比较不同个体特征学生的学习兴趣差异。从学生性别看，男生的学习兴趣显著弱于女生，男生的均值为6.129分，女生6.374分，显著性检验 t 值为-6.728（显著性 $p<0.001$）；少数民族学生和汉族学生之间无显著差异，汉族学生的平均得分为6.242分，少数民族学生的得分为6.243分；在学校寄宿学生的学习兴趣显著低于走读学生，两者的均值分别为6.034分和6.271分，显著性检验 t 值为-3.057（显著性 $p<0.05$）；独生子女和非独生子女的学习兴趣在统计上没有显著差异，均值分别为6.245分和6.233分；留守儿童的学习兴趣平均得分为6.199分，非留守儿童的学习兴趣平均得分为6.276分，显著性检验 t 值为2.088（显著性 $p<0.05$），表明留守儿童的学习兴趣显著弱于非留守儿童（见表5-2）。

表5-2 学生学习兴趣的个体差异

个体特征		均值/分	t 值
性别	男生	6.129	-6.728^{***}
	女生	6.374	
民族	汉族	6.242	-0.036
	少数民族	6.243	

续表

个体特征		均值/分	t 值
是否寄宿	寄宿	6.034	−3.057**
	走读	6.271	
独生子女	非独生子女	6.245	0.291
	独生子女	6.233	
留守儿童	非留守儿童	6.276	2.088**
	留守儿童	6.199	

（二）家庭差异分析

1. 家庭经济资本差异

按照学生问卷中家庭经济资本的测量指标，我们将学生家庭分为低经济资本、中经济资本和高经济资本三类，三类家庭的占比分别为35.56%、55.84%和8.60%。对比三类家庭学生的学习兴趣得分可发现，中经济资本家庭学生的学习兴趣得分最高，平均值为6.29分，其次为高经济资本家庭学生，平均值为6.22分，最后为低经济资本家庭学生，平均值为6.16分，差异性检验结果显示，卡方值为50.38，显著性 $p<0.001$，表明三类家庭学生的学习兴趣平均得分在统计上有显著差异。不同经济资本家庭的两两比较发现，中经济资本家庭学生的学习兴趣得分显著高于低经济资本家庭的学生（显著性检验 t 值为0.134，显著性 $p<0.01$），但中经济资本家庭和高经济资本家庭之间无显著差异。

表5-3　学生学习兴趣的家庭资本差异

家庭经济资本	最小值/分	最大值/分	均值/分	标准差	有效样本量/个
低经济资本	2	10	6.16	1.29	1610
中经济资本	2	10	6.29	1.17	2528
高经济资本	2	10	6.22	1.29	389

2. 家庭文化资本差异

按照家庭文化资本测量指标将学生家庭分为低文化资本、中文化资本和高文化资本三类家庭，三类家庭的占比分别为 15.88%、62.27% 和 21.85%。对比三类家庭学生的学习兴趣得分发现，三类家庭学生学习兴趣均值依次为 5.68 分、6.25 分和 6.64 分，家庭文化资本与学生学习兴趣之间有显著的正相关关系，相关系数为 0.47（显著性 $p<0.01$），表明家庭文化资本越高，学生的学习兴趣越为浓厚。同时，中文化资本家庭学生学习兴趣显著高于低文化资本家庭（$t=0.562$，显著性 $p<0.01$），高文化资本家庭学生的学习兴趣显著高于中文化资本家庭（$t=0.957$，显著性 $p<0.01$）和低文化资本家庭（$t=0.395$，显著性 $p<0.01$）。

表 5-4 学生学习兴趣的家庭文化资本差异

家庭文化资本	最小值/分	最大值/分	均值/分	标准差	有效样本量/个
低文化资本	2	10	5.68	1.50	719
中文化资本	2	10	6.25	1.16	2819
高文化资本	2	10	6.64	1.02	989

3. 家庭社会地位差异

以父母职业的平均得分作为衡量家庭社会地位的指标并进行分类，低社会地位家庭占比 9.32%，中社会地位家庭占比 75.37%，高社会地位家庭占比 15.31%。统计结果显示，高社会地位家庭学生的学习兴趣最高，平均得分为 6.48 分，其次为低社会地位家庭的学生，平均得分为 6.26 分，中等社会地位家庭学生的学习兴趣得分为 6.19 分。进一步对比发现，中、低社会地位家庭学生的学习兴趣得分差异在统计上没有显著性意义（$t=-0.068$，显著性 $p=0.556$），而高社会地位家庭学生的学习兴趣显著高于低社会地位和中社会地位两类家庭，t 值分别为 0.216（显著性 $p<0.05$）和 0.283（显著性 $p<0.01$）。

表 5-5 学生学习兴趣的家庭社会地位差异

社会地位	最小值/分	最大值/分	均值/分	标准差	有效样本量/个
低社会地位	2	10	6.26	1.40	422
中社会地位	2	10	6.19	1.20	3412
高社会地位	2	10	6.48	1.20	693

4. 家庭教养方式差异

学生问卷中共测量了家庭教养方式的严厉惩罚、关爱理解和宽松自由，我们将三个维度取值较高的定义为不同类型的家庭教养方式，分别命名为严厉型、关爱型和宽松型。从三类家庭来看，严厉型家庭占比9.70%，关爱型家庭占比58.16%，宽松型家庭占比32.14%。其中严厉型家庭学生的学习兴趣平均得分为5.76分，标准差1.51；关爱型家庭学生的学习兴趣平均得分6.35分，标准差1.15；宽松型家庭学生的学习兴趣平均得分6.19分，标准差1.24。整体来看，关爱型的家庭教养方式最有利于培养学生的学习兴趣，其平均得分显著高于其他两类家庭。从家庭教养方式的三个维度与学习兴趣的相关性方面看，严厉惩罚与学习兴趣显著负相关（相关系数为-0.079，$p<0.05$），关爱理解与学习兴趣显著正相关（相关系数为0.276，$p<0.05$），宽松自由与学习兴趣显著正相关（相关系数为0.110，$p<0.05$）。关爱型家庭学生的学习兴趣显著高于严厉型家庭（$t=0.590$，显著性$p<0.01$），宽松型家庭学生学习兴趣显著高于严厉型家庭（$t=0.431$，显著性$p<0.01$），关爱型家庭学生学习兴趣显著高于宽松型家庭（$t=0.160$，显著性$p<0.01$）。

表 5-6 学生学习兴趣的家庭教养方式差异

社会地位	最小值/分	最大值/分	均值/分	标准差	有效样本量/个
严厉型	2	10	5.76	1.50	438
关爱型	2	10	6.35	1.49	2633
宽松型	2	10	6.19	1.24	1456

（三）学校差异分析

1. 城乡学校差异

按学校所处的地理位置，我们将学校划分为乡村学校，乡镇学校和城市学校，三类学校学生的占比分别为 18.11%、30.46% 和 51.42%。其中，乡村学校平均规模 239 人，乡镇学校平均规模 1524 人，城市学校平均规模 3276 人。整体看，学生学习兴趣表现出显著的城乡差异，城市学校学生的学习兴趣显著高于乡镇学校和乡村学校学生，乡村学校、乡镇学校和城市学校学生学习兴趣的平均得分依次为 5.98 分、6.21 分和 6.35 分。其中乡镇学校学生的学习兴趣显著高于农村学校（$t=0.232$，显著性 $p<0.01$），城市学校学生的学习兴趣显著高于乡镇学校（$t=0.128$，显著性 $p<0.01$），城市学校学生的学习兴趣显著高于农村学生（$t=0.360$，$p<0.01$）。

表 5-7　学生学习兴趣的城乡差异

社会地位	最小值/分	最大值/分	均值/分	标准差	有效样本量/个
乡村学校	2	10	5.98	1.25	820
乡镇学校	2	10	6.21	1.30	1379
城市学校	2	10	6.35	1.16	2328

2. 班级规模差异

按班级规模分类看，大班额（56—65 人）学生的学习兴趣得分最高，平均分为 6.34 分，其次为超大班额（66 人以上），平均得分 6.33 分，标准班额学生的平均学习兴趣得分为 6.13 分，小班额班级学生的学习兴趣得分相对最低，平均得分为 6.05 分。由此表明，学生学习兴趣发展可能存在班级规模效应，这在后面的回归分析中将做进一步探讨。对比不同规模班级学生的学习兴趣来看，标准班额和小班额学生学习兴趣之间没有显著差异，大班额和超大班额班级学生的学习兴趣没有显著差异，但大班额班级学生的学习兴趣显著高于小班额班级（$t=0.286$，显著性 $p<0.01$）和标准班额班级学生（$t=0.203$，显著性 $p<0.05$），超大班额学生的学习兴趣显著高于标准班额（$t=0.276$，显著性 $p<0.01$）和

小班额班级学生（$t=0.193$，显著性 $p<0.01$）。

表 5-8　学生学习兴趣的班级规模差异

班额大小	最小值/分	最大值/分	均值/分	标准差	有效样本量/个
小班额(少于 35 人)	2	10	6.05	1.21	594
标准班额(35—55 人)	2	10	6.13	1.34	1165
大班额(56—65 人)	2	10	6.34	1.12	596
超大班额(66 人以上)	2	10	6.33	1.19	2172

第二节　全部学生样本分析

一、研究假设

兴趣通常被视为一种动机变量，被定义为“随着时间推移与特定内容（例如对象，事件或想法）互动或重新参与的心理状态”[1]。在学习兴趣研究中，教育研究者将学习兴趣分为两类，一是情境性的兴趣，主要是通过外部情境触发，包括行为的反应和注意力的集中；二是个体的兴趣，即个人相对持久的倾向，不会随着时间的推移而发生改变的心理状态[2]。Hidi 认为学生的学习兴趣培养可以分为四个阶段：触发情境兴趣—维持情境兴趣—产生个人兴趣—稳定的个人兴趣。在这个连续的阶段中，学生的兴趣通常是受到如下因素的影响：一是教学质量和类型；二是发展心理学有关的问题；三是身份形成[3]。基于上述研究可以发现，教学的质量和类型会显著影响学生的学习兴趣，我们通常认为教师质量是决定教学质量的第一要素，同时从人力资本理论的角度看，工作经验、

① HIDI S, RENNINGER K. The four-phase model of interest development[J]. Educational psychologist, 2006, 41: 111-127.

② MITCHELL M. Situational interest: its multifaceted structure in the secondary school mathematics classroom[J]. Journal of educational psychology, 1993, 85: 424-436.

③ KRAPP A, PRENZEL M. Research on interest in science: theories, methods, and findings[J]. International journal of science education, 2001, 33(1): 27-50.

学历、职称等变量是反映教师知识和能力的信号特征，由此我们提出第一组研究假设：

H1a：工作经验丰富的教师更有利于培养学生的学习兴趣；

H1b：职称对学生的学习兴趣有显著的正向影响；

H1c：与非师范专业的教师相比，师范专业的教师更有利于培养学生的学习兴趣；

H1d：本乡本土的教师更有利于培养学生的学习兴趣。

从学生反映的态度来看，能引起学生学习兴趣的教师通常是有魅力或者富有热情的①。此外，有研究表明，教师的情绪、个性和动机都会对学生的兴趣、动机产生显著的影响②。正如上述研究中提到的，如果说富有魅力和热情的老师更容易激发学生的学习兴趣，那么我们如何衡量教师的魅力和热情？由此我们提出第二组研究假设，即从教师人格特质的角度来测量教师的魅力和热情。

H2a：教师人格特质中的外向性对学生的学习兴趣有显著的正向影响。

H2b：教师人格特质中的开放性对学生的学习兴趣有显著的正向影响。

H2c：教师人格特质中的利他性对学生的学习兴趣有显著的正向影响。

从教师的教学策略上看，有研究指出，能有效激发学生学习兴趣的教师在教学策略上有如下特征：（1）对学生采取有效的管理，以保证学生持续的学习参与；（2）采用提高学生对知识理解的教学策略；（3）采用鼓励学生参与学习活动的策略；（4）保持良好的班级氛围和课堂环

① BOE M V, HENRIKSEN E K, LYONS T, et al. Participation in science and technology: young people's achievement-related choices in late modern societies[J].Studies in science education, 2001, 47(1): 37-72.

② MEYER D K, TURNER J C.Re-conceptualizing emotion and motivation to learn in classroom contexts [J].Educational psychology review, 2006, 18: 377-390.

境[①]。而从教师的教育教学行为看，构建激发学生情境性兴趣的学习环境是教师的主要行动策略，优秀教师主要特质在于能够成功地创造包容的学习环境，激发学生的参与和学习的热情[②]。教师的教学策略和教育教学行为是其教育信念的外在表现，因此我们提出的第三组假设是：

H3a：教师的教育教学信念对学生的学习兴趣有积极的影响作用；

H3b：教师的教育教学信念和班级氛围对学生的学习兴趣有显著的交互效应；

H3c：教师的教育教学信念对家庭教养方式有显著的调节作用。

围绕上述研究假设，本章将基于教育生产函数，以学生学习兴趣作为教育产出，构建两水平回归模型，探讨在控制个体、家庭、学校等影响因素后，教师特质对学生学习兴趣的影响作用，并探究教师特质与家庭和学校因素之间的交互效应。

二、两水平回归模型

（一）基准模型

以全部学生样本的学习兴趣得分为因变量构建的零模型回归结果显示，固定效应中截距项的回归系数为6.179，显著性$p<0.001$。在随机效应中，层2班级层面的截距项方差为0.124，层1个体层面截距项的方差为1.386，通过随机效应两层变量的方差可计算得出组内相关系数为0.082，组内相关系数大于0.059，属于不可忽视的组间差异，由此表明学生学习兴趣的差异有8.2%来自班级层面的变异，91.8%来自个体和家庭层面的变异，因此有必要采用两水平回归模型分析影响学生学习兴趣的因素。

协方差模型是在零模型的基础加入学生个体和家庭方面的变量，主要考察层1学生个体层面的因素对其学习兴趣的影响，纳入的变量主要

---

① TOBIN K,FRASER B J.What does it mean to be an exemplary science teacher? [J].Journal of research in science teaching,1990,27(1):3-25.

② WALDRIP B,FISHER I.Identifying exemplary science teachers through their classroom interactions with students[J].Learning environments research,2003,6(2):157-174.

包括性别、年龄、民族、家庭经济社会文化地位、父母陪伴和家庭教养方式等①，在协方差模型中将上述变量设置为固定效应。对比协方差模型和零模型可见，零模型和协方差模型的固定效应截距项分别为 6.179 和 6.072，且均在 1% 的显著性水平下显著。从随机效应部分看，在加入层 1 变量后，协方差模型中层 2 的截距项方差为 0.130，比零模型增加 4.8%，层 2 截距项的方差为 1.226，比零模型减少 11.5%，由此说明，在加入层 1 变量后，学生个体层面的差异得到了部分解释，相比之下，协方差模型的数据拟合度要优于零模型。

从协方差模型回归结果看，在不考虑学校、教师、同伴等变量的前提下，学生学习兴趣发展有显著的性别差异，与男生相比，女生的学习兴趣得分平均高出 18.1%，显著性 $p<0.001$。学生的学习兴趣没有显著的年龄差异和民族差异。家庭经济社会文化地位对学生学习兴趣有显著的正效应，回归系数为 0.141，显著性 $p<0.001$。父母陪伴与学生学习兴趣显著正相关，两者的回归系数为 0.164，显著性 $p<0.001$，说明父母陪伴时间每增加 1 个单位，学生的学习兴趣得分随之增加 0.164 分。从家庭教养方式看，在 1% 的显著性水平下，家庭教养方式中的关爱理解和宽松自由对学生的学习兴趣有显著的正效应，两个维度的回归系数分别为 0.286 和 0.064，而严厉惩罚对学生的学习兴趣养成有显著的负向影响，说明父母对孩子的家庭教育严厉程度每提高 1 个单位，学生学习兴趣得分随之降低 0.159（见表 5-9）。

表 5-9 学生学习兴趣的零模型、协方差模型、随机系数模型比较

固定效应	零模型	协方差模型	随机系数模型
截距项	6.179***(0.041)	6.072***(0.275)	6.050***(0.273)
女生		0.181***(0.034)	0.178***(0.034)
年龄		0.004(0.029)	0.006(0.029)
少数民族		−0.061(0.049)	−0.056(0.049)

① 由于学生的留守儿童身份存在自选择问题，且与家庭背景变量存在共线性问题，故没有将是否为留守儿童纳入自变量。

续表

固定效应	零模型	协方差模型	随机系数模型
家庭 ESCS		0.141***(0.019)	0.136***(0.022)
父母陪伴		0.164***(0.020)	0.161***(0.022)
严厉惩罚		−0.159***(0.025)	−0.155***(0.029)
关爱理解		0.286***(0.026)	0.274***(0.033)
宽松自由		0.064**(0.020)	0.061**(0.021)
方差成分			
层 2：班级层面			
截距项	0.124***(0.023)	0.130***(0.023)	0.131***(0.023)
家庭 ESCS			0.009***(0.005)
父母陪伴			0.005***(0.005)
严厉惩罚			0.014***(0.010)
关爱理解			0.034***(0.013)
宽松自由			0.002**(0.023)
层 1：学生个体	1.385***(0.029)	1.226***(0.026)	1.189***(0.026)
离异数(−2LL)	14464.222	13929.122	13896.748

注：括号内数值为标准误差。

在协方差模型中，我们假定学生的个体和家庭因素都属于固定效应，而在随机系数模型中我们将家庭 ESCS、父母陪伴以及家庭教养方式的三个维度设置为随机效应，其他个体变量仍然设定为固定效应，以此考察家庭变量在不同班级间的变异情况。从随机系数模型的固定效应部分看，学生的个体和家庭变量的系数有较小的变化，但显著性水平没有发生变化。从随机效应部分看，家庭 ESCS 的方差成分为 0.009，父母陪伴的方差成分为 0.005，严厉惩罚的方差成分为 0.014，关爱理解的方差成分为 0.034，宽松自由的方差成分为 0.012，这些变量的方差成分均在 1% 的显著性水平下显著，表明这些家庭因素会随着班级的不同而发生变化，即在班级层面存在显著的变异。

（二）完整模型

根据随机系数模型固定效应结果，在完整模型的构建过程中剔除了随机系数模型中不显著或回归系数绝对值较小的自变量（小于 0.001），同时为避免完整模型中出现多重共线性问题，对除虚拟变量和分类变量以外自变量按照组均值进行了对中处理，完整模型的结果见表 5-10。从完整模型的随机效应部分看，层 2 截距项的方差成分为 0.063，层 1 截距项的方差成分为 1.123，组内相关系数为 0.053，与零模型的组内相关系数相比下降 35.8%，表明完整模型中加入的层 2 变量对学生学习兴趣的班级差异做出了有效解释。

表 5-10　影响学生学习兴趣的完整模型

固定效应	模型 1	模型 2
控制变量	已控制学生个体因素	
截距项	4.081***(0.881)	4.323***(0.875)
家庭 ESCS	0.117***(0.019)	0.337***(0.087)
父母陪伴	0.162***(0.019)	0.412***(0.120)
家庭教养方式(严厉型=0)		
关爱型	0.323***(0.059)	0.143*(0.066)
宽松型	0.263***(0.062)	0.075(0.072)
乡镇学校	0.259*(0.125)	0.254*(0.124)
城市学校	0.381*(0.162)	0.373*(0.161)
班级规模	-0.004(0.004)	-0.004(0.004)
班师比	-0.064*(0.035)	-0.062*(0.035)
学校 ESCS	0.129(0.116)	0.135(0.116)
教师关注	0.254***(0.018)	0.239***(0.018)
班级氛围	0.234***(0.018)	0.210**(0.069)
同伴支持	0.019***(0.004)	0.016***(0.004)
教师特质		

续表

固定效应	模型 1	模型 2
工作经验(教龄)	0.012*(0.005)	0.012*(0.005)
本县(区)人	0.052(0.132)	0.055(0.130)
师范专业	0.190*(0.089)	0.186*(0.088)
教师职称(暂未评级=0)		
三级职称	0.363*(0.161)	0.377*(0.160)
情绪稳定性	0.121(0.085)	0.123(0.084)
外向性	0.012(0.092)	0.011(0.091)
开放性	0.201*(0.102)	0.198*(0.101)
利他性	0.158(0.117)	0.157(0.116)
尽责性	0.011(0.090)	0.015(0.089)
学生管理	-0.080(0.067)	-0.082(0.067)
师生关系	-0.010(0.036)	-0.007(0.035)
学生评价	-0.026(0.048)	-0.027(0.047)
教育教学	0.112*(0.044)	0.111*(0.044)
交互效应		
父母陪伴×外向性		-0.080*(0.034)
家庭 ESCS×学生评价		-0.065***(0.018)
家庭 ESCS×工作经验		0.003*(0.002)
严厉惩罚×教育教学		-0.023**(0.007)
关爱理解×教育教学		0.039***(0.008)
宽松自由×教育教学		0.017*(0.007)
班级氛围×教育教学		0.002(0.019)
方差成分		
层 2 变量	0.064***(0.014)	0.063***(0.013)
层 1 变量	1.142***(0.025)	1.123***(0.024)

注：括号内数值为标准误差。

从完整模型的固定效应部分看，模型 1 为不加入两层变量交互效应的模型，模型 2 为加入型交互效应的完整模型，后面将对各交互效应做详细论述，这里着重解释各自变量的主效应。在加入班级层面的变量后，家庭因素对学生学习兴趣的影响作用依然显著，其结果与随机系数模型基本一致。从学校方面看，学生学习兴趣得分城乡差异显著，城市学校和乡镇学校显著高于乡村学校，学校 ESCS 对学生学习兴趣的影响作用在统计上不显著，表明学校阶层背景对学生学习兴趣没有显著影响。从班级层面看，班级规模对学生学习兴趣没有显著影响，但班级氛围、同伴支持和教师关注对学生学习兴趣有显著正向影响。具体而言，班级氛围的融洽程度每提升 1 个单位，学生的学习兴趣得分提高 0.21 分（回归系数为 0.210，显著性 $p<0.01$）；学生在班上的好朋友数量每增加 1 人，其学习兴趣得分提高 0.016 分（回归系数为 0.016，显著性 $p<0.001$）；学生获得的关注度每提升 1 个单位，其学习兴趣得分提高 0.239 分（回归系数为 0.239，显著性 $p<0.001$）。在控制学生个体、家庭、学校和班级的相关变量后，教师特质变量对学生学习兴趣的影响作用如下：

1. 教师的显性特质

纳入回归模型的教师显性特质包括工作经验、专业背景、职称和家乡所在地，回顾分析结果显示，教师的工作经验与学生的学习兴趣显著正相关，教师的教龄每增加 1 年，学生学习兴趣提升 0.012 分，研究假设 H1a 得到验证；教师的职称等级对比中，以暂无职称的教师作为参照，有三级职称的教师对学生学习兴趣的影响作用显著更高（回归系数为 0.363），其他职称等级的教师与参照组相比再无显著差异，研究假设 H1b 得到部分验证；与非师范专业教师相比，师范专业教师对学生学习兴趣的影响作用更为显著，研究假设 H1c 得到验证；此外，本地教师和外地教师对学生学习兴趣的影响没有统计性显著差异，研究假设 H1d 被拒绝。

2. 教师人格特质

从教师人格特质的五个维度看，教师人格特质的情绪稳定性、外向性、利他性和尽责性对学生学习兴趣的影响作用不显著，但开放性有显著的正向影响作用，开放性对学生学习兴趣的回归系数为 0.198，显著性 $p<0.05$，这意味着人格特质中表现出富有好奇心、对新鲜物感兴趣、新颖非传统的以及富有创造力的教师更有利于激发和培养学生的学习兴趣，上述结果使得假设 H2b 得到检验，假设 H2a 和 H2c 被拒绝。

3. 教师教育信念

教师的教育信念是教师对学生管理、师生关系、学生评价和教育教学所持有的态度和价值观，回归分析结果表明，教师的教育教学信念对学生的学习有显著的影响作用（回归系数为 0.111，显著性 $p<0.05$），教育教学信念越趋向于开放，学生学习兴趣越为浓厚。教育信念的其他维度对学生学习兴趣的影响在统计上不显著，研究假设 H3a 得以检验。

（三）完整模型中的交互作用

1. 教师人格外向性与父母陪伴的交互效应

教师人格特质的外向性与父母陪伴的交互项回归系数为 -0.080，显著性 $p<0.05$，表明教师人格的外向性和父母陪伴对学生学习兴趣有相互削弱的关系，或者说，父母陪伴时间的多少直接决定着教师人格特质外向性对学生学习兴趣的影响。从图 5-3 中可见，当父母陪伴时间处于中、低水平时，教师人格特质中的外向性与学生学习兴趣显著正相关，教师性格越为活泼外向，学生的学习兴趣得分越高。对父母陪伴时间较多的学生而言，人格特质倾向于内向性的教师更有利于培养其学习兴趣。从教师角度看，性格活泼、外向的教师有利于父母陪伴时间相对不足的学生学习兴趣发展，可以有效调节父母陪伴不足给学生学习兴趣发展带来的不利影响。与之相反，对于父母陪伴较多的学生而言，其学习兴趣的培养则需要性格内敛、稳重的教师。

2. 教育信念与家庭教养方式的交互作用

（1）教育教学信念与严厉惩罚的交互作用

在完整模型中，严厉型家庭教养方式与学生的学习兴趣为负相关关系，说明严厉的家庭教养方式不利于培养学生的学习兴趣。教师的教学信念对学生学习兴趣有显著的正向影响，教师的教育教学信念越趋向于开放，越有利于激发学生的学习兴趣。教师的教育教学信念与严厉惩罚

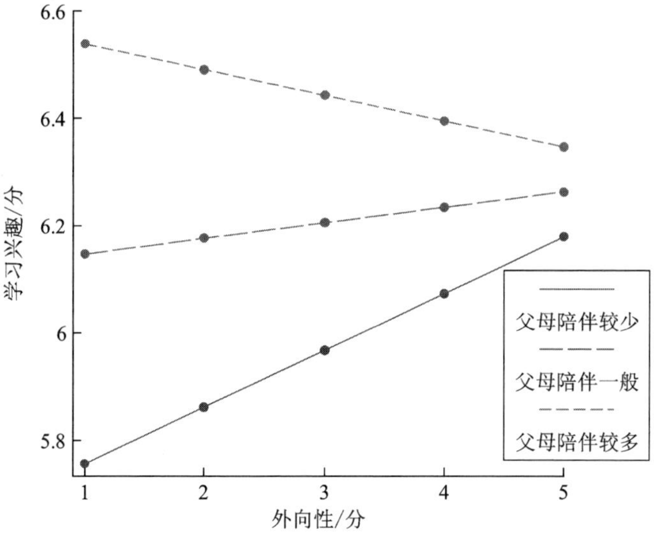

图 5-3 教师人格外向性与父母陪伴的交互作用

的交互项对学生的学习兴趣有显著的负向影响，回归系数为-0.023，显著性 $p<0.01$，表明教师的教育信念与家庭教养方式的严厉性对学生学习兴趣有相互削弱的作用。具体而言，对家庭教养方式处于不同严厉程度的学生而言，教师的教育信念越开放，学生的学习兴趣越为浓厚。对比来看，家庭教养方式中低严厉水平的直线斜率最大，表明家庭教养方式严厉度越低，教师的教育信念影响作用越大。而家庭教养方式严厉度最高的直线斜率最小，表明在较为严厉的家庭教养方式下，教师的教育信念对学生学习兴趣的影响作用相对较小。虽然当教师的教师教学信念趋向于传统时（教育教学信念变量值趋近于1），不同家庭教养方式严厉程度的学生学习兴趣没有显著差异，但总体水平较低，出现“低水平均衡陷阱”。上述结果表明，家庭教养方式过于严厉不利于激发学生的学习兴趣，教师开放的教育教学信念一定程度上可以缓解严厉型家庭教养方式对学生学习兴趣的不利影响，但家庭教养方式严厉程度的差异仍然会不断影响学生之间的学习兴趣差异（见图5-4）。

（2）教育教学信念与关爱理解的交互作用

父母的关爱理解和教师的教育教学信念均对学生的学习兴趣有显著

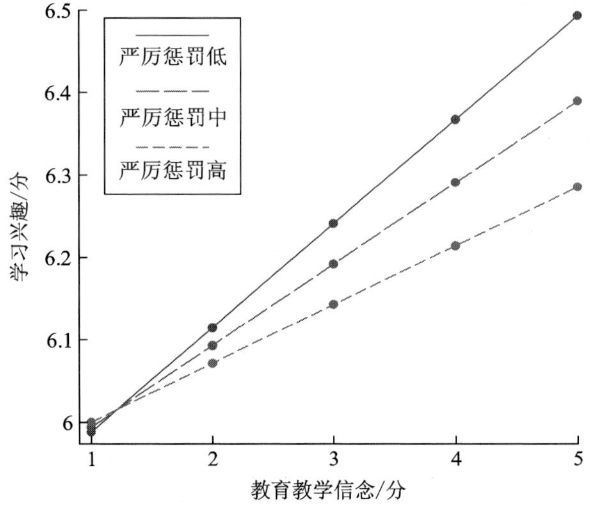

图 5-4　教育教学信念与严厉惩罚的交互作用

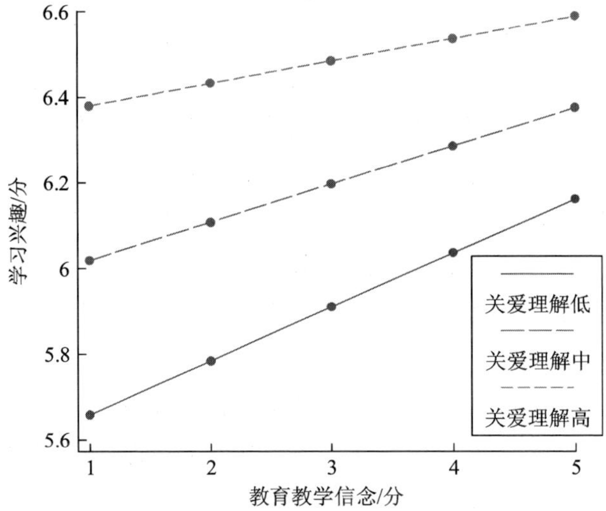

图 5-5　教育教学信念与关爱理解的交互作用

的正向影响，从两者的交互作用、教育教学信念与关爱理解的交互项回归系数为 0.039，显著性 p<0.001，表明教师的教育教学信念与父母的关爱理解对学生学习兴趣的影响存在相互增强的作用。从不同的父母关爱理解水平上看，教师的教育教学信念对学生学习兴趣有积极影响，不同父母关爱水平的三条直线斜率均为正。当教师的教育教学信念处于同一

水平时，父母对孩子的关爱理解程度越高，其学习兴趣越为浓厚。教师的教育教学信念趋向于保守时（教育教学信念变量值趋近于1），不同父母关爱水平的学生之间有较大的学习兴趣差异，父母关爱水平越高，其学习兴趣越为浓厚。而当教师的教育教学信念趋向于开放时（教育教学信念变量值趋近于5），学生因父母关爱理解程度不一样形成的学习兴趣差异略有缩小。相对而言，对于父母关爱理解不足的学生来说，教育教学信念趋向于开放的教师更能有效激发和培养其学习兴趣（见图5-5）。

（3）教育教学信念与宽松自由的交互作用

在家庭变量中，家庭教养方式越为宽松自由，学生学习兴趣得分越高。教师的教育教学信念与宽松自由的交互项回归系数为0.017，显著性 $p<0.05$，表明在5%的显著性水平下，教育教学信念与宽松自由对学生学习兴趣的影响有相互增强的作用，家庭教养氛围越为宽松自由，教师的教育教学信念越趋近于开放，则学生的学习兴趣越为浓厚。当教师的教育教学信念倾向于传统时，不同家庭教养方式的学生学习兴趣之间的差距较小，平均处于6分左右水平。随着教师的教育教学信念不断趋近于开放，不同家庭学生的学习兴趣得分也随之递增，其中家庭教养宽松自由度高的学生学习兴趣递增速度更快，家庭教养宽松自由度低的学生学习兴趣增长速度慢。从另一方面看，开放的教育教学信念对学生的学习兴趣有显著的正向影响，但其影响作用的大小受到家庭教养宽松自由度的制约，家庭教养越为宽松自由，教师的教育教学信念影响作用越大（见图5-6）。

3. 教师工作经验与家庭ESCS的交互作用

单独来看，教师工作经验和家庭ESCS对学生学习兴趣均有显著的正向影响，教师经验越为丰富，家庭经济社会文化地位越高，学生的学习兴趣得分越高。教师工作经验与家庭ESCS对学生学习兴趣的影响存在相互增强的关系，教师工作经验的影响作用随着家庭社会经济地位的提升而增强（交互项回归系数为0.003，显著性 $p<0.05$）。从图5-7可见，对不同经济社会文化地位的家庭而言，教师的工作经验越为丰富，学生的学习兴趣越为浓厚。

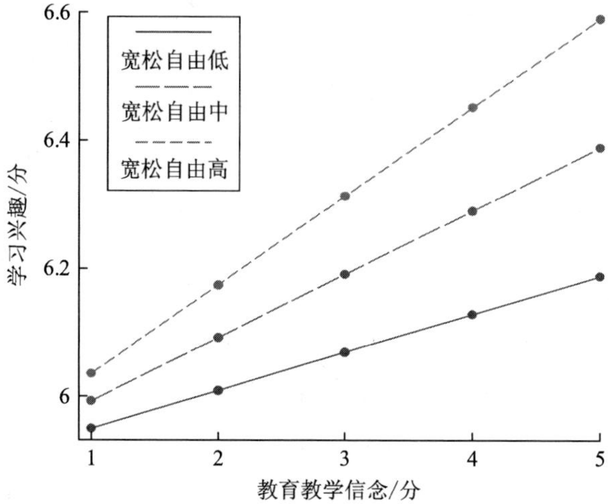

图 5-6　教育教学信念与宽松自由交互作用

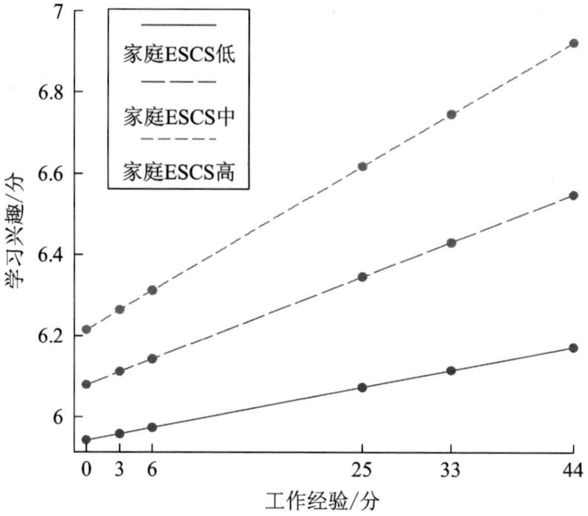

图 5-7　教师工作经验与家庭 ESCS 交互作用

教龄是教师工作经验的代理变量，我们依据休伯曼的教师职业生涯周期理论，按教龄将教师划分为不同的职业生涯发展阶段：入职期（0—3 年）、稳定期（4—6 年）、成熟期（7—25 年）、保守期（26—33

年）和退休期（34 年以上）[1]。我们可以看到，处于入职期和稳定期的教师对不同家庭经济社会文化地位学生的学习兴趣影响作用较小，学生的学习兴趣差异相对较小。在不同家庭经济社会文化地位水平上，随着教师职业生涯的演进，学生学习兴趣差异逐渐拉大。由此表明，教师工作经验对学生学习兴趣的影响作用会受到家庭 ESCS 的调节，家庭经济社会文化地位越高，教师工作经验的影响作用越大。

4. 学生评价信念与家庭 ESCS 的交互作用

在完整回归模型中，教师的学生评价信念对学生学习兴趣的影响作用在统计上不显著，但教师的学生评价信念与家庭 ESCS 的交互项对学生学习兴趣有显著的负向影响作用，回归系数为 -0.065，显著性 $p<0.01$，教师的学生评价信念对家庭 ESCS 有显著的调节效应。具体而言，当教师的学生评价信念趋向于传统，即以结果为导向，以考试成绩为标准评价学生时，不同家庭经济社会文化地位家庭的学生学习兴趣有较大差异，家庭 ESCS 的影响作用显著。而当教师对学生评价趋向于开放时，不同家庭经济社会文化地位学生的学习兴趣差异迅速缩小。对低家庭 ESCS 的家庭而言，教师的学生评价信念与学生学习兴趣呈现正相关关系，说明教师保持开放的学生评价信念，有利于缩小学生因家庭背景不同而产生的发展差异。

三、分析结果

通过构建学生个体和班级层面的两水平回归模型发现，在控制学生个体、家庭、学校和班级等变量后，教师特质对学生学习兴趣有显著的影响作用，并与学生家庭因素有显著的交互效应，相关分析结果对研究假设进行了验证，归纳起来包含如下方面：

（1）从教师显性特质看，教师工作经验与学生学习兴趣显著正相关，教师工作经验越丰富，学生的学习兴趣得分越高，研究假设 H1a 得到验证；与暂无职称的教师相比，有三级职称的教师更有利于激发学生的学习兴趣，其他职称等级教师与之相比没有统计性显著差异，研究假

[1] HUBERMAN M.The lives of teachers[M].New York:Teachers College Press,1993.

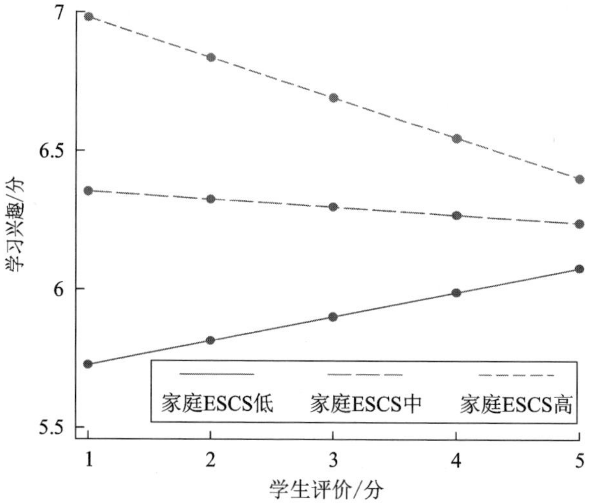

图 5-8 学生评价信念与家庭 ESCS 的交互作用

设 H1b 得到部分验证；与非师范专业教师相比，师范专业教师对学生学习兴趣的影响作用更为显著，研究假设 H1c 得以验证。

（2）从教师人格特质看，教师人格中的开放性对学生的学习兴趣有显著的影响作用，教师的人格中表现出富有创新性、乐于接纳新生事物等特质，更有利于培养学生学习兴趣，研究假设 H2b 得到验证，研究假设 H2a 和 H2c 被拒绝。虽然教师人格的外向性对学生的学习兴趣没有单独的影响作用，但教师人格外向性对父母陪伴时间有显著的交互作用，外向性人格特质的教师可以显著缩小学生因父母陪伴时间不同而形成的学习兴趣差异，更进一步讲，外向性人格的教师更有利于培养父母陪伴时间不足学生的学习兴趣。

（3）从教师专业特质看，教师的教育教学信念越趋向于开放性，学生的学习兴趣得分越高，研究假设 H3a 得以验证。教育教学信念与班级氛围的交互项对学生的学习兴趣没有显著的影响作用，即教育教学信念与班级氛围之间没有交互效应，研究假设 H3b 被拒绝；从教育教学信念与家庭教养方式的交互作用看，倾向于开放的教育教学信念可以调节父母关爱理解对学生学习兴趣的影响作用，秉持开放教育教学信念的教师更有利于父母关爱不足学生的学习兴趣发展，而教育教学信念对家庭教养宽松自由程度较高和严厉程度较低的学生影响作用较大，研究假设H3c得以验证。

第三节 分城乡学生样本分析

一、研究假设

通过全部学生样本的回归分析发现，学生学习兴趣发展有显著的城乡差异，城市学生的学习兴趣显著高于农村学生。在城镇化背景下，优质的公共资源不断向城镇汇集，优质的教育资源随之向城镇聚集，农村居民不得不“用脚投票”，选择寄宿或租房陪读，让孩子接受更好的教育，由此我们可以看到的现象是“城镇学校大班额，农村学校空心化”，这也形成了城乡截然不同的教育发展生态。对农村地区而言，选择留在农村地区就读的学生多来自弱势家庭，其中有较大比例的学生为父母外出务工的留守儿童，同时农村学校通常采用小班化教学、复式教学，这些因素对教师的教育教学工作提出了挑战，那么我们需要关注的问题是，能适应农村学校工作环境，有效激发和培养农村学生学习兴趣的教师应该具备什么特质？这些教师特质是否可以弥补弱势家庭背景因素给学生发展带来的不利影响，发挥维护教育公平的作用？有鉴于此，我们提出如下研究假设：

H4a：教师工作经验对农村学生的学习兴趣有正向影响作用；

H4b：师范专业教师更有利于培养农村学生的学习兴趣；

H4c：教师工作经验可以调节家庭因素对农村学生学习兴趣的不利影响；

H4d：在乡土环境中，本乡本土的教师更有利于培养农村学生的学习兴趣；

H4e：教师外向性、开放性和尽责性人格特质对学生的学习兴趣有积极影响；

H4f：开放的教育信念更有利于激发农村学生的学习兴趣。

对城市学校而言，教师面临的主要挑战来源于大班额，城市学校的最小班级规模为58人，最大为74人，平均班级规模为68人。在大班额现象短期内难以消除的情况，什么样城市教师可以有效培养学生的学习兴趣？前文已提到，培养学生的学习兴趣通常需要教师构建良好的班级氛围，由此我们可以提出如下研究假设：

H5a：教师工作经验对城市学生的学习兴趣有正向影响作用；

H5b：师范专业教师更有利于培养城市学生的学习兴趣；

H5c：教师人格外向性、开放性和利他性对城市学生的学习兴趣有显著正效应；

H5d：开放的教育信念对城市学生的学习兴趣有显著影响；

H5e：教师特质与班级规模对城市学生学习兴趣有显著的交互作用。

此外，基于城乡教育发展的差异，城乡不同的教育发展环境对教师特质提出了不同的要求，但在差别仍然会存在共性的特质要素，由此我们提出如下研究假设：

H6a：影响学生学习兴趣的教师显性特质没有城乡差异；

H6b：影响学生学习兴趣的教师人格特质有城乡差异；

H6c：影响学生学习兴趣的教师教育信念没有城乡差异。

以下将分别以农村和城市学生样本，构建学生学习兴趣的回归模型，对上述假设加以验证。

二、农村学生样本分析

（一）基准模型

以2199个农村学生样本为分析对象，在不加入自变量的零模型中，固定效应截距项回归系数为6.125，显著性$p<0.001$，从随机效应看，层1个体层面的方差为1.547，层2班级层面的方差为0.097，显著性水平1%，组内相关系数为0.059，表明农村学生学习兴趣的差异有5.9%来自班级层面的变异，属于不可忽略的班级变异，因此需要构建两水平回归模型。

加入农村学生个体和家庭变量构建的协方差模型，并将个体和家庭变量设定为固定效应，回归结果显示，农村学生的学习兴趣发展有显著的性别差异，女生的学习兴趣显著高于男生，回归系数为 0.268，显著性 $p<0.001$，在年龄和民族方面没有显著差异；家庭经济社会文化地位与学生的学习兴趣显著正相关，家庭经济社会文化地位每提高 1 个标准差，农村学生的学习兴趣得分提高 14.6%（回归系数为 0.146，显著性 $p<0.001$）；父母陪伴对学生的学习兴趣有显著的正向影响作用，父母陪伴的时间越多，农村学生的学习越为浓厚，父母陪伴的回归系数为 0.160，显著性 $p<0.001$；从家庭教养方式看，在 1% 的显著性水平下，严厉惩罚维度对学生的学习兴趣有负向影响作用，严厉程度越高，农村学生学习兴趣越为低落，而关爱理解和宽松自由可以有效提升农村学生的学习兴趣。在协方差模型的随机效应部分，层 1 变量的方差为 1.387，相较零模型下降 10.3%，说明农村学生个体和家庭因素解释了部分学生学习兴趣的差异。

在协方差模型的基础上，将家庭 ESCS、父母陪伴和家庭教养方式等家庭变量设定为随机效应构建随机系数模型。从固定效应部分看，随机系数模型中层 1 变量的回归系数和协方差模型相差不大。从随机效应部分看，在 1% 的显著性水平下，家庭 ESCS、父母陪伴和家庭教养方式的方差成分有显著差异，表明学生家庭因素在不同班级之间存在差异，因而需要加入班级层面的变量对这种班级间的变异加以解释。

表 5-11 农村学生学习兴趣的基准模型

固定效应	零模型	协方差模型	随机系数模型
截距	6.125***(0.050)	6.127***(0.399)	6.095***(0.398)
女生		0.268***(0.052)	0.266***(0.051)
年龄		−0.012(0.042)	−0.009(0.042)
少数民族		−0.084(0.074)	−0.082(0.074)
家庭 ESCS		0.146***(0.030)	0.146***(0.032)
父母陪伴		0.160***(0.030)	0.157***(0.032)
严厉惩罚		−0.106**(0.039)	−0.107*(0.042)

续表

固定效应	零模型	协方差模型	随机系数模型
关爱理解		0.283***(0.039)	0.281***(0.042)
宽松自由		0.052*(0.030)	0.050(0.031)
方差成分			
层2：班级层面	0.097***(0.026)	0.106***(0.027)	0.107***(0.027)
家庭 ESCS			0.006***(0.009)
父母陪伴			0.006***(0.009)
严厉惩罚			0.012***(0.016)
关爱理解			0.012**(0.017)
宽松自由			0.003*(0.027)
层1：个体层面	1.547***(0.047)	1.387***(0.042)	1.364***(0.043)
学生样本量	2199	2199	2199

注：括号内数值为标准误差。

（二）完整模型

模型3为不考虑层2和层1变量交互效应的模型，模型4为加入了交互效应的完整模型。模型3的回归结果显示，农村学生的学习兴趣有显著的性别差异，女生的学习兴趣显著高于男生。家庭经济社会文化地位和父母陪伴对学生的学习兴趣有显著的正向影响。从家庭教养方式看，相较于协方差模型，在加入层2变量后，家庭教养方式中仅有关爱理解维度对学生的学习兴趣有显著影响，回归系数为0.168，显著性 $p<0.001$，家庭教养严厉度和宽松度对学生的学习兴趣发展没有显著影响。在学校因素中，教师关注、班级氛围、同伴支持等变量均在5%的显著性水平下对学生的学习兴趣有正向影响，班级规模、班师比和学校平均ESCS对学生学习兴趣发展在统计上没有显著的影响作用。

1. 教师显性特质对农村学生学习兴趣的影响作用

农村教师的工作经验对学生学习兴趣的回归系数为0.020，显著性 $p<0.01$，说明农村教师的工作经验越为丰富，越善于激发学生的学习兴

趣；与非师范专业教师相比，师范专业的教师更有利于促进农村学生的学习兴趣发展，回归系数为0.247，显著性$p<0.01$；从职称来看，在农村学生样本中，匹配的教师样本中没有三级职称教师，与暂无职称的教师相比，有二级职称的教师对学生学习兴趣的影响作用更大，其他职称等级教师的影响作用不显著；此外，教师的学历对学生学习兴趣的影响作用没有统计性显著意义，本地教师和外地教师对学生学习兴趣的影响作用没有显著差异。

表5-12 农村学生学习兴趣的完整模型

固定效应		模型3	模型4
	控制变量	已控制学生个体、班级、家庭教养方式等	
	截距项	2.483*(1.102)	2.477*(1.099)
	家庭ESCS	0.119***(0.030)	0.054(0.042)
	父母陪伴	0.128***(0.030)	-0.262(0.252)
	班级氛围	0.211***(0.027)	-0.465*(0.245)
教师显性特质	工作经验	0.020**(0.006)	0.020**(0.006)
	学历	0.037(0.040)	0.037(0.040)
	本乡镇人(外乡=0)	0.085(0.132)	0.084(0.132)
	师范专业(否=0)	0.247**(0.089)	0.247**(0.089)
	职称暂未评级=0		
	二级职称	0.486**(0.155)	0.487**(0.155)
	一级职称	-0.066(0.150)	-0.067(0.149)
	高级职称	-0.235(0.162)	-0.236(0.161)
教师人格特质	情绪稳定性	0.126(0.103)	0.126(0.102)
	外向性	0.198*(0.096)	0.196*(0.095)
	开放性	0.274*(0.133)	0.275*(0.132)
	利他性	0.182(0.160)	0.180(0.159)
	尽责性	0.054(0.122)	0.056(0.122)

续表

固定效应		模型 3	模型 4
教师专业特质	学生管理	−0.185*(0.098)	−0.185*(0.098)
	师生关系	−0.025(0.057)	−0.026(0.057)
	学生评价	0.156(0.098)	0.158(0.098)
	教育教学	0.075(0.060)	0.074(0.059)
交互项	父母陪伴×利他性		0.222**(0.080)
	班级氛围×利他性		0.194**(0.065)
	父母陪伴×教育教学		−0.103**(0.035)
	家庭 ESCS×工作经验		0.006*(0.003)
	父母陪伴×工作经验		−0.007*(0.003)
	班级氛围×工作经验		−0.005*(0.002)
方差成分			
层 2：班级层面		0.035***(0.014)	0.035***(0.014)
层 1：个体层面		1.295***(0.040)	1.277***(0.040)

注：括号内数值为标准误差。

2. 教师人格特质对农村学生学习兴趣的影响作用

完整模型的回归结果表明，在控制其他变量的前提下，农村教师人格特质中的外向性和开放性在 5% 的显著性水平下，对学生的学习兴趣发展有正向影响作用，其中外向性的回归系数为 0.198，开放性的回归系数为 0.274，说明性格外向活泼、具有创新性的农村教师更有利于促进农村学生的学习兴趣发展。教师人格特质中的其他特征对学生学习兴趣没有单独的影响作用，但从模型 4 的交互项中可以看到，教师人格特质中的利他性对学生的家庭背景和班级氛围有显著的调节作用，这将在后面对模型的交互效应进行详细阐述，此处暂不展开。

3. 教师专业特质对学生学习兴趣的影响作用

从回归结果看，在教师的教育信念中，学生管理信念与学生学习兴趣之间呈现负相关关系，回归系数为−0.185，显著性 $p<0.01$，说明教师

在学生管理方面的价值观越倾向于传统，学生的学习兴趣得分越高。这意味着对农村学生而言，传统的以教师为中心的管理更有利于培养其学习兴趣，或者说教师在学生管理中强调纪律性、严格管理能有效促进农村学生的学习兴趣发展。可能的原因是本研究的调查对象为小学三年级学生，处于小学低年级阶段，学生尚不具备自我管理、自主管理的意识和能力，教师需要在其间发挥重要的主导作用。因而倾向于传统的学生管理模式更有利于农村学生的学习兴趣发展。

（三）完整模型中的交互作用

1. 利他性与父母陪伴的交互作用

农村学生样本的回归分析结果显示，教师人格中的利他性对学生学习兴趣的影响在统计上不显著，但利他性与父母陪伴的交互项对学生的学习兴趣有显著的影响作用，教师人格利他性与父母陪伴的交互项回归系数为 0. 222，显著性 $p<0.01$，表明教师人格利他性可以增强父母陪伴对农村学生学习兴趣的影响。从图 5-9 可见，当父母陪伴时间处于低水平时，教师人格的利他性对学生学习兴趣的影响几乎没有，而对父母陪伴时间处于中、高水平的学生而言，教师的利他性特质越为明显，学生的学习兴趣得分越高。换而言之，培养农村学生的学习兴趣是教师和父母共同作用的结果，父母陪伴时间越多，利他型人格的教师对农村学生学习兴趣的影响作用越大。

2. 教育教学信念与父母陪伴的交互作用

在学生学习兴趣的模型中，教师的教育教学信念对学习兴趣没有显著影响，教育教学信念与父母陪伴对学生的学习兴趣发展有显著的交互作用，回归系数为-0. 130，显著性 $p<0.01$，表明教育教学信念与父母陪伴对学生学习兴趣的影响存在相互抑制关系。进一步分析发现，对不同的学生而言，教师开放的教育教学信念对学生的学习兴趣有正向的影响作用，且教师的教育教学信念对学生学习兴趣的影响作用随父母陪伴时间的减少而不断增大。同时，当教师的教育教学信念倾向于开放时，不同家庭学生的学习兴趣差距随着教师教育教学信念开放程度的提升而不断缩小。这也就是说，对于父母陪伴时间较少的农村学生而言，注重与

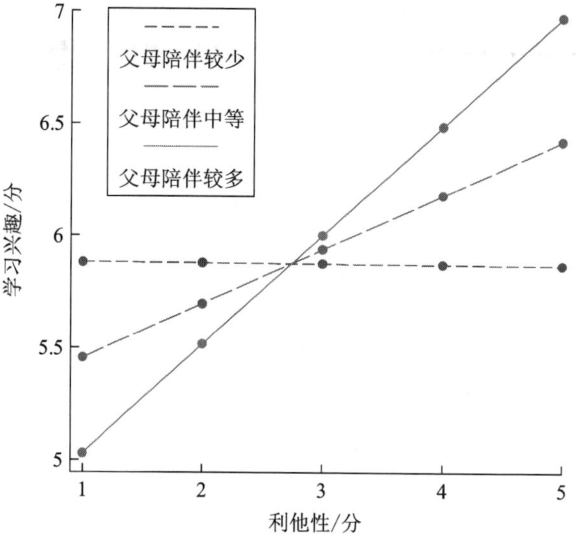

图 5-9　利他性与父母陪伴的交互作用

学生沟通交流，以学生为中心开展教育教学工作的教师更有利于激发其学习兴趣（见图 5-10）。

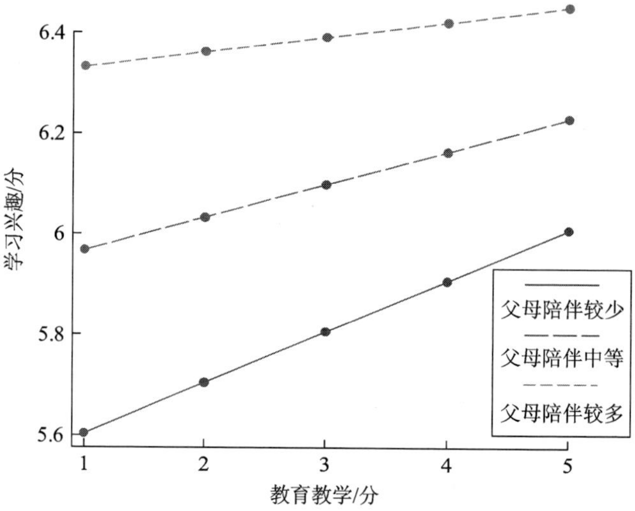

图 5-10　教育教学信念与父母陪伴的交互作用

3. 教师工作经验与家庭 ESCS 的交互作用

教师工作经验与家庭 ESCS 对学生学习兴趣的回归系数为 0.006，显

著性 $p<0.05$，表明教师的工作经验和家庭经济社会文化地位对学生学习兴趣的影响存在相互增强的作用。当学生的家庭经济社会文化地位相同时，教师工作经验越为丰富，学生学习兴趣得分越高。同时，教师工作经验对学生学习兴趣的影响建立在家庭经济社会文化地位基础之上，经验丰富的教师对高 ESCS 家庭学生的影响作用最大，且教师工作经验的影响作用随着家庭经济社会文化地位的提高而逐渐增大。从另一方面看，对于来自低 ESCS 家庭的学生而言，教师工作经验对其学习兴趣的影响作用有限。从教师的职业生涯发展阶段看，教龄在 6 年以下的教师对不同家庭背景学生学习兴趣的影响作用均相对较小，随着经验积累和专业成长，教师对学生的学习兴趣影响作用逐渐增大（见图 5-11）。

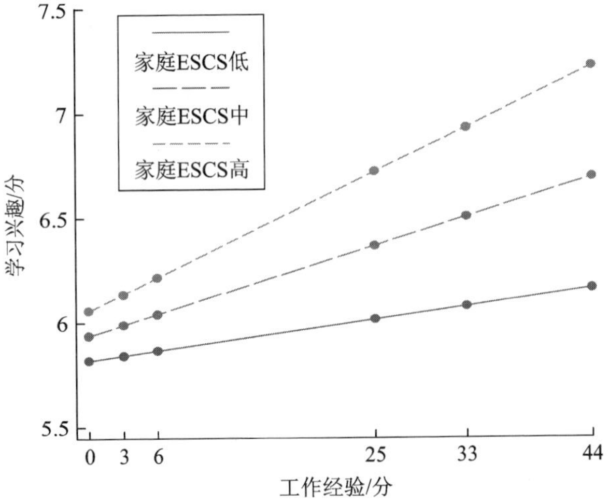

图 5-11 教师工作经验与家庭 ESCS 的交互作用

从教师工作经验与父母陪伴的交互作用看，两者的交互项对学生学习兴趣的回归系数为-0.007，显著性 $p<0.05$，说明教师工作经验和父母陪伴对学生学习兴趣的影响存在相互削弱的关系。对父母陪伴时间不同的学生来说，教师工作经验对其学习兴趣发展有显著的正向影响，其中教师工作经验对父母陪伴时间较少的学生影响作用最大，对父母陪伴时间较多的学生影响作用相对较小，这意味着对于父母陪伴时间不足的农村学生而言，经验丰富的教师能够有效促进其学习兴趣发展。同时，对

同一个班级的学生而言，相较于年轻教师担任班主任，资深教师更有利于培养学生的学习兴趣，且可以有效调节父母陪伴时间不足给学生学习兴趣发展带来的不利影响。

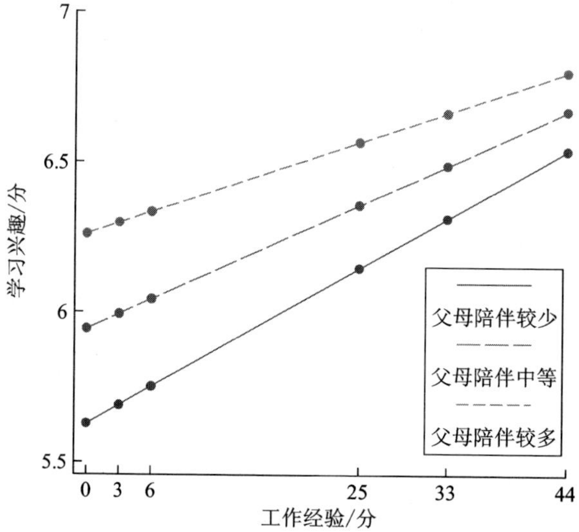

图 5-12　工作经验与父母陪伴的交互作用

三、城市学生样本分析

（一）基准模型

城市学生样本共计 2278 个，班级样本 32 个，平均班级规模 71 人，最大班级规模 87 人，最小班级规模 52 人。城市学生样本的零模型结果显示，固定效应中截距项回归系数为 6.333，显著性 $p<0.001$。随机效应中，个体层面的方差为 1.233，班级层面的方差为 0.114，计算可得组内相关系数为 0.085，表明城市学生学习兴趣差异的 8.5% 可由班级层面的变量加以解释，91.5% 的变异来自学生个体层面差异。因此需要构建个体-班级两水平的回归模型，对城市学生的学习兴趣发展进行解释。

加入层 1 变量并将其设定为固定效应的协方差模型回归结果显示，城市学生的学习兴趣发展有显著的性别差异，女生的学习兴趣得分显著高于男生，民族和年龄对学生的学习兴趣发展没有显著影响。从家庭方面看，家庭经济社会文化地位和父母陪伴对学生的学习兴趣有显著的正向影响，采用关爱理解和宽松自由家庭教养方式的学生学习兴趣发展更好，严厉型的 家庭教养方式不利于培养学生的学习兴趣。

将层 1 变量中的家庭 ESCS、父母陪伴和家庭教养方式设置为随机效应构建随机系数模型，随机系数模型回归结果显示，家庭 ESCS 和家庭教养方式在不同班级间的产生变异，方差分析的显著性水平为5%，而父母陪伴没有班级层面的显著差异。因而，将在完整模型中，纳入层 2 变量与家庭 ESCS 和家庭教养方式的交互项，以考察跨层级变量对学生学习兴趣发展的交互作用。

表 5-13　城市学生学习兴趣发展的基准模型

固定效应	零模型	协方差模型	随机系数模型
截距项	6. 333***(0. 063)	6. 211***(0. 377)	6. 231***(0. 374)
女生(男生=0)		0. 123**(0. 044)	0. 117**(0. 044)
年龄		0. 008(0. 040)	0. 006(0. 040)
民族		-0. 041(0. 064)	-0. 039(0. 064)
家庭 ESCS		0. 137***(0. 024)	0. 129***(0. 029)
父母陪伴		0. 171***(0. 027)	0. 167***(0. 027)
严厉惩罚		-0. 185***(0. 033)	-0. 186***(0. 033)
关爱理解		0. 276***(0. 035)	0. 265***(0. 049)
宽松自由		0. 055*(0. 027)	0. 054*(0. 028)
方差成分			
层 2：班级层面	0. 114***(0. 032)	0. 117***(0. 140)	0. 117***(0. 033)
家庭 ESCS			0. 009***(0. 006)
父母陪伴			0. 001(0. 005)
严厉惩罚			1. 07e-12***(8. 82e-12)
关爱理解			0. 037***(0. 017)
宽松自由			0. 002*(0. 006)
层 1：个体层面	1. 233***(0. 036)	1. 079*(0. 015)	1. 048(0. 032)

注：括号内数值为标准误差。

（二）完整模型

加入学校和班级变量构建城市学生学习兴趣的完整模型发现，学生学习兴趣的性别差异依然显著，女生的学习兴趣普遍高于男生。家庭经济社会文化地位和父母陪伴对学生的学习兴趣有显著的正向影响，回归系数分别为 0.084 和 0.126，显著性 $p<0.001$。在家庭教养方式中，严厉的家庭教养方式不利于培养学生的学习兴趣，父母对孩子的关爱理解越多，学生的学习兴趣越为浓厚，宽松自由的家庭教养方式对学生学习兴趣的影响在统计上不显著。

从学校和班级因素看，学校平均 ESCS 和班师比对学生学习兴趣的影响没有统计性显著意义，班级规模对城市学生学习兴趣有显著的负向影响，即班级规模越大，学生的学习兴趣得分越低，这也就是说大班额或者超大班额不利于城市学生的学习兴趣发展。在一个班集体中，班级氛围、同伴支持和教师关注对学生的学习兴趣发展有积极的影响，好朋友的数量越多，班级氛围越为融洽，学生获得的教师关注越多，其学习兴趣越为浓厚。

从教师的显性特质看，教师工作经验、学历和专业背景对城市学生学习兴趣没有统计性显著意义，一级职称的教师与暂无职称的教师相比，暂无职称的教师更有利于促进城市学生的学习兴趣发展，可能的解释在于暂无职称的教师多为刚入职的年轻教师，充满工作热情，能够有效激发学生的学习兴趣。从教师的人格特质看，教师人格中的外向性与学生的学习兴趣显著负相关（回归系数为-0.411，$p<0.05$），即倾向于性格内向沉稳的教师更有利于城市学生的学习兴趣发展，其他人格特质对学生学习兴趣的影响作用在统计上不显著。从教师的教育信念看，教师的管理信念与学生的学习兴趣有显著的负相关（回归系数为-0.217，$p<0.05$），即秉持以教师为中心、实行权威式管理的教师更有利于培养城市学生的学习兴趣（详见表 5-14）。

表 5-14　城市学生学习兴趣的完整模型

固定效应	城市学生学习兴趣
性别	0.100*(0.042)
年龄	0.000(0.039)
民族	−0.051(0.063)
家庭 ESCS	0.084***(0.024)
家庭陪伴	0.126***(0.026)
家庭教养方式	
严厉惩罚	−0.138***(0.032)
关爱理解	0.192***(0.034)
宽松自由	0.038(0.026)
班级氛围	0.209***(0.024)
教师关注	0.284***(0.024)
班级规模	−0.034*(0.014)
班师比	0.016(0.102)
学校 ESCS	0.032(0.260)
同伴支持	0.012**(0.005)
工作经验	0.018(0.011)
学历	−0.058(0.050)
师范专业	0.077(0.217)
教师职称(暂未评级=0)	
一级职称	−0.661*(0.276)
二级职称	−0.574*(0.336)
高级职称	−0.427(0.367)
人格特质	
情绪稳定性	0.013(0.156)
外向性	−0.411*(0.207)

续表

固定效应	城市学生学习兴趣
开放性	0.061(0.220)
利他性	0.187(0.190)
尽责性	0.209(0.153)
教育信念	
学生管理	-0.217*(0.110)
师生关系	0.020(0.055)
学生评价	0.030(0.065)
教育教学	0.081(0.060)
截距项	9.542***(1.712)
方差成分	
层 2：班级层面	0.046***(0.015)
层 1：个体层面	0.978(0.029)

注：括号内数值为标准误差。

在田野调查中，我们可以看到的现象是，在城市学校普遍大班额的情况下，维持班级课堂纪律和进行班级管理是教师们普遍感到“头疼”的问题，更多的教师倾向于保持自身的威严，这样才能对学生进行有效管理，保证高效的日常教学。对班主任教师的访谈也印证了这一点，有班主任教师这样说道：“班上的学生人数本来多，现在的孩子又比较活泼，年轻老师来上课根本 Hold 不住（管不住），有时候还需要班主任偶尔在教室外面监视一下才能保持课堂纪律，对学生稍微松懈一点，班上就乱哄哄的。”同时，也有任课教师提道：“我带的这个班学生只怕班主任，其他老师根本都不怕，一看见班主任来了就像‘老鼠见了猫’，对这些学生还是需要保持一定的威严，不然光是维持课堂纪律就要耽误不少的上课时间。”

（三）完整模型中的交互作用

基于上述分析结果，我们可以发现，在城市学校的大班额中，教师主要面临大班额带来的学生管理压力，那么教师特质与学生个体因素之间是否存在交互作用？通过验证，我们发现教师的学生评价信念与家庭ESCS、家庭教养方式，教师人格的外向性和班级规模，教师工作经验和班级规模，教师利他性和班级氛围之间有显著的交互作用。

表 5-15 城市学生学习兴趣发展的交互作用

控制变量				
家庭 ESCS×学生评价	−0.077*** (0.019)			
班级规模×外向性		0.835** (0.292)		
班级规模×工作经验			−0.003** (0.001)	
关爱理解×学生评价				−0.116*** (0.027)
组内相关系数				0.058

注：括号内数值为标准误差。

从表 5-15 可见，教师的学生评价信念与家庭经济社会文化地位对学生学习兴趣的影响存在相互减弱的关系，回归系数为−0.077，显著性$p<0.001$。对家庭经济社会文化地位处于较低水平的学生而言，能够客观、全面对学生进行评价，不以成绩论成败的教师更有利于培养其学习兴趣。对于家庭经济社会文化地位处于中等水平的学生而言，学生的学习兴趣得分随着教师学生评价信念的开放程度提升而缩小，但影响作用较小，学生的学习兴趣基本维持在中等水平。而对于家庭经济社会文化地位较高的学生而言，教师的学生评价信念越趋近于开放，学生的学习兴趣的得分越小。另一方面，在具有开放性学生评价信念的教师班上，学生因家庭经济社会文化地位不同而形成的学习兴趣差异显著缩小，但班级整体水平处于较低水平，这也就是说有开放学生评价信念的教师更有利于来自弱势家庭学生的学习兴趣发展。

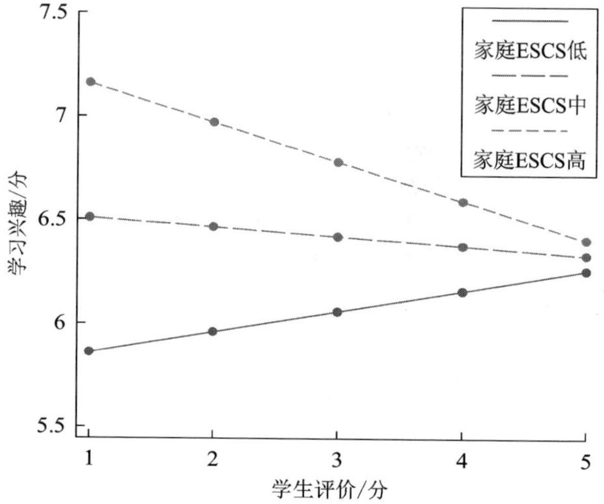

图 5-13　学生评价与家庭 ESCS 的交互作用

教师的外向性和班级规模都对学生的学习兴趣的主效应显著为负，教师外向性与班级规模的交互项对学生学习兴趣的回归系数为 0.835，显著性 $p<0.001$，表明两者对学生学习兴趣的影响作用存在相互增强的关系。从图 5-14 可见，在不同班额的班级中，人格特质倾向于内向性的教师更有利于城市学生的学习兴趣发展，其影响作用受到班级规模约束。内向型人格特质的教师对标准班额学生学习兴趣的影响作用最大，其次为大班额班级学生，相比之下对超大班额学生的影响作用最小。由此表明，培养城市学生的学习兴趣需要内向型人格特质的教师，但过大的班级规模会显著抑制教师对学生学习兴趣的影响作用。

教师的工作经验对城市学生学习兴趣的主效应在统计上不显著，而教师工作经验与班级规模的交互项对学生学习兴趣有显著的负向影响，回归系数为-0.003，显著性 $p<0.001$，表明教师工作经验虽然不直接起作用，但可以有效调节大班额给学生学习兴趣发展带来的不利影响。从图 5-15 可见，在不同规模的班级中，城市学生的学习兴趣随着教师教龄的增加而提升，其中大班额和超大班额直线的斜率最大，表明工作经验丰富的教师对大班额学生学习兴趣的影响作用更大，更进一步来说，经验丰富的教师能够有效应对大班额给教育教学、班级管理带来的困难，

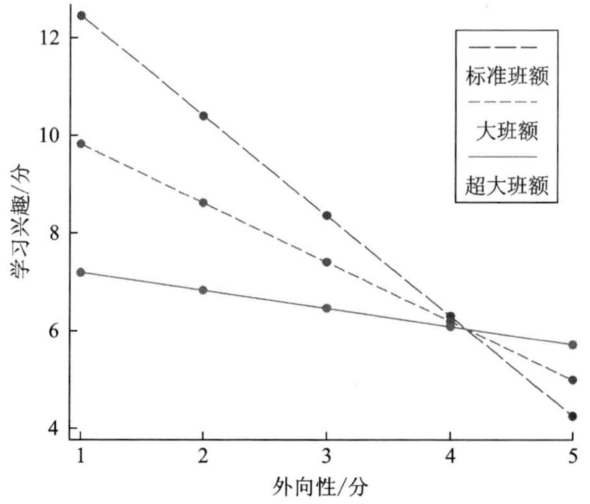

图 5-14 外向性与班级规模的交互作用

营造良好的班级氛围，促进城市学生的学习兴趣发展。

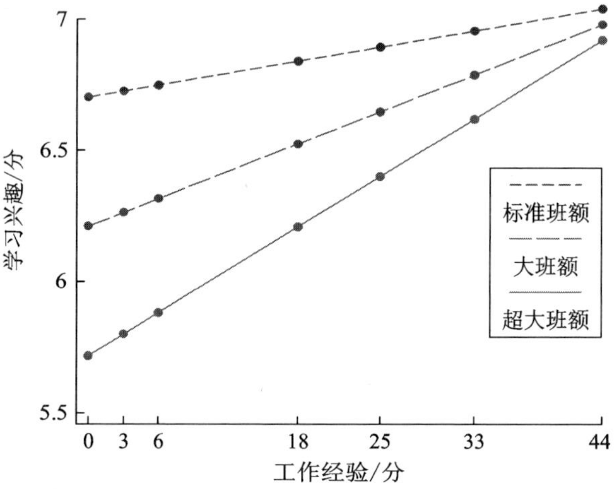

图 5-15 教师工作经验与班级规模的交互作用

教师的学生评价信念与父母关爱理解的交互项对学生学习兴趣的回归系数为-0.116，显著性 $p<0.01$，教师的学生评价信念对家庭教养方式有显著的抑制作用，一方面对于父母关爱理解程度较低的学生而言，教师的学生评价信念对学生的学习兴趣有显著的正向影响，换而言之，学生评价信念倾向于开放一端的教师更有利于父母关爱不足学生的学习兴

趣发展；另一方面，从教育公平的角度看，具有开放学生评价信念的教师可以显著缩小学生因父母关爱理解程度不同而形成的学习兴趣发展差异（见图 5-16）。

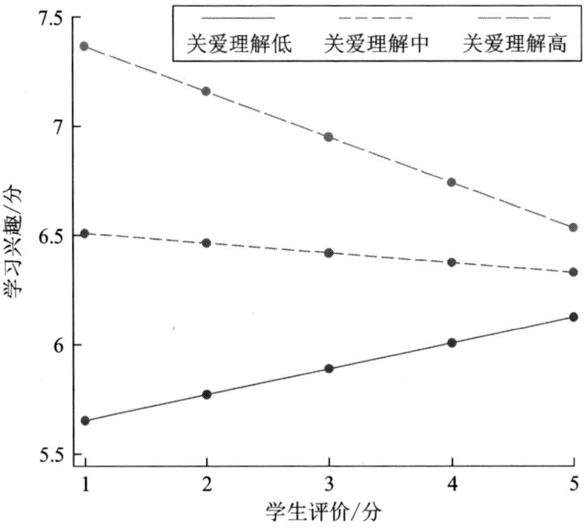

图 5-16　学生评价与关爱理解的交互作用

上述分析结果表明，对城市学生的学习兴趣发展而言，（1）从教师的显性特质看，教师工作经验对学生学习兴趣没有直接效应，但可以调节大班额对学生学习兴趣发展带来的不利影响，暂无职称的年轻教师更有利于学生的学习兴趣发展；（2）人格特质倾向于内向的教师更有利于城市学生的学习兴趣发展，其影响作用受到班级规模的制约；教师人格的利他性通过班级氛围对学生学习兴趣产生积极影响；（3）在班级管理中，以教师为中心、倾向于树立教师权威的教师能有效促进学生的学习兴趣发展。对学生进行全面、过程性评价的教师，有利于弱势家庭学生的学习兴趣发展，主要是低家庭经济社会文化地位和父母关爱不足的家庭。

四、分析结果

农村学生样本的分析结果表明，农村教师的工作经验对学生的学习兴趣有显著的正效应，教师工作经验越为丰富，学生学习兴趣得分越高。

此外，工作经验丰富的农村教师可以调节低社会经济地位家庭和父母陪伴不足对学生学习兴趣发展带来的不利影响。与非师范专业教师相比，师范专业教师对农村学生学习兴趣的影响作用更为显著，而本土教师和外地教师对学生学习兴趣的影响没有显著差异，由此研究假设 H4a、H4b、H4c 得到验证，研究假设 H4d 被拒绝。从农村教师特质看，具有外向性、开放性人格特质的教师可以显著增强农村学生的学习兴趣，教师人格的尽责性对学习兴趣的影响在统计上不显著，研究假设 H4e 得到部分验证。同时，教师人格的利他性对学生的学习兴趣没有直接影响，但可以增强父母陪伴和班级氛围的影响作用。分析结果表明，倾向于传统学生管理信念的教师更有利于农村学生的学习兴趣发展，研究假设 H4f 被拒绝。

城市学生样本的分析结果表明，城市教师的工作经验和专业背景对学生学习兴趣的影响作用在统计上不显著，研究假设 H5a 和 H5b 被拒绝。但从班级规模看，在城市学校普遍大班额的情况下，教师工作经验可以有效调节大班额给学生学习兴趣发展带来的不利影响。从城市教师的人格特质看，内向人格特质的教师更有利于培养学生的学习兴趣，其他维度对学习兴趣的影响在统计上不显著，研究假设 H5c 被拒绝。教师人格的外向性会加剧大班额对学生学习兴趣发展的不利影响，人格特质中的利他性可以通过班级氛围变量对学生学习兴趣产生积极影响，研究假设 H5e 得到验证。从教师的教育信念看，传统的学生管理信念更有利于城市学生的学习兴趣培养，开放的学生评价信念对学生学习兴趣没有直接效应，但有利于低社会经济地位家庭和父母关爱不足学生的学习兴趣培养。

从学生学习兴趣培养的角度对比城乡教师的特质发现，城乡教师特质有如下共性特征：一是城乡教师的工作经验对学生学习兴趣的发展有直接或间接的影响作用，并对不利于学生发展的家庭变量和学校变量有显著的调节作用。二是教师人格的利他性，可以显著调节家庭变量或者班级氛围变量对学生学习兴趣发展的不利影响。三是倾向于传统的学生管理信念对学生学习兴趣有显著的正效应，这意味着无论是城市学校还是农村学校，对低年级的学生管理还需要以教师为主导，通过外部约束实现对学生的高效管理，营造融洽的班级氛围，构建良好的学习环境，进而培养学生的学习兴趣。从城乡的不同点看，首先，师范专业的教师对农村学生学习兴趣的影响更为显著；其次，外向性格、富有创新精神，乐于接纳新生事物的教师有利于农村学生的学习兴趣发展，而城市学生学习兴趣发展倾向于性格内向、沉稳的教师。基于上述结果可见，研究假设 H6a、H6b 被拒绝，H6c 得到验证。

第四节　本 章 小 结

学习兴趣是学生重要的非智力因素之一，与学生的学业成绩、终身学习和未来发展紧密相关。本章分别以全部学生样本、农村学生样本和城市学生样本构建两水平回归模型，探讨了个体和班级层面因素对学生学习兴趣的影响作用，重点解释了教师特质对学生学习兴趣的影响，主要研究结论如下：

1. 教师的知识和技能是培养学生学习兴趣的前置条件

从全部学生样本的分析结果来看，教师的工作经验和专业背景都对培养学生的学习兴趣有显著的影响，教师工作经验越丰富，学生的学习兴趣得分越高。师范专业教师与非师范专业教师相比，师范专业教师对学生学习兴趣的影响作用更为显著。分城乡学生样本来看，对农村学生而言，农村教师的工作经验和专业背景对培养学生的学习兴趣同样有积极的影响。对城市学生而言，城市教师的工作经验和专业背景虽然对学生学习兴趣没有直接的作用，但可以有效调节家庭因素和班级因素对学生学习兴趣培养带来的不利影响。上述结果中，工作经验和专业背景作为教师专业知识和专业能力的观测变量，实际上反映出那些掌握了扎实专业知识和专业技能的教师，更有利于培养学生的学习兴趣。教师的专业知识和专业能力主要来源于教师教育，主要包括两个方面：

一是职前的师范教育和专业培训。师范专业教师因接受过师范教育，其专业知识和专业能力等面的表现往往更为突出。这一点在校长访谈中也得到了验证，有校长表示："我们招聘新教师更为看重教师的专业背景，师范专业出身的老师明显有更强的业务能力，至少知道教育教学工作的套路，很快就可以上手，开展基本的教育教学工作。"也有校长表示："现在教师资格证基本上不能反映教师的专业素质和能力，很多老师虽然有教师资格证，但不是师范专业出身的，还是不知道怎么备课、上课，往往还需要经过2—3年的培养或者有老教师带，才能慢慢找到感觉逐渐上手，这还要看老师个人的素质，肯钻研的老师也可以很快适应。"这说明，师范教育对于培养教师的专业知识和专业能力具有重要的影响作用，也反映出当前教师资格认证制度仍然存在一定的问题，最直观的现象是获取了教师资格不等于能够胜任教师工作。

二是职后的教师培训和专业发展。教师的工作经验反映出的是教师专业知识和能力对培养学生学习兴趣的积极作用。从英文词源的角度看，"经验（experience）和专业知识（expertise）"的词根是一样的，虽然两者并不完全等同，但我们通常会认为一个经验丰富的老师，其所拥有的专业知识远比一般教师更为丰富[①]。对教师而言，其职业生涯发展会经历新手水平、高级起步者水平、胜任水平、精通水平和专业水平等五个阶段[②]。在教师职业生涯的不同发展阶段，教师的教育教学行为和策略也有较大的不同，经验更为丰富的老师，他们能够根据学生的特点，采用合适的教学策略直接影响学生个体的学习兴趣。同时，他们也会根据班级特征，充分发挥班级中的集体效应，如在班级中营造良好的班级氛围，给予学生更多的关注，发挥学生之间的同伴效应等，为培养学生的学习兴趣构建主体多元、互动发展的交流平台。

2. 促进学生学习兴趣养成的教师具有特定人格特质

从普遍意义上看，教师人格特质的开放性对学生学习兴趣有显著的正向影响，即表现出富有创新精神、乐于接纳新生事物、充满好奇心的教师，更有利于培养学生的学习兴趣。进一步考虑城乡学校不同的学生家庭背景、学校环境，可以发现，性格外向、活泼的农村教师更有利于

---

① 胡森，等.教育大百科全书［M］.张斌贤，等译.重庆：西南师范大学出版社，2006(8)：188-193.

② DREYFUS H L，DREYFUS S E.Mind over machine［M］.New York：Free Press，1986.

激发农村学生的学习兴趣，而性格内向、沉稳的城市教师能够促进城市学生的学习兴趣的养成。造成上述现象的原因在于：

一方面，农村学生中多来自低社会经济地位家庭，父母外出务工的留守儿童占比较高，农村学生的家庭教育缺失，隔代监护和父母监管不足导致农村学生的学习兴趣普遍低于城市学生。在田野调查中，农村学校校长和教师反映的现象是："现在农村学生及其家长会有'读书无用'的观念，与其读这么多书，不如早点外出打工挣钱。在这种思想导向下，学生的学习兴趣淡薄，无法认识到读书的重要性，这在农村初中学生中反映尤为明显。"在这种教育环境下，性格外向和活泼的教师更能够给学生带来外部刺激，以生动有趣的教育教学策略和方法有效激发学生的学习兴趣。

另一方面，城市学生的家庭社会经济地位相对更高，父母对教育的重视程度也显著高于农村地区，在普遍大班额的城市学校中，大班额给教师的班级管理、教育教学带来了挑战，正如某城市班主任教师说的："班上学生太多了，作为班主任教师就要有威严，你跟学生嘻嘻哈哈，他们根本就不怕你，班级纪律和秩序就会一团糟，你必须保持严肃的样子。"这进一步验证了，在城市大班额的学校中，教师尤其是班主任教师不宜表现得过于活泼，教师往往通过展现出不苟言笑的形象，这样才能实现有效的班级管理，维持正常的教育教学秩序。

3. 开放的教育教学信念和传统的学生管理信念有利于培养学习兴趣

从全部学生样本的分析来看，教师的教育教学信念趋近于开放性的教师，学生的学习兴趣越为浓厚。从城乡学生样本分析来看，教师的学生管理信念越倾向于传统，城乡学生的学习兴趣越为浓厚。由此我们可以发现，在教育教学方面，教师应秉持以学生为中心、鼓励学生自主学习和共同体学习的信念，即从建构主义出发，通过外部环境和学习平台的建构，培养学生的情境兴趣，以情境兴趣实现个人兴趣的养成。而在学生管理方面则要坚持以教师为中心，进行权威式管理，这是因为一方面，三年级学生尚处于低龄阶段，在自我管理方面的意识和能力尚未养成，仍然需要以老师为主导形成；另一方面，在农村和城市的学校环境中，学生之间的同伴支持、班级环境需要教师的积极引导，过于民主和学生自我管理容易形成不利于学生发展的学习环境。这一点与教师人格特质的影响作用相一致，传统的学生管理理念更有利于树立教师的威严，能够营造融洽、有序的班级氛围，进而影响学生的学习兴趣。

4. 教师是保证教育过程公平的调节器

从学生学习兴趣培养的角度看，学生因个人禀赋、家庭背景、家庭教养方式的不同而形成了发展差异。学校是学生接受教育的重要场所，学校教育的一个重要价值是保证教育公平，既要让每个学生获得公平的受教育机会，也要让每个学生接受同等质量的教育。在我们构建的学生学习兴趣两个水平回归模型中，我们可以看到教师的工作经验、人格特质和教育信念与学生的家庭背景、父母陪伴和所处的学校环境有显著的交互作用。具体而言，教师特质对教育公平的调节作用表现在如下方面：

一是对家庭背景的调节作用。对于不同家庭经济社会文化地位的学生而言，教师对学生能够保持公平、全面的评价，不以考试成绩作为单一评价标准，可以有效调节学生因家庭社会经济地位差异而形成的学习兴趣发展差异。同时，工作经验丰富的教师，或者说具有较强专业知识和专业能力的教师，对不同社会经济地位家庭学生的学习兴趣都有正向的影响，其中对低社会经济地位家庭的学生的积极影响作用更为明显，不同家庭背景学生的发展差异显著缩小。

二是对家庭教育的调节作用。家庭是影响学生学习兴趣的重要变量，父母陪伴、父母的关爱理解和宽松自由的家庭教养方式对学生的学习兴趣有显著的正向影响。在此基础上，我们关心的话题是对于家庭教育相对缺失的学生而言，学校教育是否可以有效改变家庭教育不足带来的负面影响？分析结果表明，整体看，外向性格的教师可以补偿父母陪伴不足对学生学习兴趣发展的不利影响，开放的教育教学信念可以调节父母关爱不足对学生发展的不利影响。对农村学生而言，具有较强专业知识和专业能力的教师可以有效促进父母陪伴不足学生的学习兴趣养成；对城市学生而言，开放的学生评价信念可以调节父母关爱理解不足对学生学习兴趣发展带来的不利影响。

三是对班级环境的调节作用。学生学习兴趣的养成依赖于良好的班级氛围、同伴支持和师生关系，回归分析表明，班级氛围、同伴支持和教师关注对学生的学习兴趣有显著的正向影响。从教师特质的调节作用看，工作经验丰富的教师可以调节大班额和不良的班级氛围给学生学习兴趣养成带来的负面影响。对农村教师而言，教师的工作经验越为丰富，越有利于处于不良班级环境学生的学习兴趣发展。对城市教师而言，有丰富工作经验的教师可以抑制大班额对学生学习兴趣的不利影响，同时城市教师人格外向性和利他性以班级氛围为条件变量发生作用，即教师人格的外向性和利他性对学生学习兴趣的影响作用取决于班级氛围的好坏。

第六章　教师特质与学生自我管理能力

进入21世纪，让每个人都有较强的自主能力和判断能力是个体响应时代和社会快速变革、学会生存的基本能力。培养学生的自我管理能力是学生学会生存的重要支柱，也是新时代学生的核心素养之一。所谓自我管理能力也称为自我控制或自我调节能力，是指个体在不同情境下有效调节自己的情绪，思想和行为的能力，包括压力管理、情绪控制、延迟满足感（自制、毅力）、自我激励，同时还包括能够给自己设定人生和学术目标并为之努力[①]。自我管理能力对学生的认知和人生发展具有积极的影响，从建构主义的认知角度来看，学生需要专注于自我管理能力，以调节其认知结构并建立新知识[②]。

从终身学习的角度看，具有自我管理能力的学生比被动的学生更自信，更努力地获取信息，即使他们面临恶劣的工作和生活条件，他们也可以调节自己的认知过程并找到成功的方法[③]。培养学生的自我管理能力，其核心是养成学生良好的行为习惯，如果没有良好的行为习惯，学

---

① Collaborative for Academic, Social, and Emotional Learning (CASEL). Safe and sound: an educational leader's guide to evidence-based social and emotional learning programs—Illinois edition [M]. Chicago, IL: Author, 2005.

② DINÇ E. Differentiated learning environment—a classroom for quadratic equation, function, and graphs [C]. Paper presented at the 14th International Conference on Cognition and Exploratory Learning in Digital Age (CELDA 2017), Vilamoura, Algarve, Portugal, 2017.

③ ZIMMERMAN B J. Self-regulated learning academic achievement: an overview [J]. Educational psychologist, 1990, 25(1): 3-17.

生容易出现注意力分散，影响其学业表现①。培养学生自我管理能力的积极意义不仅表现学生的个人发展，同时还有积极的社会意义。有研究表明，具备较强自我管理能力的学生会显著降低其在未来生活中参与犯罪、吸毒和暴力等危害社会行为的风险②。此外，培养学生的自我管理能力，一方面可以减轻班主任沉重的工作负担，另一方面可以培养学生的能动性以应对未来的工作和生活③。从学生自我管理能力的培养角度看，学生的自我管理能力在青春期早期就会逐渐衰退④。但有学者指出，自我管理所需的某些技能（例如控制注意力，自制力等）实际上会随着学生年龄的增长而增加⑤。因此，尽管自我管理可能会随着学生年龄的增长而下降，但这取决于所采用的培养方式以及学生所处的具体教育环境。

自我管理能力作为学生非认知能力的重要方面，能否养成良好的自我管理能力关系到他的学业表现和人生发展的成功，具有重要的个人意义和社会意义。那么，在县域范围内学生的自我管理能力发展现状如何？在影响学生自我管理能力的诸多要素中，什么样特质的教师更有利于培养学生的自我管理能力？影响学生自我管理能力的教师特质中是否存在城乡差异？有鉴于此，本章内容以学生的自我管理能力作为因变量，在描述学生自我管理能力发展现状的基础上，重点讨论在控制影响学生自我管理能力的其他变量后，教师特质对学生自我管理能力的影响作用，并进一步考虑城乡教师在学生自我管理能力发展中的特质差异。

---

① MOORE D W，ANDERSON A，GLASSENBURY M.Increasing on-task behavior in students in a regular classroom：effectiveness of a self-management procedure using a tactile promat[J].Journal of behavioral education，2013，13：302-311.

② CALLAHAN K，YOUNG K R，WEST R P，et al.Achievement plus：a cooperative school/corrections program for at risk students and juvenile offenders[M]//ASHCROFT R.Bridging professional perspective：education adjudicated，Incarcerated，and at-risk youth.San Bernardino：California State University，1994.

③ 李镇西.我这样做班主任：李镇西30年班级管理精华[M].广西：漓江出版社，2012：113-115.

④ WEST M R，KRAFT M A，FINN A S，et al.Promise and paradox：measuring non-cognitive traits of students and the impact of schooling[J].Educational evaluation and policy analysis，2016，38(1)：148-170.

⑤ GESTSDOTTIR S，LERNER R M.Positive development in adolescence：the development and role of intentional self-regulation[J].Human development，2008，51：202-224.

第一节　学生自我管理能力现状描述

一、学生自我管理能力的整体描述

学生自我管理能力量表共分为生活习惯（m1）、抵制诱惑（m2）和情绪控制（m3）三个维度。KMO 值为 0.8609，Bartlett 检验卡方值为 14 284.798（$p<0.001$），表明量表各条目之间有较高的相关性，适合做因子分析，提取三个特征值大于 1 的主成分，计算因子得分。以三个指标的因子载荷作为权重，将三个指标的因子得分降维成一个指标得出学生自我管理能力得分（m4），计算公式为 $m4=0.68\times m1+0.35\times m2+0.64\times m3$。为方便论述，我们将学生自我管理能力因子得分换算成取值范围为 0—10 分连续变量，分值越高说明学生的自我管理能力越强。在 4527 个学生样本中，学生自我管理能力最低分为 0.57 分，最高分 10.47 分，平均值 5.34 分，学生的自我管理能力得分近似正态分布（见图 6-1）。

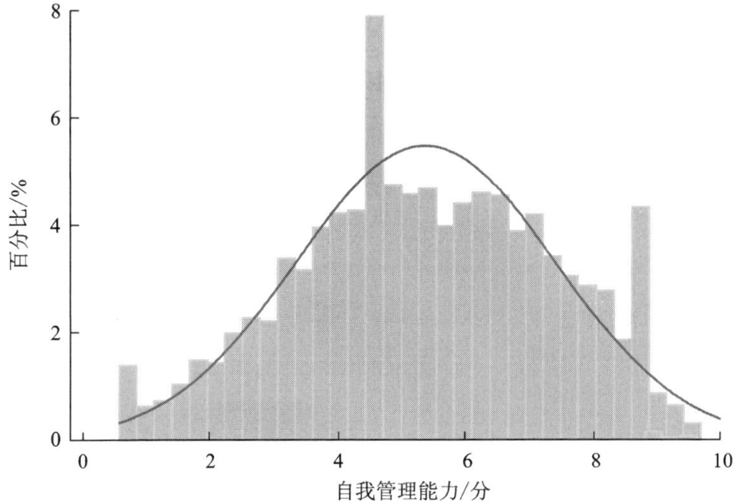

图 6-1　学生自我管理能力分布直方图

分地区看，英山县学生的自我管理能力得分最高，平均分达 5.85 分，最高分 9.75 分，标准差为 2.04。英山县半数以上学生样本的自我管理能力得分在 4. 53—7. 42 分之间，中位数为 6. 20 分，高于总样本均值 5. 34 分，表明英山县学生的自我管理能力整体水平较高。除英山县外，恩施州的三个县（市）学生的自我管理能力整体发展水平较高，其中，巴东县学生的自我管理能力平均值为 5. 59 分，最高分 10. 25 分，标准差 1. 99。建始县学生自我管理能力平均值为 5. 52 分，最高分 10. 04 分，标准差 2. 01。恩施市学生自我管理能力平均值为 5. 47 分，最高分 9. 92 分，标准差 1. 89。

从图 6-2 可见，巴东县、建始县和恩施市三个地区学生自我管理能力得分的中位数均在总样本均值之上，恩施市学生自我管理能力得分分布趋势较为集中，个体差异相对较小。咸宁市下辖的咸安区、通山县、崇阳县的学生自我管理能力水平整体较低，三个县（区）的水平均低于总样本平均水平。具体而言，咸安区学生的自我管理能力水平个体差异较大，最大值为 10. 47 分，最小值为 0. 57 分，平均值 5. 06 分，中位数 4. 87 分，标准差 2. 08。崇阳县学生自我管理能力的均值为 4. 85 分，最高分 9. 21 分，中位数 4. 69 分，标准差 1. 86。通山县学生自我管理能力的均值为 4. 90 分，最高分 9. 64 分，中位数 4. 77 分，标准差 2. 01。

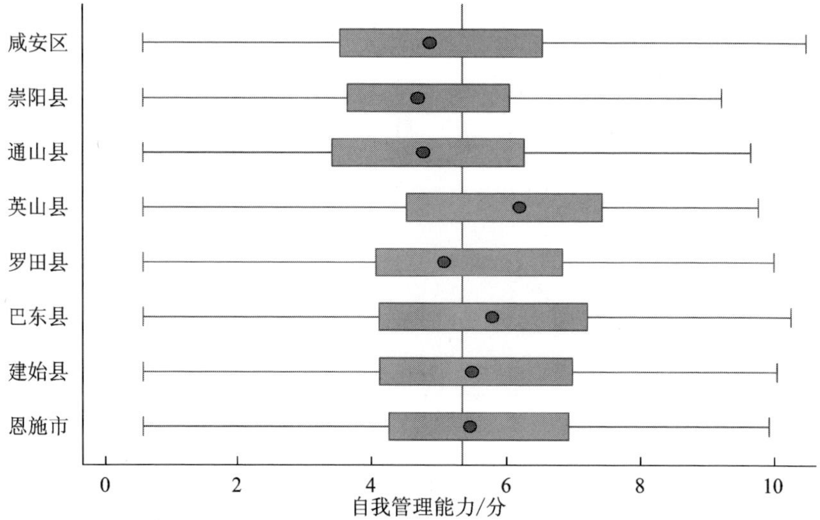

图 6-2　样本地区学生自我管理能力箱型图

二、学生自我管理能力的差异分析

（一）个体差异分析

学生自我管理能力有显著的性别差异，女生的平均得分为5.50分，男生的平均得分为5.21分，女生的得分显著高于男生（$t=-4.867$，$p<0.001$）。汉族和少数民族学生的平均得分分别为5.29分和5.54分，少数民族学生得分显著高于汉族学生（$t=-3.516$，$p<0.001$）。在学生样本中，三年级寄宿学生有262人，比较寄宿和走读学生的自我管理能力发现，走读学生的自我管理能力显著高于寄宿学生，两者的均值分别为5.37分和5.08分（$t=-2.231$，$p<0.05$）。考察独生子女与非独生子女的自我管理能力发现，非独生子女自我管理能力得分均值为5.33分，独生子女的自我管理能力得分为5.38分，两者的自我管理能力在统计上没有显著差异。留守儿童占全部学生样本的44.31%，留守儿童自我管理能力的平均得分为5.20分，非留守儿童自我管理能力的平均得分为5.45分，非留守儿童的自我管理能力显著优于留守儿童（$t=4.165$，$p<0.001$）。

从培养学生的自我管理能力角度看，让学生更多地参与班级事务，"从做中学"是培养学生自我管理能力的有效途径①。叶澜认为学生是班级的主人，让学生参与班级管理，增加学生在班级管理中的话语权，可以增强学生的主体性和能动性②。因而，我们进一步比较正在担任或曾经担任过班干部学生与没有班干部经历学生的自我管理能力，全部学生样本中，担任班干部的学生占比31.32%，其自我管理能力平均得分为5.75分，未担任班干部学生的自我管理能力平均得分为5.20分，两者在统计上有显著差异（$t=8.612$，$p<0.001$）。

上述结果表明，学生的自我管理能力有显著的性别差异、民族差异，留守儿童与非留守儿童、寄宿学生和走读学生之间有显著差异，班干部经历对学生的自我管理能力有显著的影响作用（见表6-1）。

---

① 约翰·杜威.民主主义与教育[M].王承绪，译.北京：人民教育出版社，2001：243.

② 叶澜.实现转型：新世纪初中国学校变革的走向[J].探索与争鸣，2002(7)：10-14.

表 6-1　学生自我管理能力的个体差异

个体特征		均值	t 值和显著性
性别	男生	5. 21	-4.867^{***}
	女生	5. 50	
民族	汉族	5. 29	-3.516^{***}
	少数民族	5. 54	
就读方式	寄宿	5. 08	-2.231^{*}
	走读	5. 37	
独生子女	非独生子女	5. 33	−0. 694
	独生子女	5. 38	
留守儿童	非留守儿童	5. 45	4.165^{***}
	留守儿童	5. 20	
班干部	担任	5. 75	8.612^{***}
	未担任	5. 20	

(二) 家庭差异分析

1. 家庭经济资本差异

从表 6-2 可以看出，中等经济资本家庭学生的自我管理能力平均得分最高（均值为 5. 44 分），其次为高经济资本家庭学生（均值为 5. 29 分），低经济资本家庭学生的平均得分相对最低（均值为 5. 19 分）。方差分析结果显示，不同经济资本家庭学生的自我管理能力存在显著差异，F 值为 7. 74（$p<0.001$）。进一步对比发现，中等经济资本家庭学生的自我管理能力显著高于低经济资本家庭学生（$t=0.249$，$p<0.01$），而高经济资本家庭与中等经济资本家庭、低经济资本家庭学生之间没有显著差异。

表 6-2　学生自我管理能力的家庭经济资本差异

家庭经济资本	最小值/分	最大值/分	均值/分	标准差	有效样本量/个
低经济资本	0.57	10.47	5.19	2.006	1610
中经济资本	0.57	10.47	5.44	1.976	2528
高经济资本	0.57	9.6	5.29	2.135	389

2. 家庭文化资本差异

学生的自我管理能力与家庭文化资本呈现正相关关系，家庭文化资本越高，学生的自我管理能力越强（见表 6-3）。具体而言，低文化资本家庭学生的自我管理能力平均得分为 4.77 分，标准差 1.957。中等文化资本家庭学生的自我管理能力平均得分为 5.32 分，标准差 1.985。高文化资本家庭学生的学生自我管理能力平均得分为 5.82 分，标准差 1.974。方差分析结果显示，不同文化资本家庭学生的自我管理能力存在显著差异（F 值为 59.9，$p<0.001$）。其中，高文化资本家庭学生显著高于中等文化资本家庭学生（$t=0.506$，$p<0.001$）和低文化资本家庭学生（$t=1.057$，$p<0.001$），同时中等文化资本家庭学生也显著高于低文化资本家庭学生（$t=0.551$，$p<0.001$）。

表 6-3　学生自我管理能力的家庭文化资本差异

家庭文化资本	最小值/分	最大值/分	均值/分	标准差	有效样本量/个
低文化资本	0.57	9.92	4.77	1.957	719
中文化资本	0.57	10.47	5.32	1.985	2819
高文化资本	0.57	10.47	5.82	1.974	989

3. 家庭社会地位差异

以父母职业的划分家庭社会地位，从均值水平来看，学生的自我管理能力呈现两极分化，高社会地位家庭学生的自我管理能力得分最高，均值为 5.66 分，其次为低社会地位家庭学生，均值为 5.40 分，中等社会地位家庭学生的自我管理能力均值为 5.27 分。方差分析结果显示，不同社会地位家庭学生的自我管理能力存在显著差异（F 值为 11.07，$p<$

0.001)，其中高社会地位家庭学生的自我管理能力显著优于中等社会地位家庭学生（$t=0.388$，$p<0.001$），而低社会地位家庭学生之间的差异在统计上不显著，中等社会地位家庭学生与低社会地位家庭学生的自我管理能力在统计上没有显著差异（见表6-4）。

表6-4 学生自我管理能力的家庭社会地位差异

家庭社会地位	最小值/分	最大值/分	均值/分	标准差	有效样本量/个
低社会地位	0.57	9.60	5.40	1.906	422
中社会地位	0.57	9.99	5.27	1.991	3412
高社会地位	0.57	10.47	5.66	2.093	693

4. 家庭教养方式差异

从家庭教养方式看，关爱型家庭教养方式的学生自我管理能力最强，其平均得分为5.50分，标准差1.979，其次为宽松型家庭教养方式，平均值为5.28分，标准差2.022，来自严厉型家庭的学生自我管理能力得分相对最低，平均值为4.57分，标准差1.901。对三组学生的平均值进行方差分析发现，三类家庭学生的自我管理能力存在显著差异（F值为42.17，$p<0.001$）。进一步比较发现，关爱型家庭学生的自我管理能力显著高于严厉型家庭（$t=0.931$，$p<0.001$）和宽松型家庭（$t=0.218$，$p<0.01$），宽松型家庭学生的自我管理能力显著高于严厉型家庭（$t=0.712$，$p<0.001$）。上述结果表明，与严厉型的家庭教养方式相比，充满关爱理解和宽松自由的家庭教养方式更有利于培养学生的自我管理能力（见表6-5）。

表6-5 学生自我管理能力的家庭教养方式差异

家庭教养方式	最小值/分	最大值/分	均值/分	标准差	有效样本量/个
严厉型	0.57	9.10	4.57	1.901	438
关爱型	0.57	10.47	5.50	1.979	2633
宽松型	0.57	9.84	5.28	2.022	1456

（三）学校差异分析

1. 城乡学校差异

在城镇化背景下，城乡教育发展差异也表现在学生的自我管理能力方面。从表 6-6 可见，学生自我管理能力得分从乡村学校向城市学校逐渐递增，其中城市学校学生的自我管理能力得分最高，平均值为 5.54 分，其次为乡镇学校，均值为 5.21 分，乡村学校学生的自我管理能力得分最低，均值为 4.99 分。方差分析结果显示，乡村、乡镇和城市学校学生的自我管理能力存在显著差异（F 值为 27.07，$p<0.001$），城市学校学生的自我管理能力显著优于乡镇学校（$t=0.325$，$p<0.001$）和农村学校学生（$t=0.550$，$p<0.001$），同时乡镇学校和农村学校之间也存在显著差异（$t=0.225$，$p<0.05$）。

表 6-6 学生自我管理能力的城乡学校差异

学校类型	最小值/分	最大值/分	均值/分	标准差	有效样本量/个
农村学校	0.57	9.45	4.99	2.053	820
乡镇学校	0.57	10.25	5.21	2.055	1379
城市学校	0.57	10.47	5.54	1.932	2328

2. 班级规模差异

以班级规模为分类标准，在不同规模的班级中，学生的自我管理能力存在显著差异（F 值为 22.78，$p<0.001$）。总体来看，班级规模与学生的自我管理能力呈现正相关关系。具体而言，在学生人数超过 66 人的超大规模班级中，学生自我管理能力的平均得分为 5.57 分。在大班额班级（56—65 人）中，学生自我管理能力的平均得分为 5.31 分，标准班额学生的平均得分为 5.14 分，学生人数少于 35 人的小规模班级中，学生自我管理能力的平均得分相对最低，平均值为 4.92 分。

表 6-7 学生自我管理的班级差异

学校类型	最小值/分	最大值/分	均值/分	标准差	有效样本量/个
小班额（少于 35 人）	0.57	9.45	4.92	1.979	594

续表

学校类型	最小值/分	最大值/分	均值/分	标准差	有效样本量/个
标准班额（35~55人）	0.57	9.92	5.14	2.049	1165
大班额（56~65人）	0.57	9.84	5.31	1.991	596
超大班额（66人以上）	0.57	10.47	5.57	1.960	2172

第二节　全部学生样本分析

一、研究假设

学生的自我管理能力受制于家庭、文化、教育以及沟通方式等诸多要素①。在学校教育环境中，学前儿童或低龄儿童通常只接触一位教师，他们自然而然地以教师作为模仿的对象，随着年龄的增长，学生接触的教师越来越多，面对不同的教育风格和教育方法，学生的自我管理能力发展会在一定程度上受到制约②。已有研究表明，教师培养学生自我管理能力的策略主要包括如下方面：一是教师需要帮助学生设置可行的目标，避免学生的自我管理能力随着年龄增长而衰减③。二是布置家庭作业，家庭作业练习是培养学生自我管理能力和提升自我效能的有效途径④。三是在教师教育项目中，要树立教师培养学生自我管理能力的意识⑤。上述研究表明，学生自我管理能力的培养需要教师具备专业素养和专业意识，在班级管理方面，教师需要秉持民主管理的信念，让学生

① ZIMMERMAN B J.Self-regulated learning and academic achievement: an overview[J].Educational psychologist,1990,25:3-17.

② KIZKAPAN O,BEKTAS O,SAYLAN-KIMIZIGUL A.Examining self-regulation skills of elementary school students[J].Cypriot journal of educational science,2018,13(4):613-624.

③ ACIKGOZ K U.Etkili ogrenme ve ogretme[M].Izmir:Egitim Dunyasi Yayinlari,2003.

④ KITSANTAS A,ZIMMERMAN B J.College students' homework and academic achievement: the mediating role of self-regulatory beliefs[J].Metacognition and learning,2009,4(2):1556-1623.

⑤ KIZKAPAN O,BEKTAS O,SAYLAN-KIMIZIGUL A.Examining self-regulation skills of elementary school students[J].Cypriot journal of educational science,2018,13(4):613-624.

参与班级事务，以此积累学生的自我管理经验，进而形成自我管理能力。在教育教学方面，鼓励学生自主学习，养成良好的勤奋、自律、严谨的生活和学习习惯，由此本研究可提出如下假设：

H1：教师的学历、工作经验、职称对学生自我管理能力有显著正向影响；

H2：相较于非师范专业，师范专业教师更有利于学生自我管理能力发展；

H3：相较于外地教师，本乡本土的教师更有利于学生自我管理能力发展；

H4：教师的学生管理信念对学生自我管理能力有显著正向影响；

H5：教师的教育教学信念对学生自我管理能力有显著正向影响。

从教师的人格特质看，优秀教师通常需要具备关怀、沟通、合作、善良、利他、激励能力和积极乐观的态度。同时，包括关系管理、领导力、知识和自我管理在内的情商也是教师的必备素养[①]。这也就是说，教师作为影响学生发展的重要他人，具备自我管理能力的教师才能对学生的自我管理能力产生积极影响。教师的自我管理能力表现在其人格特质的尽责性，尽责性反映个体自我控制和延迟需求满足的能力，通俗地将具有尽责性的人往往表现出值得信赖、自律、严谨，能够控制、管理和调节自身的冲动。当教师作为学生的行为示范的时候，尽责性特质明显的教师更有利于培养学生的自我管理能力，回归本研究则可以提出如下假设：

H6：教师人格的尽责性对学生的自我管理有显著的正向影响。

事实上，学生的发展是家庭与学校联合生产的结果，父母作为孩子的第一任老师，家庭社会经济地位、父母陪伴、家庭教养方式等家庭要素，虽然在培养学生自我管理能力方面发挥着直接且重要的作用，但家庭因素不是本研究关注的重点，本研究关注的是什么样的教师可以培养学生自我管理能力。同时，我们需要思考的问题是，对于弱势家庭背景、

---

① GOLEMAN D. The new leaders: Emotional intelligence at work [M]. London: Time Warner Books, 2002.

父母陪伴不足、家庭教育缺失的学生而言，我们的学校教育可以为他们做些什么，以保证每个孩子获得公正平等的发展机会。更进一步讲，在学生的发展过程中，教师同样发挥着至关重要的作用，教师和家庭对学生发展的作用虽然不能互相替代，但什么样特质的教师可以补偿家庭的不足？由此我们提出如下假设：

H7：教师的教育信念与家庭因素对学生自我管理能力有显著的交互作用；

H8：教师人格特质的尽责性与家庭因素学生自我能力有显著的交互作用。

此外，教师对学生自我管理能力的培养需要建立在良好的师生关系基础之上，教师给予学生更多的关爱和理解，则更有利于培养学生的自我管理能力。从教师对学生自我管理能力的影响路径看，一方面教师直接作用于学生，另一方面教师通过干预外部环境对学生产生影响，例如教师关注、班级氛围等。因此，教师特质与学生自我管理能力之间可能存在中介效应，因此我们提出最后一个研究假设是：

H9：教师关注是教师特质影响学生自我管理能力的中介变量。

二、两水平回归模型

（一）基准模型

零模型是多层分析的起点，不加入任何解释变量的零模型反映了学生自我管理能力在个体（家庭）和班级之间的变异。从零模型的固定效应部分看，截距项回归系数为5.268（$p<0.001$），而随机效应部分呈现的信息显示，学生自我管理能力在学生个体层面的方差为3.749（$p<0.001$），班级层面的方差为0.268（$p<0.001$），由此可计算出组内相关系数为0.067，说明学生自我管理能力的差异有6.7%来自班级层面的变异，93.3%来自个体层面的变异。组内相关系数大于0.059，属于不可忽视的组间差异，需要考虑班级层面的相关变量对学生的自我管理能力加以解释。

首先，我们不考虑班级层面变量对学生自我管理能力的影响，仅加入学生个体和家庭变量并将这些变量设定为固定效应，构建学生自我管理能力的回归模型（见表6-8模型1）。回归结果显示，在控制家庭变量后，学生的自我管理能力有显著的性别差异，女生的自我管理能力显著优于男生，回归系数为0.125（$p<0.05$）。年龄和民族对学生的自我管理能力没有显著影响。

从家庭方面看，家庭社会经济文化地位和父母陪伴对学生的自我管理能力有显著的正向影响作用，回归系数分别为0.086（$p<0.001$）和0.126（$p<0.001$），表明家庭经济社会文化地位每提高1个标准差，学生的自我管理能力得分提升0.086分，父母陪伴时间每增加1个单位，学生的自我管理能力得分提高0.126分。从家庭教养方式来看，严厉惩罚对学生自我管理能力有显著的负向影响（$p<0.001$），而关爱理解与学生自我管理能力显著正相关（$p<0.001$），家庭教养的宽松自由程度对学生自我管理能力的影响在统计上不显著。

在学生个体因素中，担任班干部对学生的自我管理能力有积极的影响作用，与没有担任班干部的学生相比，担任班干部的学生自我管理能力得分显著更高（$p<0.001$）。从同伴支持来看，在班上的好朋友数量越多，学生的自我管理能力越强（$p<0.001$）。此外，教师关注与学生自我管理能力显著正相关，从学生报告的教师关注水平来看，经常被教师表扬，获得更多教师关注的学生，其自我管理能力更强，教师关注的回归系数为0.123（$p<0.001$）。

表6-8　学生自我管理能力的基准模型

固定效应	零模型	模型1
性别（男生=0）		0.125*(0.059)
年龄		0.006(0.050)
民族(汉族=0)		0.067(0.083)
家庭ESCS		0.086**(0.033)
父母陪伴		0.126***(0.035)
家庭教养方式		

续表

固定效应	零模型	模型 1
严厉惩罚		−0.386***(0.044)
关爱理解		0.344***(0.046)
宽松自由		0.029(0.035)
班干部(是=0)		−0.324***(0.065)
同伴支持		0.031***(0.006)
教师关注		0.123***(0.032)
截距项	5.268***(0.062)	5.533***(0.459)
方差成分		
层 2：班级层面	0.268***(0.053)	0.243***(0.049)
层 1：个体层面	3.749***(0.080)	3.395***(0.075)

注：括号内数值为标准误差。

（二）班级均值模型

假设没有学生个体和家庭变量的影响，以班级学生的自我管理能力平均水平作为因变量，考察班级特征变量对学生自我管理能力差异的解释度。在表 6-9 中，模型 2 是以学生自我管理能力班级平均水平为因变量构建的回归模型，主要解释变量为学校和班级相关因素。模型 2 的固定效应部分显示，截距项回归系数为 4.106（$p<0.001$），比零模型的 5.268 下降 22.1%。在层 2 班级层面变量中，城市学校学生的自我管理能力显著强于农村学校学生（$p<0.001$），乡镇学校学生与乡村学校学生之间无显著差异。学校平均 ESCS 对学生的自我管理能力有显著的正向影响，表明学校学生的阶层聚集对学生的自我管理能力有显著的影响。

在班级规模方面，班级规模越大，学生的自我管理能力的班级均值越高，班级规模每增加 1 人，学生的自我管理能力班级平均得分提高 0.005 分（$p<0.001$）。进一步分析发现，班级规模与学生自我管理能力之间呈现 U 形曲线，曲线底端对应的班级人数为 37 人，说明当班级规模达到 37 人以上时，最有利于学生自我管理能力的养成。在班师比方面，

班师比对学生的自我管理能力有负向影响（$p<0.001$），这意味着班师比对学生自我管理能力的影响存在规模效应，一个班级的教师配备并非越多越好，本研究数据中最小班师比为1：1，最大班师比为7：1，班师比与学生自我管理能力之间呈现倒U型曲线，曲线顶点对应的班师比为3：1，说明一个班级配备的最优教师数量为3人左右，这与既有的研究结论基本一致——随着教师数量的增多，会降低学生的自我管理能力[①]。

1. 教师显性特质对班级均值的影响

在教师的显性特质方面，教师的工作经验（教龄）对学生的自我管理能力没有显著影响。从教师学历来看，相较于大专和本科学历的教师，中师毕业的教师更有利于培养学生的自我管理能力。同时，与非师范专业出身的教师相比，师范专业教师对学生自我管理能力的影响作用更为显著（回归系数为0.216，$p<0.001$）。教师职称与学生的自我管理能力显著正相关，教师职称等级每提高1个等级，学生的自我管理能力得分提高0.073分（$p<0.001$）。从教师的乡土性方面看，与外地教师相比，本乡本土的教师更有利于培养学生的自我管理能力，回归系数为-0.212（$p<0.001$）。

2. 教师人格特质对班级均值的影响

在教师的人格特质方面，人格特质中的开放性与学生自我管理能力显著正相关，即有创新精神，好奇心和求知欲强烈的教师更有利于培养学生的自我管理能力，教师人格特质开放性每增加1个标准差，学生的自我管理能力提升0.095分（$p<0.001$）。趋向于外向性格的教师，更有利于培养学生自我管理能力的班级平均水平，教师的外向性每增加1个标准差，学生的自我管理能力的班级均值增加0.038分（$p<0.05$）。从回归系数上看，教师人格特质的情绪稳定性、尽责性与学生自我管理能力负相关，利他性与学生自我管理能力呈现正相关关系，但这三个维度对学生自我管理能力的影响均在统计上不显著。

---

① KIZKAPAN O，BEKTAS O，SAYLAN-KIMIZIGUL，A. Examining self-regulation skills of elementary school students[J]. Cypriot journal of educational science，2018，13(4)：613-624.

3. 教师专业特质对班级均值的影响

教师的教育信念对学生自我管理能力有显著影响，具体而言：（1）教师的学生管理信念与学生自我管理能力显著负相关，回归系数为−0.095（$p<0.001$），说明教师在学生管理中，越倾向于传统的、以教师为中心的学生管理模式，学生的自我管理能力越强。对这一现象可能的解释是，小学三年级学生尚处于低龄段，还不具备民主管理的意识和能力，同时也处于自我管理能力养成的阶段，因而在学生管理方面还依赖于教师的主导作用。（2）从师生关系信念方面看，师生关系信念的回归系数为0.040（$p<0.001$），即秉持师生平等价值的教师更有利于学生的自我管理能力养成。（3）从学生评价信念看，不以考试成绩论成败，能够全面评价学生的教师有利于促进学生的自我管理能力，回归系数为0.056（$p<0.001$）。（4）从教育教学信念看，在教育教学过程中，注重学生的发展，善于建构学习共同体，发挥学生学习主动性的教师，其对学生自我管理能力的影响作用更为显著，回归系数为0.129（$p<0.001$）。

表6-9　以班级均值为因变量的回归模型

固定效应	零模型	模型2：以班级均值为因变量
学校类型(农村学校=0)		
乡镇学校		0.113***(0.028)
城市学校		0.135***(0.036)
学校平均ESCS		0.273***(0.028)
班师比		−0.082***(0.009)
班级规模		0.005***(0.001)
教师变量		
工作经验		0.001(0.001)
学历(中师=0)		
大学专科		−0.041(0.026)
大学本科		−0.203***(0.027)
师范专业(非师范专业=0)		0.216***(0.021)

续表

固定效应	零模型	模型 2：以班级均值为因变量
教师职称		0.073*** (0.010)
家乡(本乡镇=0)		−0.212*** (0.016)
教师人格特质		
情绪稳定性		−0.024(0.018)
外向性		0.038* (0.019)
开放性		0.095*** (0.022)
利他性		0.028(0.026)
尽责性		−0.008(0.019)
教育信念		
学生管理		−0.095*** (0.014)
师生关系		0.040*** (0.007)
学生评价		0.056*** (0.010)
教育教学		0.129*** (0.009)
截距项	5.268*** (0.062)	4.106*** (0.154)
方差成分		
层 2：班级层面	0.268(0.053)	0.214*** (0.005)
层 1：个体层面	3.749*** (0.080)	3.749*** (0.080)

注：括号内数值为标准误差。

（三）完整模型

前文分别探讨了层 1 学生个体（家庭）层面和层 2 班级层面变量对学生自我管理能力的影响，将层 1 和层 2 变量全部纳入回归模型构建完整模型，考察在控制个体和家庭变量后，教师特质对学生自我管理能力的影响作用，并观照层 1 和层 2 变量之间的交互作用。在表 6-10 中，模型 3 为反映层 1 和层 2 变量直接效应的回归模型，模型 4 为反映层 1 和层 2 变量交互效应的模型（见表 6-10）。

表 6-10 学生自我管理能力的完整模型

固定效应	模型 3	模型 4
截距项	4. 360***(1. 353)	4. 246***(1. 176)
性别(女生=1)	0. 103+(0. 058)	0. 102+(0. 058)
年龄	0. 017(0. 051)	0. 019(0. 051)
民族(少数民族=1)	0. 036(0. 082)	0. 036(0. 082)
家庭 ESCS	0. 094**(0. 033)	0. 093**(0. 033)
父母陪伴	0. 102**(0. 035)	0. 034(0. 274)
家庭教养方式		
严厉惩罚	-0. 350***(0. 044)	-0. 351***(0. 044)
关爱理解	0. 267***(0. 046)	0. 270***(0. 046)
宽松自由	0. 024(0. 035)	0. 023(0. 035)
班级氛围	0. 340***(0. 032)	0. 341***(0. 032)
教师关注	0. 167***(0. 032)	-0. 490+(0. 274)
城市学校(乡村学校=0)	0. 077(0. 162)	0. 076(0. 163)
学校 ESCS	0. 252(0. 182)	0. 259(0. 182)
班级规模	0. 005(0. 004)	0. 005(0. 004)
班师比	-0. 051(0. 061)	-0. 051(0. 061)
班干部(是=0)	-0. 260***(0. 064)	-0. 256***(0. 065)
同伴支持	0. 020**(0. 006)	0. 019**(0. 006)
教师显性特质		
教龄	-0. 001(0. 009)	-0. 001(0. 009)
学历(中师=0)		
大专学历	-0. 101(0. 180)	-0. 103(0. 180)
大学本科	-0. 264(0. 185)	-0. 269(0. 185)
专业背景(非师范专业=0)	0. 166(0. 141)	0. 165(0. 141)
职称	0. 082(0. 069)	0. 082(0. 069)

续表

固定效应	模型 3	模型 4
家乡(本乡镇=0)	−0.200+(0.114)	−0.198+(0.114)
教师人格特质		
情绪稳定性	−0.012(0.122)	−0.014(0.122)
外向性	0.058(0.132)	0.055(0.132)
开放性	0.059(0.154)	0.058(0.154)
利他性	0.019(0.179)	0.020(0.179)
尽责性	0.001(0.136)	0.001(0.136)
教师专业信念		
学生管理	−0.091(0.103)	−0.090(0.102)
师生关系	0.013(0.054)	0.013(0.054)
学生评价	0.051(0.072)	0.051(0.072)
教育教学	0.144*(0.067)	0.156*(0.067)
父母陪伴*尽责性		−0.133*(0.060)
父母陪伴*学生管理信念		0.128*(0.053)
教师关注*开放性		0.201*(0.083)
方差成分		
层 2：班级层面	0.135***(0.033)	0.136**(0.033)
层 1：个体层面	3.271***(0.074)	3.261***(0.073)

注：括号内数值为标准误差。

回归结果表明，在加入层 2 班级特征变量后，学生自我管理能力的个体差异显著下降，家庭经济社会文化地位、父母陪伴和家庭教养方式依然对学生自我管理有显著影响，由于家庭因素并非本研究关注的重点，且回归分析结果与模型 1 相近，在此不再赘述，以下主要报告完整模型中教师特质对学生自我管理的影响作用。

模型 3 从教师显性特质看，反映教师人力资本的工作经验、学历、职称、专业背景等变量对学生自我管理能力的影响在统计上不显著。从教师人格特质看，在控制学生个体、家庭以及学校变量后，教师人格特质对学生自我管理能力均没有显著性影响。从教师信念方面看，教师的教育教学信念对学生的自我管理能力有显著的正向影响作用（回归系数为 0.144，$p<0.05$），表明教师的教育教学信念越趋向于开放，学生自我管理能力越强。教师的学生管理信念、师生关系信念和学生评价信念对学生自我管理能力的影响作用在统计上不显著。

上述结果表明，在控制学生个体、家庭和学校等变量后，教师特质对学生自我管理能力的直接效应显著降低。因此，我们需要进一步引入层 1 和层 2 变量之间的交互作用，并考察教师特质对学生自我管理能力的影响是否存在调节效应或中介效应。模型 4 为加入交互项进行的回归分析结果，回归结果表明父母陪伴和教师人格的尽责性、父母陪伴和教师的学生管理信念，以及教师关注与教师人格开放性对学生的自我管理能力有显著的交互作用。

1. 教师人格的尽责性与父母陪伴的交互作用

在完整模型中，父母陪伴对学生自我管理能力有显著的正向影响，教师人格特质中的尽责性对学生自我管理能力的影响在统计上不显著，教师人格的尽责性与父母陪伴的交互项对学生自我管理能力的回归系数为-0.133（$p<0.05$），说明教师人格特质中的尽责性可以显著调节父母陪伴对学生自我管理能力的影响作用。当教师的尽责性处于任一水平时，父母陪伴较多学生的自我管理能力优于父母陪伴较少的学生。从图 6-3 可以看到，当父母陪伴处于中、下水平时，教师的责任心越强，学生自我管理能力越强，且不同父母陪伴水平学生的自我管理能力差异显著缩小。由此表明，对于父母陪伴时间不足的学生而言，有责任心的教师更有利于培养其自我管理能力。

2. 学生管理信念与父母陪伴的交互作用

学生管理信念与父母陪伴的交互项对学生自我管理能力的回归系数为 0.128（$p<0.05$），当教师的学生管理信念趋向于开放时，学生自我管理能力的大小取决于父母陪伴时间。当教师的学生管理信念趋向于传统时，可以有效调节父母陪伴时间不足给学生自我管理能力发展带来的不

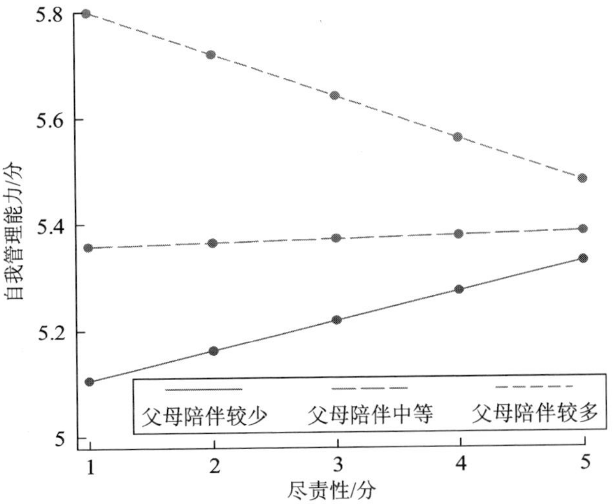

图 6-3　尽责性与父母陪伴的交互作用

利影响。具体而言，对父母陪伴处于中、低水平的学生而言，教师的学生管理信念越趋向于传统，学生的自我管理能力越强。由此表明，传统的学生管理信念对父母陪伴时间处于中、下水平的学生更为明显。与之相反，当父母陪伴时间相对较多时，趋向于开放的学生管理信念更有利于培养学生的自我管理能力。上述结果表明，教师的学生管理信念对学生自我管理能力的影响受到父母陪伴时间的制约，强调教师权威的集权式管理更有利于父母陪伴时间不足学生的自我管理能力发展，在保证教育公平方面具有积极意义（见图 6-4）。

3. 教师人格特质的开放性与教师关注的交互作用

从主效应来看，教师人格的开放性对学生自我管理能力的影响在统计上不显著，教师关注与学生自我管理能力显著正相关。教师人格特质的开放性与教师关注的交互项对学生自我管理能力的回归系数为 0. 201（$p<0.05$），表明教师人格特质的开放性可以显著调节教师关注对学生自我管理能力的影响作用，教师的人格趋向性开放时，教师给予学生的关注越多，学生的自我管理能力越强。另一方面，当学生获得的教师关注同样多时，富有创新精神和求知欲，容易接纳新生事物的教师更有利于培养学生的自我管理能力。从这个角度看，教师的开放性对学生自我管

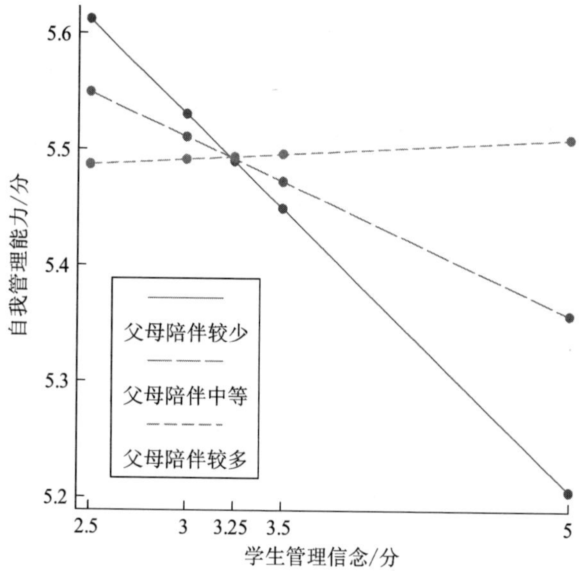

图 6-4　学生管理信念与父母陪伴的交互作用

理能力的影响以教师关注为条件变量，只有学生获得足够的教师关注，教师的开放性才有利于学生自我管理能力养成，正如图 6-5 所示，对于教师关注较少的学生而言，教师的人格特质的开放性反而对学生的自我管理能力有负向影响。

三、分析结果

在本节内容中，我们以全部学生样本作为分析对象，构建了学生自我管理能力的两水平分层线性回归模型，模型 1—模型 4 分别考察了层 1 和层 2 变量对学生自我管理能力的单独效应，以及包含两层解释变量的完整模型，并进一步分析了两层变量的交互效应。

当不考虑学生自我管理能力的个体差异时，以学生自我管理能力的班级平均水平作为因变量，可发现教师特质对学生自我管理能力有显著影响作用，主要表现在如下方面：其一，教师显性特质中的学历、专业、职称和乡土性对学生的自我管理能力有显著的影响作用，中师毕业、师范专业、职称等级高、本乡本土的教师更有利于培养学生的自我管理能力。其二，教师人格特质的外向性和开放性对学生的人格特质有显著的

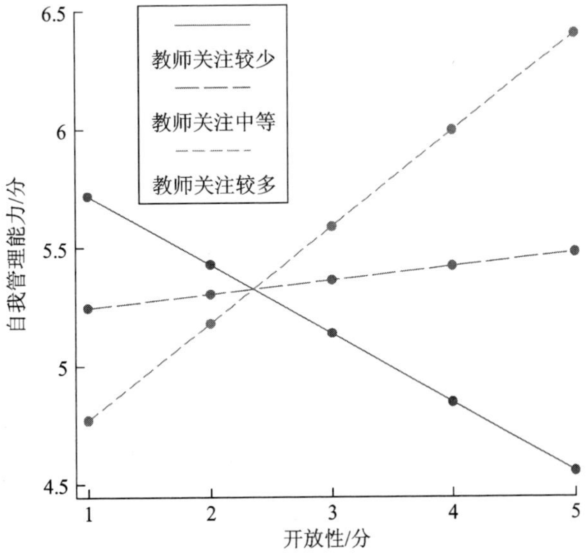

图 6-5　开放性与教师关注的交互作用

正向影响，即性格外向、活泼，有创新精神和容易接纳新生事物的教师更有利于培养学生的自我管理能力。其三，教师专业特质中，开放的师生关系观、学生评价观和教育教学观对学生的自我管理能力养成有积极影响，而在教师管理方面，传统的学生管理观更有利于学生的自我管理能力发展。

在控制学生个体、家庭和学校等变量后，教师特质对学生自我管理能力的主效应显著降低。具体而言：首先，在教师显性特质方面，不同学历教师之间、师范与非师范专业教师之间以及职称等级等变量对学生自我管理能力的影响作用在统计上不显著。本地教师与外地教师在 10% 的水平下有显著差异。其次，在教师人格特质方面，教师人格的五大特质对学生自我管理能力均没有直接的影响效应。但尽责性可以有效补偿父母陪伴时间不足给学生自我管理能力发展带来的不利影响。此外，教师的开放性以教师关注为条件变量对学生自我管理能力产生影响，教师给予学生的关注越多，教师人格特质的开放性对学生自我管理能力的影响越大。最后，在教师专业特质方面，教师的教育教学信念对学生自我管理能力有显著的正向影响，教育教学信念越趋近于开放，学生的自我管理能力越强。同时，保持传统学生管理观的教师可以调节父母陪伴不足给学生自我管理能力发展带来的不利影响。基于完整模型的分析结果，研究假设 H1、H2、H4、H6 被拒绝，研究假设 H3、H5、H7、H8、H9 得以验证。

第三节　分城乡学生样本分析

一、研究假设

在全样本分析模型中，我们初步探讨了在控制其他影响要素的前提下，教师特质对学生自我管理能力的影响作用。那么在我国城乡二元背景下，在城乡不同的教育发展生态中，影响学生自我管理能力发展的教师特质是否会存在差异？或者说，什么样特质的教师更适合农村学生的自我管理能力发展，又是什么样特质的教师更适合城市学生的自我管理能力发展？这是本节内容要回答的主要问题。

在农村学校中，农村教师面临的教育对象有如下特征，一是学生来自低社会经济地位家庭；二是父母外出务工的留守儿童占比较高，家长的教育参与不足；三是学生家庭教育的相对缺失；四是小规模班级和复式班级对教育教学工作带来的挑战。面对这样的学生群体和工作环境，我们针对农村教师特质提出的假设如下：

R1a：农村教师的工作经验对学生的自我管理能力有显著的正向影响；

R1b：与大专以上学历的教师相比，中师毕业的教师对学生自我管理能力的影响作用更大；

R1c：师范专业的教师更有利于农村学生的自我管理能力发展；

R1d：本乡本土的教师更有利于农村学生的自我管理能力发展；

R2a：外向性格的教师更有利于农村学生的自我管理能力发展；

R2b：乐于接纳新生事物的教师更有利于农村学生的自我管理能力发展；

R2c：农村学生自我管理能力发展需要有责任心的教师；

R3a：秉持开放性学生管理信念的教师有利于农村学生自我管理能力发展；

R3b：教师人格特质与家庭教养方式有显著的交互效应；

R3c：教师的教育信念与家庭教养方式有显著的交互效应；

R3d：班级变量与教师特质有显著的交互效应。

在城市学校中，城市教师面临的教育工作环境主要表现在如下方面：一是大班额甚至超大班额给教育教学工作带来的挑战；二是家庭多元的教育需求，尤其是家长对学业成绩的关注；三是学生的家庭背景差异，认知和非认知能力发展水平不一。面对这些挑战性因素，我们针对城市教师特质提出如下假设：

U1a：工作经验丰富的教师更有利于城市学生的自我管理能力发展；

U1b：教师学历与城市学生的自我管理能力显著正相关；

U1c：师范专业教师对城市学生自我管理能力的影响更为显著；

U2a：外向性格的教师更有利于城市学生的自我管理能力发展；

U2b：开放性人格特质的教师更有利于培养城市学生的自我管理能力；

U2c：严谨有责任心的教师更有利于培养城市学生的自我管理能力；

U3a：教师的教育教学信念与学生的自我管理能力显著正相关；

U3b：教师人格特质对家庭教养方式有显著的调节效应；

U3c：教师的教育信念对家庭教养方式有显著的调节效应；

U3d：教师特质与班级变量有显著的交互效应。

围绕上述研究假设，以下将构建农村和城市学生自我管理能力的回归模型，考察在控制相关变量后，分别探讨教师特质对城乡学生自我管理能力的影响，并在此基础上比较城乡教师的特质差异。

二、农村学生样本分析

农村学生样本共计 2199 个，班级样本 63 个，平均班级规模 35 人，最小班级规模 2 人，最大班级规模 81 人，学校样本 49 个，其中在校生人数少于 300 人的农村小规模学校占比 71.74%。农村学生的自我管理能力平均得分为 5.13 分，低于总体均值的 5.43 分，最高分 10.25 分，最低分 0.57 分，标准差 2.06。乡村学校学生的自我管理能力显著低于乡镇学校学生，两者的均值分别为 4.99 分和 5.21 分（$t=-2.479$，$p<0.01$）。总体看，农村学生自我管理能力得分的下四分位数为 3.68 分，中位数为 5.06 分，上四分位数为 6.74 分，说明半数以上的农村学生自我管理能力得分在 3.68—6.74 分之间，整体数据分布近似于正态分布。

农村学生自我管理能力的零模型回归结果显示，固定效应的截距项为 5.098（$p<0.001$），在随机效应部分中，层 1 个体层面的方差成分为 4.029，层 2 班级层面的方差成分为 0.196，层 1 和层 2 变量之间的组内相关系数 $ICC=0.046<0.059$，表明农村学生的自我管理能力在班级之间的变异可以忽略不计，因而可以不用考虑多层次变量对农村学生自我管理能力的影响，以下将构建多元回归模型考察教师特质对农村学生自我管理能力的影响。

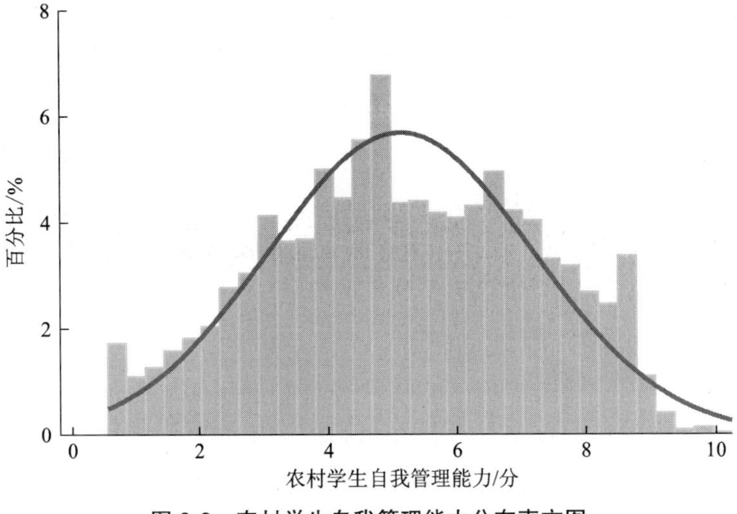

图 6-6　农村学生自我管理能力分布直方图

（一）农村学生自我管理能力的多元回归模型

在表 6-11 中，模型 1 是在不考虑教师特质的前提下，学生个体、家庭变量对学生自我管理能力的影响，模型 2 以农村学生自我管理能力的班级均值为因变量，考察学校、班级和教师特质对农村学生自我管理能力的影响，模型 3 为纳入全部影响因素的完整多元回归模型，分析结果如下：

1. 学生个体（家庭）因素对自我管理能力的影响

假设学生的自我管理能力主要在家庭环境中养成，学校对其自我管理能力的影响为零，模型 1 的回归结果表明，农村学生的自我管理能力有显著的性别差异，女生的自我管理能力显著优于男生（$p<0.05$）。与汉族学生相比，农村少数民族学生的自我管理能力更强（$p<0.05$），年龄对学生自我管理能力的影响在统计上不显著。班干部经历对农村学生的自我管理能力有显著的影响作用，与没有担任过班干部的学生相比，担任班干部学生的自我管理能力显著更强（$p<0.01$）。同时，同伴支持（好朋友数量）对农村学生自我管理能力的影响在统计上不显著（$p<0.1$）。从学生感知的班级氛围和教师关注来看，班级氛围和教师关注对农村学生的自我管理能力有显著的正向影响（$p<0.001$）。

从家庭方面看，在 5% 的显著性水平下，家庭经济社会文化地位和父母陪伴对学生自我管理能力的影响在统计不显著。形成这一现象可能的解释是，其一，农村学生家庭经济社会文化地位普遍偏低，且个体差异较小。农村学生家庭 ESCS 的均值为 39.86 分，标准差 13.61，75% 的农村学生家庭经济社会文化地位小于 49 分①。其二，在农村学生样本中，留守儿童占比 52.16%，较高比例的留守儿童使得农村学生的父母陪伴水平普遍偏低。农村学生父母陪伴的均值为 2.88 分，标准差 0.97，75% 的农村学生父母陪伴水平低于 3.6 分。

家庭教养方式对学生的自我管理能力有显著的影响作用，在严厉程度方面，家庭教养过程中严厉程度越高，学生的自我管理能力越弱，关爱理解与农村学生的自我管理能力显著正相关，即父母给予的关爱和理解越多，学生的自我管理能力越强。家庭教养方式中的宽松自由程度对农村学生自我管理能力没有统计性显著意义。

① 已将家庭经济社会文化地位指标换算成取值范围为 0—100 的数值。

表 6-11　农村学生自我管理能力的多元回归分析

自变量	模型 1	模型 2	模型 3
性别（男生=0）	0.170*(0.088)		0.236**(0.089)
年龄	-0.098(0.072)		-0.061(0.074)
民族(汉族=0)	0.214*(0.106)		0.144(0.117)
担任班干部(是=0)	-0.288**(0.095)		-0.273**(0.097)
同伴支持	0.022+(0.010)		0.022*(0.010)
家庭 ESCS	0.070(0.052)		0.098+(0.052)
父母陪伴	0.099+(0.053)		0.099+(0.054)
家庭教养方式			
严厉惩罚	-0.343***(0.069)		-0.340***(0.071)
关爱理解	0.192**(0.072)		0.182*(0.073)
宽松自由	0.005(0.053)		0.020(0.053)
班级氛围	0.400***(0.049)		0.392***(0.050)
教师关注	0.191***(0.051)		0.173***(0.051)
学校 ESCS		0.360***(0.046)	0.292+(0.162)
班级规模		0.007***(0.001)	0.007*(0.003)
班师比		-0.021***(0.013)	-0.065(0.051)
教龄		0.002(0.002)	0.003(0.008)
学历(中师=0)			
大学专科		-0.029(0.060)	-0.108(0.190)
大学本科		-0.127*(0.059)	-0.210(0.182)
师范专业		0.215***(0.026)	0.226+(0.118)
教师职称		0.126***(0.016)	0.095(0.071)
家乡(本乡镇=0)		-0.044(0.028)	-0.113(0.121)
人格特质			
情绪稳定性		-0.187***(0.031)	-0.147(0.121)

续表

自变量	模型 1	模型 2	模型 3
外向性		0.126***(0.024)	0.117(0.118)
开放性		0.075(0.053)	0.048(0.177)
利他性		-0.157***(0.053)	-0.157(0.198)
尽责性		0.186***(0.052)	0.267+(0.155)
教育信念			
学生管理		-0.156***(0.026)	-0.188(0.119)
师生关系		-0.155***(0.023)	-0.168*(0.078)
学生评价		0.155***(0.032)	0.183(0.114)
教育教学		0.260***(0.021)	0.272***(0.071)
截距项	6.047***(0.728)	4.412***(0.224)	5.026***(1.256)
调节 R^2	0.113	0.327	0.124

注：括号内数值为标准误差。

2. 教师特质对农村学生自我管理能力的影响

模型 2 的回归结果显示，学校背景对学生的自我管理能力有显著的正向影响，学校经济社会文化地位越高，学生的自我管理能力越强（$p<0.001$）。班级规模与农村学生的自我管理能力显著正相关，回归系数为 0.007（$p<0.001$），即班级人数每增加 1 人，学生的自我管理能力得分提高 0.007 分，引入班级规模的二次项，有利于学生自我管理能力发展的最小班级规模为 31 人。班师比与农村学生的自我管理能力显著负相关，回归系数为-0.071（$p<0.001$），表明班级配备的教师每增加 1 人，学生的自我管理能力得分下降 0.071 分。引入班师比的二次项计算班师比对学生自我管理能力影响因素的拐点可发现，在农村学校中班师比的最优值为 2：1，即从农村学生自我管理能力发展的角度看，农村学校平均一个班需要配备 2 名老师才能实现规模效益。

从教师的显性特质看，中师毕业的教师对学生自我管理能力的影响显著大于大学本科毕业的教师，教师职称与学生的自我管理能力显著正相关，教师职称等级越高，学生的自我管理能力越强（回归系数为 0.126，$p<0.001$）。相较于非师范专业教师，师范专业的教师更有利于促进农村学生的自我管理能力发展（回归系数为 0.215，$p<0.001$）。教师工作经验对农村学生自我管理能力的影响在统计性上不显著，本地教师与外地教师对学生自我管理能力的影响没有显著差异。

从教师的人格特质看，人格特质的五大维度中，除开放性外，情绪稳定性、外向性、利他性和尽责性均对农村学生的自我管理能力有显著影响（$p<0.001$）。具体而言，教师的焦虑感、情绪压力越大，学生的自我管理能力越弱。性格外向的教师更有利于农村学生的自我管理能力发展，有同情心、包容心和责任心的教师能有效促进农村学生的自我管理能力的发展。总之，从班级层面看，促进农村学生自我管理能力发展的教师在人格特质上表现为情绪稳定、性格外向，具有包容性、同情性和责任心。

从教师的教育信念看，在学生管理信念、师生关系信念与农村学生的自我管理能力显著负相关，保持传统的学生管理和师生关系观念的教师更有利于培养农村学生的自我管理能力，即在学生管理和师生关系处理中，注重树立自身威严、实行集中式管理的教师对学生的自我管理能力有积极影响。而在学生评价和教育教学方面，趋向于开放信念的教师更有利于促进学生的自我管理能力发展，这意味着能够全面评价学生、注重过程评价以及在教育教学过程中以学生为主的教师能够有效促进农村学生的自我管理能力发展。

在控制学生个体、家庭和学校等变量后，教师特质对农村学生自我管理能力的影响表现在如下方面：从教师显性特质看，师范专业和非师范专业教师对农村学生自我管理能力影响存在显著差异（$p<0.1$），教龄、学历、职称等其他显性特质对农村学生自我管理能力的影响在统计上不显著。从教师人格特质看，尽责性与农村学生的自我管理能力显著正相关（$p<0.1$），培养农村学生的自我管理能力需要有责任心的教师。从教师的教育信念看，持有传统师生观和趋向于开放教育教学观的教师更有利于促进学生的自我管理能力。

（二）回归模型中的交互效应

模型 1、2 和 3 的分析结果表明，在学生个体、家庭和学校等要素的联合作用下，教师特质对学生个体层面的自我管理能力的直接影响作用显著下降，由此我们需要进一步考虑的问题是，教师特质对于学生家庭变量是否存在调节作用，且教师特质对学生自我管理能力的影响是否存在间接效应。表 6-12 呈现了教师特质与班级氛围、家庭教养方式、班级规模对农村学生自我管理能力的交互效应。

表 6-12　加入交互作用的回归模型

变量					
控制变量	已控制学生个体、家庭、学校等变量				
班级氛围×教育教学信念	−0.117 * (0.047)				
关爱理解×学生管理信念		0.189 * (0.085)			
班级规模×情绪稳定性			−0.012 ** (0.004)		
班级规模×外向性				0.015 * (0.006)	
班级规模×开放性					0.031 *** (0.009)
调节 R^2	0.141	0.140	0.141	0.140	0.144

注：括号内数值为标准误差。

1. 教育教学信念与班级氛围的交互作用

教师的教育教学信念和班级氛围均对学生的自我管理能力有显著正向影响，教育教学信念与班级氛围的交互项的回归系数为−0.117（$p<0.05$），表明教师的教育教学信念与班级氛围对农村学生自我管理能力的影响存在相互削弱的关系。具体而言，教育教学信念倾向于开放的教师会显著缩小学生因班级氛围不同而产生的自我管理能力差异。对同一班级的学生而言，在同样的班级氛围下，教师的教育教学信念越倾向于开放，学生的自我管理能力越高。同时，这种影响作用对处于较差氛围班级学生的影响作用更大，这意味着教师开放的教育教学信念可以有效

抑制不良的班级氛围给学生自我管理能力带来的负面影响（见图 6-7）。

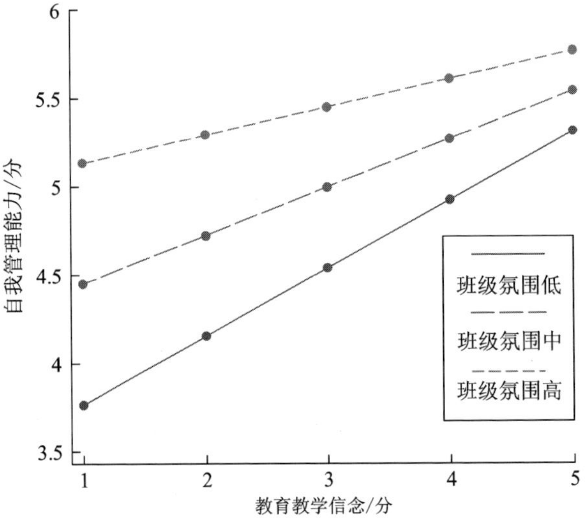

图 6-7　教育教学信念与班级氛围的交互作用

2. 学生管理信念与家长关爱理解的交互作用

在回归模型 3 中，家庭教养方式中的关爱理解与农村学生的自我管理能力显著正相关，教师的学生管理信念对农村学生的自我管理能力的影响没有统计性显著意义。关爱理解和教师的学生管理信念的交互项回归系数为 0.189（$p<0.05$），表明教师的学生管理信念可以增强父母关爱理解对农村学生自我管理能力的影响。整体来看，对父母关爱理解处于不同水平的学生而言，教师的学生管理信念越倾向于传统，学生的自我管理能力发展水平越高。从影响作用大小来看，教师的学生管理信念对学生自我管理能力的影响作用大小取决于父母关爱理解的程度，相对而言，教师对父母关爱理解处于中、低水平的学生影响作用更大。换句话讲，在学生管理中秉持严厉、强调纪律性和行为规范的教师有利于培养学生的自我管理能力，尤其是在家庭教育中父母关爱理解相对不足学生的自我管理能力。上述结果表明，倾向于传统的学生管理信念可以有效促进农村学生的自我管理能力发展，且可以有效调节父母关爱理解不足给学生自我管理能力发展带来的不利影响（见图 6-8）。

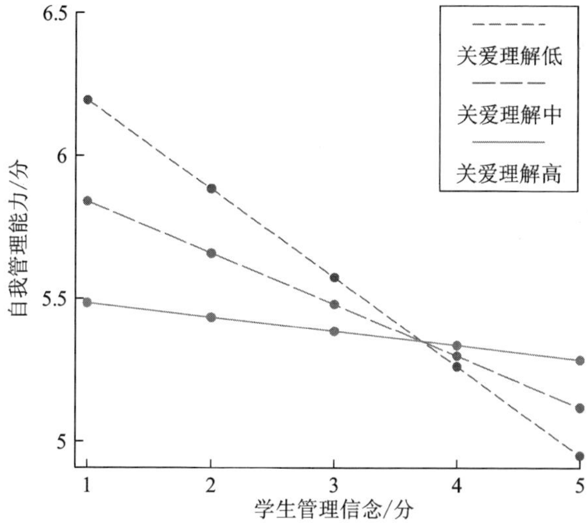

图 6-8　学生管理信念与关爱理解的交互作用

3. 情绪稳定性与班级规模的交互作用

情绪稳定性测量的是教师人格特质中的情绪焦虑和压力，数值越大说明焦虑感越强，数值越小说明情绪稳定，精神压力小。在完整回归模型中，情绪稳定性对农村学生的自我管理能力没有直接影响，班级规模对农村学生自我管理能力有显著的正效应，情绪稳定性与班级规模的交互项回归系数为-0.012（$p<0.01$），表明情绪稳定性和班级规模对农村学生的自我管理能力的影响存在相互削弱的关系。从图 6-9 中可见，对于小班额的学生而言，教师的情绪稳定性对学生的自我管理能力几乎没有影响，而在标准班额和大班额班级中，教师的情绪越稳定，学生的自我管理能力越强，其中，教师的情绪稳定性对大班额学生的影响作用更大。

4. 外向性与班级规模的交互作用

在控制学生个体、家庭和学校等变量后，教师人格外向性对农村学生自我管理能力的影响在统计上不显著，但外向性与班级规模的交互项对农村学生的自我管理能力有显著的正向影响，回归系数为 0.015（$p<0.05$）。交互项的意义表明，教师人格的外向性与班级规模对农村学生自我管理能力的影响存在相互增强的关系。从图 6-10 中可见，教师的外

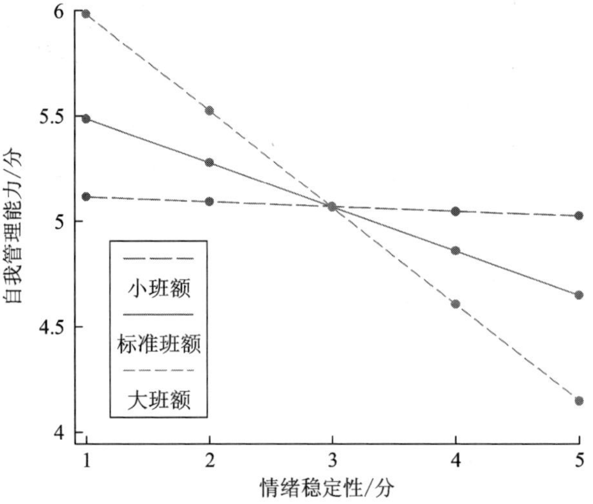

图 6-9 情绪稳定性与班级规模的交互作用

向性对标准班额和大班额的学生有正向的影响，但对小规模班级学生有负向影响。换而言之，在标准班额和大班额的班级中，教师的性格越趋向于外向、活泼，农村学生的自我管理能力发展水平越高。

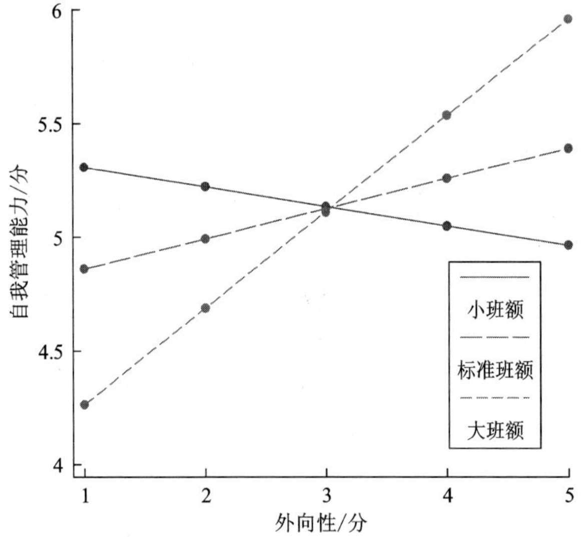

图 6-10 外向性与班级规模的交互作用

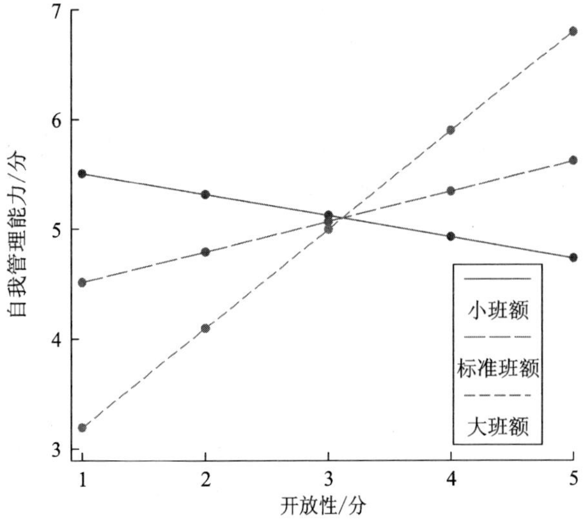

图 6-11　开放性与班级规模的交互作用

5. 开放性与班级规模的交互作用

教师人格的开放性在完整模型中对农村学生的自我管理能力没有直接的影响效应，开放性和班级规模的交互项回归系数为 0.031（$p<0.001$），这意味着开放性和班级规模对农村学生自我管理能力的影响存在相互增强的关系。一方面，教师人格特质的开放性对农村学生自我管理能力有正向影响，但这种影响作用受到班级规模影响，班级规模越大，学生的自我管理能力越强；另一方面，在标准班额和大班额班级中，教师人格特质的开放性特征越为明显，学生的自我管理能力越强，而在小班额班级中，教师人格特质的开放性对学生的班级规模有负向影响，由此表明，教师人格特质开放性的影响作用以班级规模为前置条件，当班级规模达到一定阈值时，开放性才对学生的自我管理能力发展产生积极影响。

三、城市学生样本分析

城市学生样本共计 2328 个，共涉及 33 个班级，15 所城市学校，其中最小班级规模 58 人，最大班级规模 74 人，城市学校平均班额 68 人。学校平均在校生规模达 3000 人以上，最小规模 1475 人，最大规模 5411 人。

城市学生中，留守儿童占比 36.9%，在学校附近租房陪读的学生占比 35.93%。城市学生自我管理能力平均得分 5.54 分，标准差为 1.93，城市学生的自我管理能力水平高于总样本均值。下四分位数为 4.27 分，中位数为 5.47 分，上四分位数 6.98 分，城市学生自我管理能力分布趋近于正态分布，同时，有 50% 的城市学生自我管理能力得分处于 4.27—6.98 分之间。

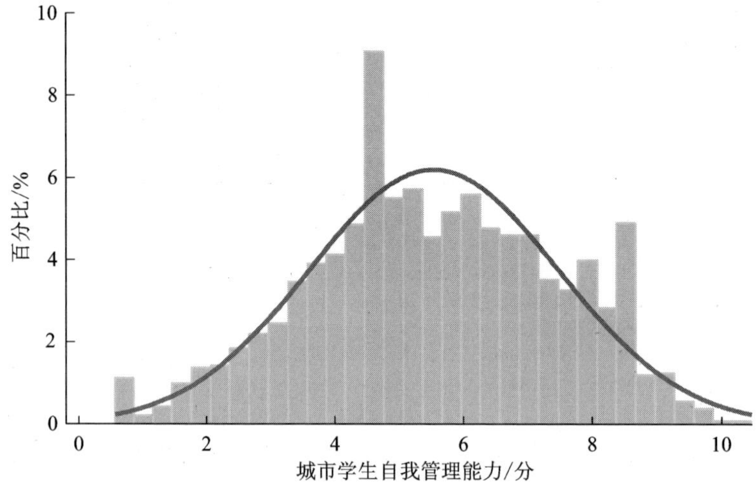

图 6-12　城市学生自我管理能力分布直方图

城市学生自我管理能力的零模型回归结果显示，固定效应的截距项系数为 5.528（$p<0.001$），随机效应中，层 1 个体层面变量的方差成分为 3.488（$p<0.001$），层 2 班级层面变量的方差成分为 0.248（$p<0.001$），基于层 1 和层 2 变量的方差成分可计算出组内相关系数 $ICC=0.066>0.059$，属于不可忽视的组间差异，这也就是说城市学生自我管理能力差异的 6.6% 来自班级层面的变异，93.4% 由学生个体和家庭变量解释。因此，我们将构建城市学生自我管理能力的两水平回归模型，探讨在控制学生个人、家庭和学校等变量后，教师特质对城市学生自我管理能力的影响。

（一）基准模型

当只考虑城市学生自我管理能力发展的个体和家庭因素时，不纳入层 2 变量构建随机系数模型，在随机效应部分中，层 2 班级层面变量的方差成分为 0.237（$p<0.001$），与零模型的 0.248 相近。而层 1 个体层面变量的方差成分为 3.076，相较于零模型下降 11.8%，表明学生个体和家庭因素有效解释了城市学生自我管理能力的个体差异。

从固定效应部分看，城市学生自我管理能力的发展没有显著的性别、年龄和民族差异，相较于没有担任班干部的学生，有班干部工作经历的学生自我管理能力更强。学生所处的班级氛围对其自我管理能力发展有显著的正向影响，班级氛围越融洽，学生的自我管理能力越强（$p<0.001$）。教师关注对学生的自我管理能力有积极的影响作用，学生获得的教师关注越多，自我管理能力得分越高（$p<0.01$）。从同伴支持来看，好朋友数量越多，学生的自我管理能力越强（$p<0.05$）。

家庭因素对城市学生的自我管理能力有显著的影响作用。首先，家庭经济社会文化地位显著对城市学生的自我管理能力有显著的正向影响（$p<0.05$），家庭经济社会文化地位每提高 1 个单位，学生的自我管理能力得分增加 0.09 分。父母陪伴与城市学生的自我管理能力显著正相关（$p<0.05$），父母陪伴的时间每增加 1 个单位，城市学生的自我管理能力提升 0.11 分。从家庭教养方式来看，宽松自由对城市学生的自我管理没有统计性显著影响，严厉惩罚与学生自我管理能力显著负相关（$p<0.001$），家庭教养方式越严厉，学生的自我管理能力越差，而父母给予的关爱理解越多，学生的自我管理能力越强（$p<0.001$）。

表 6-13　城市学生自我管理能力的基准模型

固定效应	零模型	随机系数模型
截距项	5.528***(0.095)	5.211***(0.676)
性别(男生=0)		0.004(0.077)
年龄		0.073(0.070)
民族		0.067(0.110)
担任班干部(是=0)		−0.289***(0.087)
家庭 ESCS		0.090*(0.044)

续表

固定效应	零模型	随机系数模型
父母陪伴		0.110*(0.047)
严厉惩罚		-0.342***(0.058)
关爱理解		0.349***(0.062)
宽松自由		0.028(0.047)
班级氛围		0.285***(0.044)
教师关注		0.146**(0.045)
同伴支持		0.021*(0.008)
方差成分		
层2：班级层面	0.248***(0.074)	0.237***(0.071)
层1：个体层面	3.488***(0.013)	3.076***(0.094)

注：括号内数值为标准误差。

（二）班级均值模型

如果不考虑家庭个体和家庭因素对学生自我管理能力的影响，以班级均值水平作为因变量构建回归模型，随机效应结果显示，层2班级层面的方差为0.118，相较于零模型下降51.4%，表明学校变量和教师特质对学生自我管理能力的班级差异做出了有效解释。从学校方面看，学校背景（学校平均ESCS）与学生的自我管理能力显著正相关（$p<0.001$），班级规模对学生的自我管理能力有显著的负效应，这意味着城市学校的大班额不利于学生的自我管理能力发展（$p<0.001$）。生师比与学生的自我管理能力显著正相关，一个班级配备的教师越多，学生的自我管理能力越强（$p<0.001$）。在控制学校等变量后，教师特质对城市学生自我管理能力的影响表现在如下方面：

1. 教师显性特质对城市班级均值的影响

在教师的显性特质中，工作经验与学生自我管理能力能力显著正相关，教师的教龄每增加1年，学生的自我管理能力得分提高0.043分（$p<0.001$）。从教师的学历看，大专学历教师对学生自我管理能力的影响

显著小于中师毕业教师（$p<0.001$），而中师教师和大学本科学历教师对学生自我管理能力的影响没有差异。教师职称与学生的自我管理能力有显著的负向影响，即教师职称等级越低，学生的自我管理能力越强（$p<0.001$）。与外地教师相比，本乡本土的教师更有利于城市学生的自我管理能力发展（$p<0.001$）。

2. 教师人格特质对城市班级均值的影响

总体来看，教师人格的五大特质均对学生自我管理能力的班级水平有显著影响。以班级为单位，有利于城市学生自我管理能力发展的教师人格特质表现在如下几点：一是情绪稳定、精神焦虑和压力较小的教师（情绪稳定性回归系数为-0.209，$p<0.001$）；二是性格内敛、沉稳的教师（外向性回归系数-0.404，$p<0.001$）；三是墨守成规、按部就班的教师（开放性回归系数为-0.183，$p<0.001$）；四是严厉、有个性的教师（利他性回归系数为-0.114，$p<0.001$）；五是有责任心、自律、工作和生活作风严谨的教师（尽责性回归系数为0.139，$p<0.001$）。

表 6-14　以班级均值为因变量的回归模型

固定效应	零模型	班级均值模型
截距项	5.528***(0.095)	10.370***(0.267)
学校变量		
学校 ESCS		0.343***(0.043)
班级规模		-0.048***(0.002)
班师比		0.061***(0.014)
教师显性特质		
工作经验		0.043***(0.002)
学历(中师=0)		
大学专科		-0.161***(0.030)
大学本科		0.025(0.035)
师范专业		-0.191***(0.041)
职称		-0.108***(0.015)

续表

固定效应	零模型	班级均值模型
家乡		−0.423*** (0.021)
教师人格特质		
情绪稳定性		−0.209*** (0.024)
外向性		−0.404*** (0.028)
开放性		−0.183*** (0.030)
利他性		−0.114*** (0.030)
尽责性		0.139*** (0.022)
教师教育信念		
学生管理		−0.151*** (0.018)
师生关系		0.124*** (0.009)
学生评价		0.182*** (0.011)
教育教学		−0.023* (0.010)
随机效应		
层 2：班级层面	0.248*** (0.074)	0.118*** (0.003)
层 1：个体层面	3.488*** (0.013)	3.488*** (0.013)

注：括号内数值为标准误差。

3. 教师教育信念对城市班级均值的影响

教师的学生管理信念与学生的自我管理能力显著负相关，即遵循权威式管理信念的教师更有利于培养城市学生的自我管理能力（回归系数为−0.151，$p<0.001$）；师生关系信念对城市学生自我管理能力有显著的正向影响，换而言之，强调师生平等，能够与学生保持沟通的教师更有利于促进城市学生的自我管理能力发展（回归系数为 0.124，$p<0.001$）；学生评价信念对城市学生自我管理能力有显著的正向影响，那些能够客观、全面评价学生，不以考试分数论成败的教师更有利于培养城市学生的自我管理能力（回归系数为 0.182，$p<0.001$）；教育教学信念与城市学生的自我管理能力显著负相关，这也就是说，在教育教学过程中，强

调教师的主导作用，以教师为中心的教育教学模式更有利于城市学生自我管理能力的养成（回归系数为-0.023，$p<0.001$）。

（三）完整模型

模型4为纳入层1和层2变量的完整模型，模型5在完整模型的基础上进一步考察了交互效应。在完整模型中，学生个体和家庭变量对城市学生自我管理能力的影响作用与随机系数模型相近，由于个体和家庭因素不是本研究关注的重点，相关分析结果此处不再赘述。以下主要报告完整模型中，在控制其他变量后，教师特质对城市学生自我管理能力的影响以及有显著影响的交互效应。

在控制学生个体、家庭和学校相关变量后，教师的工作经验对城市学生的自我管理能力有显著的正向影响，回归系数为0.041（$p<0.05$），教龄每增加1年，城市学生的自我管理能力得分相应提高0.041分。与外地教师相比，本乡本土的教师更有利于城市学生的自我管理能力发展，回归系数为-0.404（$p<0.05$）。其他教师显性特质变量对城市学生自我管理能力的影响在统计上不显著。从教师的人格特质看，在10%的显著性水平下，教师人格的外向性与城市学生的自我管理能力显著负相关，即性格内敛、沉稳的教师更有利于培养学生的自我管理能力。人格特质其他方面的影响作用在统计上不显著。从教师的专业特质看，秉持开放学生评价信念的教师对城市学生的自我管理能力有显著的影响（回归系数为0.196，$p<0.05$），而教师在学生管理、师生关系和教育教学方面的信念对学生自我管理能力的影响在统计上不显著。

表6-15 城市学生自我管理能力的完整模型

固定效应	模型4	模型5
截距项	9.679***(2.298)	-27.946+(16.668)
性别(男生=0)	0.014(0.078)	0.009(0.078)
年龄	0.109(0.072)	0.111(0.072)
民族	-0.052(0.113)	-0.047(0.112)
担任班干部(是=0)	-0.275**(0.089)	-0.283**(0.089)

续表

固定效应	模型 4	模型 5
家庭 ESCS	0.090*(0.044)	0.089*(0.044)
父母陪伴	0.109*(0.048)	0.112*(0.047)
家庭教养方式		
严厉惩罚	−0.349***(0.059)	−0.349***(0.059)
关爱理解	0.344***(0.063)	0.343***(0.063)
宽松自由	0.027(0.048)	0.030(0.048)
班级氛围	0.283***(0.044)	0.287***(0.044)
教师关注	0.152***(0.045)	−0.770*(0.349)
同伴支持	0.023**(0.008)	0.021*(0.008)
学校 ESCS	0.366(0.360)	0.067(0.365)
班级规模	−0.046*(0.018)	0.520*(0.249)
班师比	0.048(0.120)	−0.001(0.114)
教师显性特质		
工作经验	0.041*(0.017)	0.054**(0.017)
学历(中师=0)		
大学专科	−0.075(0.247)	−0.079(0.232)
大学本科	0.015(0.284)	0.045(0.266)
专业背景	−0.053(0.335)	−0.234(0.328)
职称	−0.076(0.127)	−0.062(0.118)
家乡(本乡镇=0)	−0.404*(0.180)	−0.390*(0.168)
教师人格特质		
情绪稳定性	−0.215(0.196)	4.802+(2.728)
外向性	−0.416+(0.230)	−0.522*(0.222)
开放性	−0.255(0.251)	−0.311(0.249)
利他性	−0.046(0.251)	6.782*(3.161)
尽责性	0.140(0.184)	0.139(0.172)

续表

固定效应	模型 4	模型 5
教师专业特质		
学生管理	−0. 181(0. 152)	−0. 302*(0. 151)
师生关系	0. 096(0. 072)	0. 116+(0. 068)
学生评价	0. 196*(0. 089)	0. 231**(0. 084)
教育教学	−0. 036(0. 082)	−0. 104(0. 085)
交互效应		
班级规模*情绪稳定性		−0. 076+(0. 041)
教师关注*开放性		0. 286**(0. 107)
班级规模*利他性		−0. 098*(0. 045)
方差成分		
层 2：班级层面	0. 066***(0. 215)	0. 051***(0. 024)
层 1：个体层面	3. 052***(0. 015)	3. 041***(0. 094)

注：括号内数值为标准误差。

1. 情绪稳定性与班级规模的交互作用

班级规模对城市学生的自我管理能力有显著的负向影响，教师人格的情绪稳定性对学生自我管理能力的影响在统计上不显著。情绪稳定性和班级规模的交互项回归系数为−0. 076（$p<0.1$），表明情绪稳定性和班级规模对城市学生自我管理能力存在相互减弱的关系。从图 6-13 可见，代表不同班级规模的三条直线，其斜率均为负，说明在同一班级规模水平下，教师的精神压力越小，情绪越稳定，学生的自我管理能力越强。此外，相较于班级规模较小的班级，教师人格情绪稳定性在人数较多的班级中影响作用更大。反过来说，当教师的情绪稳定性取值趋近于 1 时，表明教师的情绪越倾向于稳定，精神压力小，不同班级规模水平学生的自我管理能力随之增强，且不同班级之间的差异显著缩小。换而言之，情绪稳定性可以有效调节大班额给学生自我管理能力发展带来的不利影响。

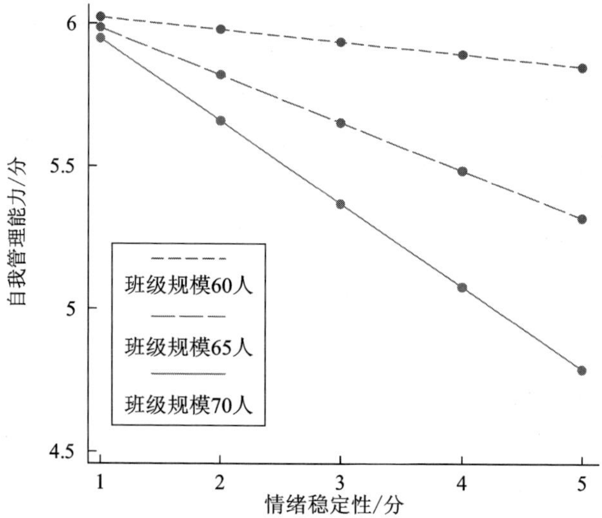

图 6-13　情绪稳定性与班级规模的交互作用

2. 利他性与班级规模的交互作用

教师人格利他性与班级规模的交互项回归系数为-0.098（$p<0.05$），表明利他性和班级规模对城市学生自我管理能力的影响存在相互减弱的关系。具体而言，当教师人格表现出明显的利他性特征时（取值范围3—5），班级规模越小，学生的自我管理能力越强。从图6-14可见，班级规模60人和班级规模65人的直线斜率为正，表明在中小规模的城市学校班级中，教师的利他性与城市学生的自我管理能力呈正相关关系，教师的利他性特征越明显，学生的自我管理能力越强。班级规模70人的直线斜率为负，表明在超大规模的班级中，有显著利他性人格特征的教师不利于大班额学生的自我管理能力发展。上述结果表明，班级规模会抑制教师人格利他性对学生自我管理能力的影响，这也就是说教师人格的利他性会调节大班额给学生自我管理能力发展带来的不利影响。

3. 开放性与教师关注的交互作用

回归结果表明，获得更多教师关注的学生，其自我管理能力更强。教师的开放性对城市学生自我管理能力的影响在统计上不显著。开放性和教师关注的交互项回归系数为0.286（$p<0.05$），说明开放性和教师关注对城市学生自我管理能力的影响存在相互增强的关系。一方面，当教

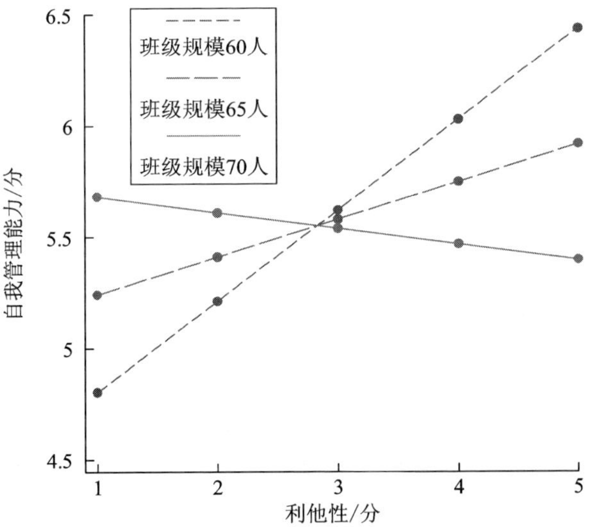

图 6-14 利他性与班级规模的交互作用

师人格有显著开放性特征时（取值范围 3—5 分），学生自我管理能力得分的高低取决于教师关注的多少，教师关注越多，学生的自我管理能力越强。当教师人格特质表现出明显的保守性特征时，教师关注越少，学生的自我管理能力越强。另一方面，对于获得同等教师关注的学生而言，教师人格特质的开放性对学生自我管理能力有显著的负向影响，即人格特质表现出务实、理性的教师更有利于学生的自我管理能力发展，且对教师关注较少的学生影响作用更大（见图 6-15）。

四、分析结果

本节内容分城乡学生样本，探讨了在控制学生个体、家庭和学校等变量后，教师特质对城乡学生自我管理能力的影响作用。在农村学校中，能够有效促进农村学生的自我管理能力发展的教师特质表现如下：（1）师范专业、教师人格尽责性和学生管理信念对农村学生自我管理能力有直接影响，研究假设 R1c、R2c 得以验证，研究假设 R1a、R1b、R1d、R3a 被拒绝；（2）在班级人数较多的班级中，农村教师人格特质的情绪稳定性、外向性和开放性对学生的自我管理能力有正向影响，研究假设 R2b 得以验证，研究假设 R2a 被拒绝；（3）强调个人威严的教师

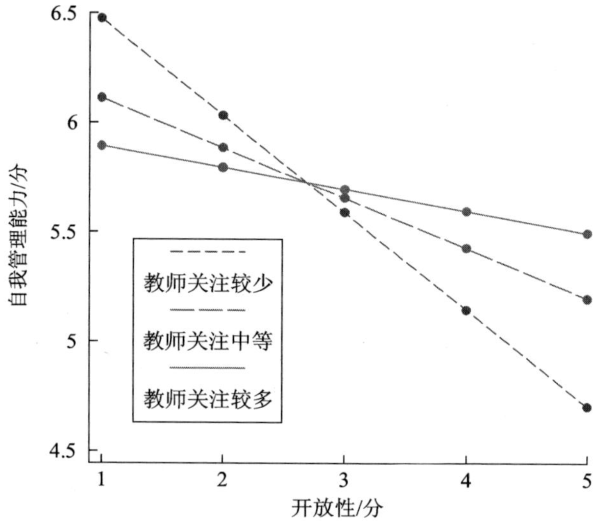

图 6-15　开放性与教师关注的交互作用

更有利于农村学生自我管理能力发展，采用集权式、权威管理的教师可以有效调节父母关爱不足给学生自我管理能力发展带来的不利影响；(4) 农村教师开放的教育教学信念可以有效调节不良的班级氛围给学生自我管理能力发展带来的负面影响，研究假设 R3b、R3c、R3d 得到验证。

在城市学校中，能够有效促进城市学生自我管理能力的教师特质表现在如下方面：(1) 工作经验丰富、性格内敛沉稳、秉持开放性学生评价信念的教师对城市学生自我管理能力有积极影响，研究假设 U1a、U3a 得以验证，研究假设 U1b、U1c、U2a 被拒绝；(2) 城市教师的情绪趋向于稳定，精神压力小，不同规模班级的学生自我管理能力随之增强，且不同班级之间的差异显著缩小；(3) 在中小规模班级中，城市教师的利他性特征越明显，学生的自我管理能力越强；(4) 对教师关注较少的学生而言，人格特质表现出务实、理性的教师更有利于学生的自我管理能力发展，研究假设 U3d 得以验证，研究假设 U2b、U2c、U3b、U3c 被拒绝。

第四节 本章小结

在本章中，我们分别构建了全样本、农村学生样本、城市学生样本的回归模型，在控制学生个体、家庭和学校变量的基础上，重点分析了教师特质对学生自我管理能力的影响。主要研究结论归纳如下：

1. 教师显性特质的影响作用

教师的工作经验、师范专业背景和乡土性是影响学生自我管理能力的主要显性特质。全样本和城市学生样本的分析结果表明，与外地教师相比，来自本乡本土的教师更有利于培养学生的自我管理能力。在农村学校中，相较于非师范专业的教师，师范专业教师对学生自我管理能力的影响更为显著。在城市学校中，教师工作经验对城市学生自我管理能力的影响作用更为显著。

2. 教师人格特质的影响作用

（1）教师人格的情绪稳定性对学生的自我管理能力的影响受到班级规模的调节。无论是在农村学校还是城市学校，情绪稳定、心态平和的教师对学生的自我管理能力有显著的正向影响，其影响作用的大小取决于班级规模，班级规模越大，情绪稳定性的影响作用越大。

（2）性格内敛、沉稳的教师有利于学生的自我管理能力发展。在农村学校中，外向性与班级规模有显著的交互效应，在标准班额和大班额班级中，性格外向的教师更有利于学生的自我管理能力发展，而在小班额班级中，性格内敛、沉稳的教师更有利于培养学生的自我管理能力。在城市学校中，性格内敛、沉稳的教师对学生自我管理能力有直接的影响作用。

（3）务实、理性人格特质的教师有利于城市学生的自我管理能力发展。教师人格特质的开放性在对农村学生的影响不显著。从全样本来看，对于获得教师关注较多的学生而言，有创新的精神、锐意进取的教师更有利于学生自我管理能力的发展，对于获得教师关注较少的学生而言，人格特质表现出务实、理性的教师更有利于其自我管理能力发展。从城市学生样本看，务实、理性的教师更有利于培养学生的自我管理能力，且对教师关注较少的学生影响作用更大。

（4）有同情心和包容心的教师更有利于城市学生的自我管理能力发展的影响，其影响作用受到班级规模的制约。在全部学生样本和农村学生样本中，教师人格特质的利他性对农村学生的影响作用在统计上不显著，且没有显著的调节效应。在城市学校中，在班级规模小于65人的班级中，教师人格的利他性与学生的自我管理能力显著正相关，即有同情心和包容心的教师更有利于学生的自我管理能力发展。当班级规模超过70人时，教师人格的利他性开始产生负效应。

（5）责任心是影响学生自我管理能力的重要人格特质。在全部学生样本中，尽责性对学生的自我管理能力没有显著的直接效应，但可以显著调节父母陪伴不足给学生自我管理能力发展带来的不利影响。对农村学生而言，教师的尽责性人格特质对学生的自我管理能力有显著的正向影响。在城市学校中，尽责性对学生自我管理能力的影响作用在统计上不显著，且没有显著的交互效应。统计数据显示，城市教师的尽责性均值为3.98分（满分5分），标准差0.59，95%以上的教师尽责性得分在3分以上，由此表明城市教师的尽责性整体水平较高，且内部差异较小，因而导致尽责性对城市学生自我管理能力的影响在统计上不显著。

3. 教师专业特质的影响作用

（1）强调纪律性和行为规范的学生管理信念可以有效调节父母陪伴时间不足、家庭教养关爱理解不足对学生自我管理能力形成的不利影响。全部学生样本分析结果表明，对于父母陪伴时间处于中下水平的学生而言，传统的、权威式学生管理更有利于学生的自我管理能力发展。而在农村学校中，持有传统学生管理信念的教师更有利于父母关爱理解不足学生的自我管理能力发展。在城市学校中，趋向于传统的学生管理信念可以有效促进城市学生自我管理能力发展。

（2）以教师为中心的师生关系观有利于培养农村学生的自我管理能力。在全部学生样本和城市学生样本中，师生关系信念对学生的自我管理能力没有显著影响。对农村学生而言，传统的师生关系信念对学生的自我管理能力有积极的影响。

（3）开放的学生评价信念对城市学生的自我管理能力有积极的影响作用。在全部学生样本和农村学生样本的分析中，学生评价信念对学生自我管理能力的影响在统计上不显著。对城市学生而言，教师不以考试成绩作为单一评价标准，能够以综合标准，客观全面地评价学生，更有利于培养学生的自我管理能力。

（4）开放的教育教学信念对学生的自我管理能力有显著的正向影响。教育教学信念对城市学生的自我管理能力没有统计性显著影响。在全部学生样本和农村学生样本分析中，教师的教育教学信念越趋向于开放，学生的自我管理能力越强。具体来说，在教育教学中以学生为中心，鼓励学生自主学习，激发学生主动性的教师，更有利于促进学生的自我管理能力发展。此外，对农村学生而言，开放的教育教学信念可以缩小因班级氛围不同而造成的学生自我管理能力差异，且教育教学信念的影响作用对处于不良班级氛围的学生影响更为显著。

第七章　研究结论与政策建议

从教育生产的角度探讨影响学生非认知能力发展的教师特质是本研究的基本目标，最直接的目的是由表及里地描述能够促进学生非认知能力发展的教师有什么样的特质，同时为政府精准地培养教师、优化配置高质量的教师资源提供参考和依据。本部分内容将在对研究结果进行总结和讨论的基础上归纳研究结论，并提出对策建议。

第一节　研究结论

本研究以湖北省东部和西部8县（区）的问卷调查数据为基础，采用多层次混合研究设计，围绕学生非认知能力的自尊、学习兴趣和自我管理能力三个方面分别构建了教育生产函数模型，探讨了县域内能有效促进学生非认知能力发展的教师特质，潜在的理论假设是将那些能够促进学生非认知能力发展的教师默认为合格的、高质量的教师，需要指出的是一名优秀或者卓越的教师固然需要具备多种品质，但考虑到可测量性以及公共政策可干预性等因素，本研究将教师特质划分为显性特质、专业特质、人格特质等三个方面，考察教师与学生发展之间的内在关系，主要的结论如下。

一、学生非认知能力发展有显著的城乡差异，其中教师是重要影响因素

从人的全面发展角度看，教育的根本目的是培养健全的人，学生发展既要掌握必备的知识和关键技能，同时要培养健全人格和特定品质，以应对未来社会生活中激烈的竞争与挑战。过往的研究大多聚焦于学生学业成绩及其影响因素，相关研究成果也直接或间接地推动了公共教育政策的制定和实施，政府部门从教育财政、学校变革、教师专业发展、家庭教育、教育信息化等方面着手作出了大量努力，旨在提高学生的学业成绩。事实上，大量研究表明学业成绩对于学生发展没有持续性的长期影响，标准化测试结果反而使我们忽略了非认知能力在学生终身发展中的重要作用[①]。学业成绩仅仅是衡量教育质量的一个指标，如果忽略学生的非认知能力发展，仅从提高学业成绩的角度来制定教育政策，配置教育资源，并以此来评估教育教学工作的各个环节显然会陷入单一、片面的窠臼。本研究的结果表明，城乡教育质量差异不仅仅表现为学业成绩差异，同时也反映在学生的非认知能力发展方面。具体而言，城乡学生的自尊、学习兴趣和自我管理能力等三个方面的发展存在显著差异，学生的非认知能力发展水平从城市向农村梯次递减，城区学校学生的非认知能力发展水平最高，其次为乡镇学校学生，乡村学校（农村小规模学校）学生非认知能力发展水平相对最低。

从教育生产的角度看，学生的发展过程是家庭和学校联合生产的过程，家庭是影响学生发展的首要因素，家庭社会经济地位、父母文化水平、家庭资本、家庭教养方式等因素对学生非认知能力发展有显著的影响作用。多层线性模型的分析结果表明，学生个体和家庭因素可以解释约 80% 以上的非认知能力发展差异，其余的影响因素来自学校等其他因素。尽管如此，不意味着我们的学校教育在学生的非认知能力发展中毫无建树，相反学校为学生发展构建了教育情境和发展场域，在这个情境

① JACKSON C K. What do test scores miss? the importance of teacher effects on non-test score outcomes[J]. Journal of political economy, 2018, 126(5): 2072-2107.

中，教师在学生作为生命个体的发展过程扮演着重要角色，通过对学校教育系统的干预，尤其是高质量的教师可以有效弥补弱势家庭背景给学生发展带来的不利影响。

二、经验丰富和科班出身的教师可以有效促进学生非认知能力发展

我们将教师的显性特质操作化为教师的学历、工作经验、职称、教师资格、师范专业背景等易于观测的变量，这些变量实际上反映的是凝结在教师身上的人力资本，是教师储备的知识和掌握的技能总和。研究结果表明，教师的显性特质对学生非认知能力发展有显著正向影响，主要表现为工作经验和师范专业背景两项重要指标：其一，工作经验与学生非认知能力发展水平呈正相关关系，教师教龄越长，工作经验越丰富，学生非认知能力发展水平越高。其二，与非师范专业教师相比，接受过师范教育或训练的教师更有利于促进学生非认知能力发展。具体而言，教师显性特质对学生自尊、学习兴趣和自我管理能力的影响作用表现在如下方面：

第一，工作经验和师范专业背景对学生自尊发展有显著的积极影响。从全部学生样本看，教师工作经验对学生的自尊发展没有直接的影响作用，工作经验以教师对学生的关注水平为中介变量，当教师给予学生足够的关注时，教师的工作经验越丰富，学生的自尊发展水平越高，其他显性特质对学生自尊发展的影响没有统计性显著意义。分城乡来看，在农村学校中，工作经验丰富的农村教师更有利于农村学生的自尊发展。在城市学校中，教师的工作经验对城市学生自尊发展的影响在统计上不显著，接受过师范教育的教师更有利于城市学生的自尊发展。

第二，教师的工作经验和师范专业背景对农村学生学习兴趣的影响作用更为显著。在学生的学习兴趣方面，教师工作经验与师范专业背景对城市学生的影响无统计性显著意义，但对农村学生有积极的影响，教师工作经验越为丰富，农村学生的学习兴趣越为浓厚，相较于非师范专业教师，接受过系统性师范教育的教师更有利于培养农村学生的学习

兴趣。

第三，在自我管理能力发展方面，农村教师的工作经验与农村学生自我管理能力显著正相关，工作经验越为丰富，农村学生的自我管理能力越强。在城市学校中，相较于非师范毕业的教师，师范专业的教师更有利于培养城市学生的自我管理能力。

上述结果表明，教师显性特质中的工作经验和师范专业背景对学生非认知能力发展的三个方面均有显著的影响作用。其中，农村教师更为强调其工作经验，城市教师则更为突显其专业背景。这两项显性特质实际上反映的是教师专业发展对学生非认知能力发展影响作用，一方面，从教师职前培养来看，相较于没有接受过师范训练的教师，师范出身的教师掌握了更为扎实的专业知识和技能，能够在教育教学过程中，根据学生身心发展规律，采取有效教学策略促进学生发展，这种发展既包括认知能力发展，例如提高学业成绩，同时也包括自尊、学习兴趣、自我管理能力等非认知能力发展；另一方面，教师的工作经验之所以对学生的非认知能力发展有显著影响，是因为专业发展是贯穿于教师职业生涯主线，经验积累的过程就是教师不断学习和发展的过程，不断更新的知识和技能能有效促进学生的全面发展。从这个方面来讲，教师专业化发展与学生发展之间具有较强的内在关联，尤其是关注教师职前职后的一体化发展，对促进学生的全面发展具有积极意义。

三、教师的专业特质对学生非认知能力发展有显著的影响作用

在教师特质结构中，最易于观测或者说最表层的是教师显性特质，即教师的工作经验、学历、专业背景等。较深层次的教师特质则是专业特质，即反映教师在教育教学过程中的理念和价值观，主要包含教师在学生管理、师生关系、学生评价和教育教学等四个方面。教师专业特质对学生非认知能力发展的影响主要表现在如下几点。

1. 教师权威型的管理更有利于学生的非认知能力发展

从学生管理信念来看，在学生管理工作中，强调自身威严的教师更有利于学生的非认知能力发展，这种影响作用没有显著的城乡差异，其

主要表现在学生的学习兴趣培养和自我管理能力养成两个方面。造成这一现象的原因在于三个方面，一是小学三年级学生尚处于低龄阶段，属于日常行为习惯养成的重要时期，学生尚不具备民主管理的意识和能力，日常管理工作中还有赖于教师的主导。二是对农村学生而言，其家庭背景、家庭教育、父母监管等均处于弱势地位，学生的行为习惯的养成主要依赖于学校教育，在此情况下农村学生的非认知能力发展更需要严师。三是在城市学校普遍大班额的情况下，以学生为中心的民主管理容易形成松散的班级环境，不利于学生发展。正如访谈中有班主任教师提道："现在班上学生人数太多，要想当好一个班主任，就必须让学生'怕'你，不然的话单单维持班级纪律、处理班级日常事务都要花费很多时间。"需要指出的是，这里谈到的教师威严并非在师生之间建立绝对等级森严的关系，而是发挥教师的主导作用，通过教师的积极干预形成学生良好的行为习惯和品性。

2. 开放的学生评价信念与学生的非认知能力发展显著正相关

教师对学生的评价直接影响着学生发展和身心健康，首先表现在学生自尊发展方面，自尊来源于学生在日常学习生活中获得的成功体验，包括取得优异学习成绩，来自父母、老师、同伴的表扬与肯定等，其中教师的作用尤为明显，教师对学生做出全面、客观的评价，不以学业成绩作为评价学生的唯一标准，能够发现学生身上的闪光点，这种来自教师的肯定和鼓励对学生自尊的影响甚至比家长要大得多。在田野调查中，我们经常听到家长反映这样一个事实："我的孩子在家里谁的话都不听，但老师的话就像'圣旨'，老师交代的任务和事情都不折不扣地完成，得到了老师的表扬可以开心一整天。"此外，教师开放的评价信念还会影响学生学习兴趣和自我管理能力，例如有班主任发现，对于那些学习成绩不好、有学习困难的学生首先要激发他们的学习兴趣，让他们每天进步一点点，积少成多。在学生自我管理能力方面，我们可以提供这样一个案例，在黄冈市英山县的一所乡镇小学中，班级学生只有30余人，班主任教师给每一个学生都挂上了一个"头衔"，有的学生负责讲台的清洁卫生，称为"台长"，有的负责教室门锁的钥匙，称为"门长"，还有的负责窗户、窗台的清洁卫生，称为“户长”……据班主任教师反映在实行这样的班级管理之后，学生的责任意识和自我管理能力明显增强。总之，教师能全面、客观地评价学生，在教育教学过程中能因材施教，就能够有效促进学生的全面发展。

3. 开放的教育教学信念与学生的非认知能力发展显著正相关

本研究测量了教师的教育教学信念，包括两种倾向：一种是开放倾向的教育教学信念，即在教育教学过程中强调以学生为中心，引导学生积极参与，主动建构，组织学生围绕有挑战的主题进行项目式学习。另一种是传统倾向的教育教学信念，即强调以教师为中心，关注学习的目的性和计划性，学生是孤立的知识接受者。分析结果表明，秉持开放教育教学信念的教师可以有效促进学生的非认知能力发展，包括学生的自尊、学习兴趣和自我管理能力，教师的教育教学信念越倾向于开放，学生的非认知能力发展水平越高。

后现代主义知识观的嬗变使得知识的外延不断拓展，既有显性知识，也有无法表述的隐性知识（缄默知识），例如个人的情感、信念、判断力等①。随着知识观的演变和信息化时代的到来，知识呈几何倍数地增长，倒逼着我们的教学走出“教学即传递”朴素观念，教学不仅是向学生传递人类已有的认知成果，同时要让学生成长为能够明辨是非、有正确价值观和有担当的社会实践的主人②。教师的角色由此发生改变，教师不再单一地扮演着知识传递者，如何引领学生进行深度学习，让学生积极参与，体验成功，获得发展成为教师工作的新任务③。上述结果进一步验证了教师在学生发展中的价值，教学是学生知识学习、能力培养、品格养成、情感需要的有机统一，是培养完整生命个体的过程，而教师秉持什么样的教学观直接影响着其教育教学行为，关系到学生的全面发展。

① 金玉梅，靳玉乐.论教学观的后现代转换[J].课程·教材·教法，2006(3)：23-26.

② 郭华.新媒体时代的教学与教学改革[J].中小学教育管理，2014(12)：4-6.

③ 郭华.深度学习及其意义[J].课程·教材·教法，2016(11)：26-32.

四、促进学生非认知能力发展的教师有特定人格特质

人与人的交流是教育活动的本质，从广义的角度看，是老一代与年轻一代的交流，从狭义的角度看是老师和学生的交流，这种交流包括传授知识，体悟生命内涵、磨砺意志、规范行为，其根本目的是向年轻一代传递人类文明①。教师对学生发展的支持作用有两个主要路径，一是学术支持，支持学生的学术努力，取得学业成就；二是个人支持，支持学生的人格②。对学生学术支持依赖于教师掌握的专业知识和技能，而对学生的个人支持则有赖于教师的人格特质。

本研究用《大五人格量表》测量了教师人格特质的五个方面，包括情绪稳定性、外向性、开放性、利他性和尽责性。数据分析结果表明，教师五大人格特质在不同程度上对学生的非认知能力发展有显著的影响。具体而言表现为如下几点：

（1）教师人格特质的情绪稳定性对学生非认知能力发展影响主要表现在学生自我管理能力。多层回归模型分析结果表明，情绪稳定性与城市学生的自我管理能力发展显著正相关，即情绪稳定，能够有效调节负面情绪、精神压力小的教师更有利于城市学生的自我管理能力发展，但这情绪稳定性特质与农村学生的非认知能力发展之间没有统计性显著意义。

（2）教师人格特质的外向性对学生非认知能力发展的影响表现出显著的城乡差异。从城市学生的发展来看，内敛、沉稳性格的教师更有利于城市学生非认知能力发展，而性格外向、活泼的教师更有利于农村学生非认知能力发展。在田野调查中可以观察到的现象是，城市学生往往表现得更为活泼、外向，而农村学生则显得腼腆、内向。从另一方面来讲，城市学生更容易表现出浮躁、好动，农村学生则需要积极的引导和鼓励。面对有显著性格差异的学生群体，不同人格特质的教师可以和学

---

① KARL J.什么是教育[M].邹进，译.北京：生活·读书·新知三联书店，1991：3.

② JOHNSON D W, JOHNSON R T. Social interdependence and perceived academic and personal support in the classroom[J].The journal of social psychology, 1983, 120: 77-82.

生之间形成互补，内向型人格的教师可以有效培养城市学生稳重、踏实的品质，外向型人格的教师更有利于激发学生活泼、大方的天性，从而促进学生的非认知能力发展。

（3）教师人格特质的开放性与学生的非认知能力发展显著正相关。人格特质倾向于开放性的教师通常表现出富有创新精神，不墨守成规，充满想象力和创造力。无论是城市学生还是农村学生，人格特质倾向于开放性的教师能激发学生的学习兴趣和培养学生的自我管理能力，而对学生自尊发展的影响作用在统计上不显著。

（4）教师人格特质的尽责性对学生的非认知能力发展有积极影响。经验性的判断告诉我们责任心是教师需要具备的重要品性。本研究发现，教师人格特质的尽责性与学生非认知能力发展显著正相关，主要表现在农村的学生的自尊发展和城市学生的自我管理能力发展两个方面。尽责性人格特质的教师有如下特征：一是责任心强，二是工作和生活作风严谨，三是理性、务实。这些特质均对学生的非认知能力发展产生了积极的影响作用，符合我们的经验性判断。

教师人格特质中的利他性对学生非认知能力发展没有直接的影响作用，造成这一结果可能的原因是，在教师样本中，教师人格特质的利他性得分均值较高（均值 3.68 分，满分 5 分），其中 75% 以上的教师利他性得分在 3.4 分以上，且教师内部差异较小，由此表明选取的教师样本普遍具有利他性人格特质，因而其对学生非认知能力发展的影响没有统计性显著意义。上述研究结果表明，当教师具备了一定的知识和技能之后，教师的人格特质将在自身的发展中发挥主导作用，并对学生学习与发展产生重要影响①。事实上，教师人格特质不仅影响学生的知识习得、自尊发展和关键能力的培养，而且影响教师的工作表现、职业效能以及自身的身心健康和专业发展②。由此可见，关注教师的人格特质将影响到教学质量的提升、教书育人的水平，为培养高质量的教师提供新的途

---

① 韩向前.国内外教师心理研究述要[J].心理科学通讯，1988(1)：52-56.

② KIM L E, DAR-NIMROD I, MACCANN C. Teacher personality and teacher effectiveness in secondary school: personality predicts teacher support and student self-efficacy but not academic achievement[J]. Journal of educational psychology, 2018, 110(3): 309-323.

径和方法。

五、教师可以调节弱势家庭背景对学生非认知能力发展的不利影响

学生发展是学校和家庭联合生产的结果，家长和教师是学生成长历程中重要的行为主体，不可否认家庭是影响学生非认知能力发展的第一要素，但教师在学生的非认知能力发展中同样扮演着重要角色，同时教师与家庭之间还有着紧密的关联，一个优秀的教师可以有效弥补家庭因素给学生性格上带来的缺陷。从教师的显性特质看，工作经验丰富的教师有利于激发来自弱势家庭学生的学习兴趣。在教师人格特质中，内敛、沉稳性格的教师可以有效调节父母陪伴时间不足对学生自尊发展带来不利影响，开放性人格特质的教师可以有效促进弱势家庭学生的非认知能力发展。从教师的专业特质看，倾向于传统的学生管理信念、开放的学生评价信念和教育教学信念可以有效调节低家庭社会经济地位、父母关爱不足、父母陪伴时间不足对学生非认知能力发展带来的不利影响。

此外，教师可以显著调节班级规模、班级氛围对学生非认知能力发展的影响。从教师的显性特质看，对农村学生而言，教师的工作经验越为丰富，越有利于培养处于不良班级环境中学生的学习兴趣发展。对城市学生而言，有丰富工作经验的教师可以有效抑制大班额对培养学生学习兴趣带来的不利影响。从专业特质看，开放的教育信念可以调节不良的班级氛围对学生非认知能力发展带来的负面影响。从人格特质看，教师人格的利他性和开放性以班级规模为条件变量，当班级规模达到一定阈值时（农村学校班级规模达到 26 人，城市学校班级规模达到 54 人），教师人格的利他性和开放性对学生的非认知能力发展产生积极影响。

第二节 对策建议

从学生非认知能力发展的视角探究教师特质的根本目的在于回答两个问题，一是高质量的教师有什么样的特质，二是我们该如何培养一名

高质量的教师。本研究发现了教师的显性特质、专业特质和更深层的人格特质对学生的自尊、学习兴趣、自我管理能力均有不同程度的影响，这为我们的优化教师补充机制，推进教师教育改革与发展提供了依据和参考。

一、树立科学的教育质量观，优化义务教育教师补充机制

加快推进教育现代化，建设教育强国，办好人民满意的教育是当前我国教育改革与发展的主题，质量是教育的生命线，让人民满意的教育就是公平而有质量的教育。2019 年 6 月，中共中央、国务院《关于深化教育教学改革全面提高义务教育质量的意见》（以下简称《意见》）提出了树立科学的教育质量观的指导意见，所谓科学的教育质量观有三个价值内涵，一是以德育为先，将学生的道德品质放在首位，这是立德树人教育目标的起点。二是终身发展，立足于生命个体发展的全过程，以终身学习为学生终身发展奠基。三是公平正义，教育要面向全体，面向未来，让每一个孩子都有接受质量教育的机会。这一文件精神为深化教育教学改革，提高义务教育质量指明了发展方向，科学的教育质量观不仅影响我们的办学理念、课程设计、教学改革，而且影响教育决策、教育资源配置、教育质量评价，以及教师评价和专业发展。从这个层面来看，教育质量既是教育发展的结果，也是教育改革与发展的引领。

1. 树立科学的教育质量观应坚持以人为本

长久以来，在应试教育的惯性思维模式下，标准化测试结果是衡量教育质量的主要指标，或者说谈到教育质量，我们更多关注的是教育结果，尤其是教育结果中量的方面[①]。诚然，我们不否认标准化测试结果的直观性和可操作性，其有效提高了教育资源配置效率、提升教师质量，但我们还应该看到，标准化测试并没有将学生未来社会生活需要的全部关键能力纳入测量范围，例如环境适应能力、自律、成就动机等[②]。以

① 迟艳杰.进步即质量：指向学生成长过程的教育质量观与价值追求[J].教育研究，2019(7)：36-43.

② JACKSON C K.What do test scores miss? the importance of teacher effects on non-test score outcomes[J].Journal of political economy，2018，124(5)：2072-2107.

考试分数作为唯一标准来一刀切式地评价每一个学生，显然有悖于因材施教的教育规律。教育质量归根结底是对学生学习状况和发展成就的评判标准，包含了学生通过教育所获得的符合社会期望的能力（competence），从这个意义上来说科学的教育质量观是以学生能力发展为本的质量标准。

2. 树立科学的教育质量观应坚持“五育并举”

每一个孩子都是鲜活的生命体，都蕴含着无限的发展潜能，也有与生俱来的不同发展禀赋，寻求全面发展与个性发展之间的平衡点是教育发展的真实意涵。当前的教育重智育，轻德育、美育、体育，忽视劳动教育的现象仍然大量存在，“五育并举”是立德树人的重要支撑，任一环节的缺失，都将阻碍学生发展成为一个健全的人。同时，五育并举不等于德、智、体、美、劳齐头并进、齐步走，而是学生全面发展的基础上的个性发展，德、智、体、美、劳等五个方面既相互独立又相互渗透，厘清五育在课程教学、学习机制和发展路径上的关系是构建科学教育质量观的关键。

3. 树立科学的教育质量观不能忽视教师的重要作用

教育质量观的转变是教育变革的直接驱动力，而教育变革与教师的所想所思紧密关联①，也就是说教师不仅是教育质量评价的主体，也是教育质量的建构者。教育是教师与学生交流的过程，包括教师“教”与学生“学”两个方面，与物质生产不同的是，教师生产指向的对象是人，教师如何看待学生的发展，如何评价一个学生，教师追求的是考试成绩，还是注重学生的身心健康、人格健全？这些问题集中表现为教师的教育质量观，更确切地说在构建科学的教育质量观的过程中，如果忽略教师的价值观点，则很有可能使之成为空中楼阁。

我国近年来施行的教师补充政策重点向农村地区倾斜，大量持有教师资格证的师范毕业生和应届高校毕业生通过特岗教师计划等专项政策补充到农村教师队伍中来。城市学校则通过县（区）域范围内的公开招考，从农村学校中选拔优秀教师进行补充。正如田野调查中某农村学校

① FULLAN M.The change leader[J].Educational leadership,2002,59(8):16-20.

校长所说："我们学校近年来补充来了不少年轻教师，这些老师虽然都有教师资格证，但还不能完全胜任教育教学工作，还需要老教师'手把手'地指导 1—2 年，等我们花了时间和精力让这些年轻教师成长起来，县里组织几次招考，满了服务期的年轻老师就都走了（去城市学校），我们农村学校现在已经成为城市学校的教师培训基地。"基于这一现实，我们可以看到县域范围内教师补充的路径是，获得高等教育学历的师范或非师范专业毕业生通过教师资格认证获得从教资格，这些年轻教师在农村教师补充政策的引导下被优先分配到农村学校工作，然后从农村学校流向城市学校（见图 7-1）。

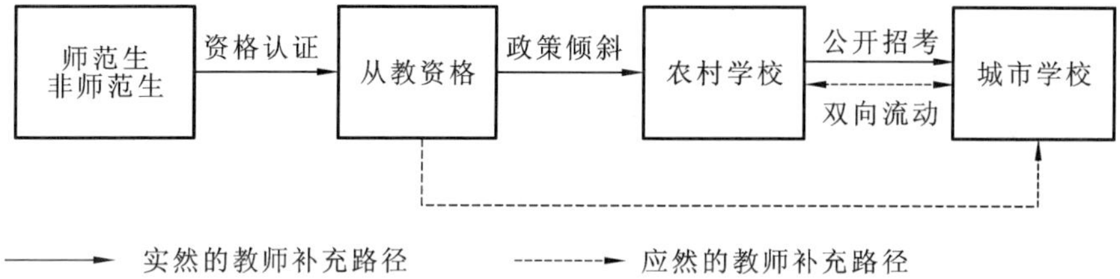

图 7-1 县域内城乡教师补充路径图

然而，本研究的结果表明经验丰富的教师更有利于农村学生的非认知能力发展，在城市学校中，师范专业的教师更有利于城市学生的认知能力发展。这意味着我国当前施行的义务教育教师补充机制需要做出一定调整，一方面义务教育教师补充政策应重点强调教师的专业能力，尤其是师范技能。另一方面在制定农村教师补充政策的过程中，除对候选教师的学历、资格、专业背景做出相应规定以外，应重点突出教师的工作经验。为实现这一目标，还需采取如下措施：其一，在教师职前培养方面，强化师范生的师范技能训练，增加师范生实践课程学分比重，师范生实习时间累计不低于 1 年。其二，完善教师资格认证制度，对申请教师资格证书的非师范毕业生进行师范技能培训，培训考核结果作为获取教师资格的重要参考依据。其三，补充到农村学校的年轻教师首先进入城市学校工作 1—2 年，依托城市学校优势的教研力量对年轻教师进行指导，积累工作经验，当年轻教师能够胜任教育教学工作后再前往农村学校任教。其四，建立城乡教师双向交流机制，新补充的年轻教师在城市学校工作、见习期间，由城市学校派遣教师前往农村学校轮岗交流，交流时间 1—2 年。

二、振兴师范教育，培养具有教师特质的优秀师范生

本研究结果显示，相较于非师范专业的教师，师范专业教师对学生的非认知能力发展有显著影响，由此表明师范教育在保证教师供给质量方面发挥着重要作用，接受过师范训练的教师表现出专业优势。此外，影响学生非认知能力发展的教师还表现出特有的专业特质和人格特质，从事教师职业的个体需要具备特定的专业能力和稳定的专业特质，这些要素也构成了教师选拔标准。师范教育是我国基础教育教师供给的主要渠道，通过高考招生获取优质生源，是保证师范教育质量的第一道门槛。在我国教育发展从“有学上”到“上好学”的战略转型期，提升教师质量是保障教育质量的重要举措，振兴师范教育，采取有效措施传承师范教育的优良传统是未来教育改革与发展的必由之路①。进入新时代，以师范院校为主体、高水平综合大学参与，构建具有中国特色师范教育体系是振兴师范教育的有效举措。师范教育在教师教育体系中的重要作用不容忽视，已重新被党中央和国家政府提上政策议程，并上升至国家战略层面。结合本研究的结果，振兴师范教育应从如下方面着手：

1. 提高师范院校生源质量，创新师范生招生制度

师范生的生源质量是保证教师职前培养质量的基础，新高考改革为师范院校招生带来了新的契机。新高考改革旨在取消一考定终身的现象，将根据“两依据，一参考”进行招生录取工作，所谓“两依据，一参考”是指高等院校依据统一高考成绩、学业水平考试成绩，参考综合素质评价进行招生。在此背景下，师范院校招生可有如下举措：其一，自行设置选考科目，重点突出教师的学科知识基础。新高考改革的一项重要内容是高校有设置选考科目的自主权，师范院校可根据不同学科教师培养的需要，有针对性地设置选考科目，保证生源的学科知识基础。其

① 雷万鹏，黄旭中.教师教育发展现状调查与政策启示：基于湖北省的实证调查[J].华中师范大学学报(人文社会科学版)，2017(6)：164-171.

二，根据教师专业特质和人格特质对学生进行综合素质评价，将与教师职业匹配的特质要素纳入综合素质评价，并赋予一定权重。例如可加入职业性向测试和人格测试，选拔热爱教育事业，有显著开放性、尽责性人格特质的普通高中毕业生进入师范院校学习。其三，完善公费师范生政策，加大对师范生的奖励、资助和补助力度，增强师范专业吸引力，鼓励优秀高中毕业生报考师范专业。

2. 改革师范教育课程内容，提升师范生培养质量

在师范生培养方面，一是要关注专业知识和技能的掌握。不仅要重视师范生对教育学、心理学、学科知识、教学法知识的掌握，让学生奠定扎实的知识基础，也要增强师范生“三字一话”的基本功训练，提高师范生的教学实践能力。在信息化时代，教师还需要熟练使用信息技术进行学习和教育教学，充分利用信息网络提高教育教学质量，并实现自我发展。二是培养师范生的专业信念。教师如何运用其掌握的知识和技能还需要专业信念的引领①。培养教师的专业信念需要在课程体系中引入教育理论前沿和教育变革的最新成果，拓宽师范生的视野，让师范生掌握现代的教育教学理念，形成与时代发展需要、与我国教育发展目标相契合的教育专业信念。三是强化教师德育课程，增强师范生的职业认同感，树立崇高的教师职业理想，培养师范生乐教爱教的职业精神。

3. 引入教师职业性向测试，并贯穿师范生培养的全过程

教师职业是一项具有专业性的实践活动，千头万绪的教师工作带来了教师工作繁杂性和不确定性，同时也为教师职业的综合性、统整性和自律性奠定了基础②。例如不同风格的教师面对同样的学生会产生不同的教育教学效果，同样的教学设计不能保证在不同课堂上有同样的效果。一名合格的教师不仅要掌握较好的知识和技能，还要具备一定的职业性向。所谓职业性向是指建立在教师人格特质基础上胜任教育教学工作的能力，包括爱心、包容、沟通、责任等③。正如苏霍姆林斯基在《给教

① 步社民.教师成长中的“技能”及其超越[J].教育发展研究,2011(4):48-53.

② 佐藤学.课程与教师[M].钟启泉,译.北京:科学教育出版社,2003:212-213.

③ 刘雄英.职业性向:教师评价的重要维度[J].教育发展研究,2011(8):59-62.

师的建议》中提到的，如果一个人不擅长与人沟通和交往，那么他不可能喜欢教育学生的工作，更不会深入地进入教育活动场域。也有学者指出，教师的职业性向是在知识获得和地位提升过程中表现出来的有别于其他从业群体的专业特性①。因而，在师范生培养过程中建立职业性向监测体系是保证师范生培养质量，推进教师专业化的重要举措。

首先，制定教师职业性向评价指标体系。制定教师职业性向评价标准是进行职业性向评价的前提，结合学生发展对教师职业性向的要求，构建包含教师人格特质、专业信念在内的教师性向指标体系，厘清教师职业性向的内在结构，并以科学方法实现指标可操作化和量化。其次，建立专业化的职业性向评价队伍，职业性向测试的难点在于测量的信效度问题，这本身就是一个高度专业化的问题。随着心理学科发展，已有一些较为成熟的工具用于测量个体的人格特质和非智力因素，但在教师职业性向中的应用还有待进一步探索。再次，建立师范生培养的退出机制。在培养过程中全程监测师范生的职业性向，一方面是对其是否适合从事教师职业进行诊断性分析；另一方面为师范生培养提供个性化的职业性向分析，为其职业生涯发展提供参考依据。此外，高等院校需要打通师范专业与非师范专业之间的壁垒，让那些不适合教师职业的师范生可以通过转专业的方式退出师范教育体系，同时将师范专业之外有从教热情的优秀人才吸纳进来。

三、完善教师资格认证，增加教师人格和专业特质的考察权重

建立教师资格认证制度是为了严格把关教师职业的准入门槛，保障教师队伍质量，促进教师专业发展。其中，教师资格考试是教师资格认定前的转入性考试，以标准化测试的形式考察教师候选人的基本教育教学能力和岗位胜任力②。2011 年，教育部开始在浙江和湖北两省开展教师资格国家统一考试试点，2015 年在全国全面实行。有研究指出，教师

① 袁丽，吴娱.面向未来教育的教师专业性与教师教育：第十四届东亚教师教育国际研讨会综述[J].教师教育研究，2019(6)：123-128.

② 王世存，王后雄.国家教师资格考试：必要性、导向及问题思考：基于对浙江、湖北两个试点省份首次考试情况的统计分析[J].教师教育研究，2012(4)：32-37.

资格考试从省考提升到国考，其在考试内容、考试形式上的改变，增加了对教师专业素养考查的信效度，例如突出了教师的实践能力，拓展了知识面①。但是这一政策转变也存在两个方面的主要问题：其一，在实施国家统一教师资格考试的背景下，师范院校出现“为考而教”的应试倾向，部分师范院校以国家考试命题为导向设置教师教育课程，教师教育课程成为教师资格应试课程②。其二，教师资格证的内容侧重于知识和技能的考查，即使是面试环节，也只能反映教师的语言表达和形象仪表，对教师的品性和心理因素考核效力有限③。

在田野调查中，我们发现这样一个现象：许多教师有教师资格证，但是其专业能力和对教师职业的认同程度及热爱程度还不足以胜任教师工作。自2012年湖北省实施农村义务教育教师补充新机制以来，每年都有大量的应届高校毕业生补充到农村学校，有效缓解了农村地区的师资不足。从实际操作层面看，这些新补充的教师都持有教师资格证，但部分教师是为了规避就业压力才选择教师职业，根据某乡镇中心小学的校长反映：“近几年，我们学校通过‘省招’④补充了不少年轻教师，但是年轻人在我们农村地区待不住，很多老师在工作之余也会积极准备公务员考试或者研究生入学考试，一旦有机会他们马上就走了。”由此可见，当前的教师资格认证并不能完全反映教师从事教育教学工作的能力，教师资格认证制度有待进一步完善，具体而言可从如下方面着手：

1. 建立分层、分类的教师资格认证体系

从美国的教师资格认证制度看，美国的教师资格证书种类繁多，例如根据资格证书申请者的专业背景，为教育专业毕业生发放传统教师资格证，非教育专业的则发放选择性教师资格证；根据时效性划分临时、

---

① 刘翠航，朱旭东.教师资格“国考”研究热点、问题与建议[J].课程·教材·教法，2015(9)：97-102.

② 朱旭东，袁丽.教师资格考试政策实施的制度设计[J].教育研究，2016(5)：105-109.

③ 唐卫东.我国教师资格制度改革研究：以上海市教师资格制度改革为例[D].上海：上海师范大学，2013.

④ 2012年湖北省开始实施“农村义务教育教师补充新机制”，由省教育厅组织统一招考，招聘应届高校毕业生前往农村地区任教，服务期3年，其工资由省级财政承担，工资标准不低于当地教师。这些教师一般被称为“省招教师”或“新机制教师”。

短期、中长期和终身教师资格证；根据证书类型，划分为初任教师资格证和继任教师资格证；根据证书等级，划分为州级、州际级和全美级等等，不同的教师资格证代表教师不同的专业能力、社会地位和公信力，这样可以有效弥补不同地区教育发展水平差异①。借鉴这一经验，首先，我们可以建立省级、省际级和国家级教师资格证书体系，以满足地区教育发展对教师质量的多样需求。其次，可按时效性将教师资格证书分为临时、短期、中长期和终身资格证书四类，其他几类证书与教师职称评级挂钩，作为职称晋升的参考标准，需要获取相应的教师资格证书才能进行职称晋升。最后，可以考虑对师范和非师范毕业生进行分类认证，在保证通识性能力的基础上，根据两类人群不同的特点颁发不同的资格证书。

2. 突出教师资格认证中的实习和专业特质考核

总体来看，申请教师资格证的人群可分为两类，一类是师范生，另一类是非师范生，对师范生的教师资格认证，师范生首先要达到各类教师教育课程的学分要求，并在中小学校有效实习时间不低于 12 个月，此外还要参考师范生在校学习期间的职业性向测试结果，才能够获得教师资格申请资格。对于非师范生而言，达到相应学历标准的高校毕业生需要经历职业性向测试和从教动机测试，通过考核获取教师职前培训资格，由师范院校对其进行 3—6 个月的短期职业培训，以此获取教师资格认证考试资格，参加并通过国家教师资格认证考试后可授予教师资格候选人证书，中小学校可与之签订 1—2 年的实习合同，实习结束后进行二次考核，并最终颁发正式的教师资格证书。

3. 落实教师资格定期注册制度

2013 年，我国开始实行教师资格定期注册制度，教师资格每 6 年进行注册审核，标志着教师的“铁饭碗”被打破。有研究指出，当前的教师资格定期注册主要考核师德、工作业绩和继续教育等，由于缺乏实质

① KANE T J.What does certification tell us about teacher effectiveness evidence from New York city [J].Harvard graduate school of education,2008,5:25-26.

性的考核标准使得教师资格定期注册流于形式①。因此，落实教师资格定期注册制度还需从如下方面着手，一是将教师资格定期注册与教师工资待遇挂钩，进一步完善教师队伍退出机制，让教师资格定期注册与教师聘用相匹配。二是建立教师资格定期注册考核标准，除对师德、工作绩效的考核外，还需要从专业知识、专业技能和职业品性等方面构建评价指标体系，确保教师的知识、能力和教育理念与时俱进。三是将教师定期注册与教师资格证书相关联，为避免挫伤骨干教师的积极性，对教龄达到25年以上，且经历过4个注册周期以上的教师授予终身教师资格，并予以免检资格。

四、以全人发展为先导，引领教师专业发展

本研究发现教师的工作经验对学生的非认知能力发展有积极的影响作用，但经验本身并不能直接推动学生发展，其背后隐含的意义是：教师工作经验积累的过程实际上是教师专业发展的过程。教师专业发展不仅是职前的教师培养，同时还贯穿于教师职业生涯发展的全部周期。经济社会的发展与变革对学生应具备的基础知识和关键能力不断更新，这就要求教师的专业能力和素养也随之革新。教师专业发展的研究中，有如下几种取向：一是从教师专业发展的目的来看，教师专业发展就是补齐教师的专业能力短板，获得专业成长。二是从教师专业发展的内容来看，教师专业发展就是在实践和反思中实现专业化。三是从教师专业发展的阶段来看，将教师专业发展划分为若干个阶段，每一阶段都有不同的发展危机和发展任务。四是从教师专业发展的功能来看，在后现代主义的影响下，倡导教师专业发展的自觉性与自主性，提出教师自我更新②。

对于教师专业发展问题，这里借用叶澜教授的观点："教师过于看重专业发展，自己作为一个全人发展这个问题却往往忽视了。"③ 教师的

① 梁桂莲.借鉴国外经验更新教师资格制度[J].中国教育学刊,2014(5):103-104.

② 朱旭东.教师专业发展研究述评[J].中国教育学刊,2007(5):68-73.

③ 叶澜,庞庆举.俯仰间会悟:叶澜随笔读思录[M].北京:中国人民大学出版社,2019.

工作是其专业知识和能力的运用，更是其人格的展现，立德树人不仅是专业性的知识授予，而且是教师和学生之间的情感交流、人格影响，所谓言传身教即是如此。从这个意义上来说，要想将学生培养成全面发展的、健全的人，则首先要求教师是一个发展的全人，在全人发展的基础上才能追求教师角色的专业化。由此可以引申出两个重要的议题，一是教师专业发展，另一个是教师自由发展，两者紧密联系，互为依托。从两者的关系来看，自由发展是教师专业发展的目标，没有自由发展的目标引领，教师专业发展则会形成“专门化”的桎梏。同时，教师专业发展是实现自由发展的有效途径，如果教师没有专业发展，则难以应对充满不确定性和复杂性的教育情境。教师的专业发展是在持续的实践性活动中不断形成自由人格，发展批判和反思意识，并最终实现自由发展①。总而言之，教师的专业发展奠定在全人发展的额基础之上，正如阿玛蒂亚·森所阐述的自由发展观：“自由是发展的首要目的，也是促进发展的不可或缺的重要手段。”②

五、欲让优者从教，必先教者从优

本研究发现人格特质中表现出不墨守成规、有责任心、理性思考、生活乐观积极、工作作风严谨的教师对学生的非认知能力发展有显著的正向影响。这些人格特质是在教师从教之前，在生物遗传、社会文化环境、家庭生活和教育经历的共同作用下形成的心理特征，从这个意义上来说，我们可以认为一个好的老师具有“天生”的特质，而具备这些积极人格特质的个体即使不从事教师职业，在其他行业内部也容易取得事业成就。由此带来的问题是，我们如何保证高质量的教师供给实现“优者从教”？已有研究表明，大量师范生毕业后没有从事教师职业，同时还有许多优秀教师流失，转而从事其他行业，这一群体构成了教师供给的“蓄水池”，成为教师供给的潜在来源③。

---

① 张华.论教师发展的本质与价值取向[J].教育发展研究,2014(22):16-24.

② 森.以自由看待发展[M].任赜,于真,译.北京:中国人民大学出版社,2013:5-10.

③ ROTHSTEIN J.Teacher quality policy when supply matters[J].American economic review,2015,105(1):100-130.

事实上，振兴师范教育、完善教师资格制度，推进教师专业发展等对策都应建立在提升教师职业吸引力的基础之上，否则会出现优秀普通高中毕业生报考师范院校占比低，为保证教师数量供给而不得不降低教师准入门槛等问题。换而言之，提高教师职业的吸引力是教师质量提升的前置性条件，同时也是一个老生常谈的问题，即如何实现教者从优？

其一，提高教师经济收入，实现城乡教师效用均等化。当前教师工资待遇的绝对水平偏低，参照经合组织（OECD）成员国的教师工资水平与经济发展水平的比例，我国教师工资应在现有基础上提高近30%①。从教师相对工资水平看，一方面尽快落实教师工资水平不低于当地公务员收入水平的政策方针，另一方面基于特征价格理论，对农村地区、偏远地区、贫困地区从教的教师进行价格补偿，以实现不同区域发展水平和不同工作环境下的教师获得同等效用②。此外，还应加强中央财政转移支付和省级财政的统筹力度，确保教师收入水平与区域经济发展水平相适应，与区域消费水平相匹配。

其二，提升教师社会地位，传承尊师重教的优良传统。尊师重教是中华文明传承的优良传统，近年来对最美乡村教师、时代楷模、义务教育骨干教师的表彰奖励日趋增多，营造尊师重教的氛围仅靠政府部门是不够的，应鼓励社会团体、民间企业、社会组织积极参与，开展尊师重教活动，营造良好社会氛围。当然，教师社会地位的提升不仅体现在表彰和奖励，更体现在日常的工作生活中，应从法制层面落实教师的主体地位，例如政策参与权、专业自主权和教育惩戒权等，维护教师的合法权益，解除教师的后顾之忧，激发工作热情③。

其三，以人为本实行教师管理与评价。值得注意的是，在当前的教师管理中存在效率优先的价值导向，刚性的管理导致教师在教育教学活动中逐步丧失主动性和积极性，职业倦怠感强烈。这种刚性的管理近似

---

① 张炜.改革开放40年教师职业吸引力嬗变循证研究：基于教师教育现代化视角[J].教师发展研究,2018(4):27-36.

② 马红梅,雷万鹏,钱佳.教师工作环境的经济价值：基于地区经济地理特征的工资成本补偿[J].华东师范大学学报(教育科学版),2018(5):129-137.

③ 朱永新.切实提高地位待遇,提升教师职业吸引力[J].中国教育学刊,2018(4):1-4.

于福柯所提出的“全景敞视主义”，教师的工作行为被置于全方位的控制之下，管理者试图以这样的管理和规训体系实现教师管理效率和效果的最大化①。教师作为活生生的个体，其工作的创造性需要自由宽松的管理环境，对教师工作绩效的评价不仅要看到显性的部分，还应关注教师隐性的工作，例如备课、学生谈话、家访等。归根结底，对于教师的管理应以人为本，以扁平化管理和人性的关怀和人格的尊重为逻辑基础②。

第三节　研究不足与展望

本研究从学生非认知能力发展的角度探讨了教师特质问题，初步回答了能有效促进学生非认知能力发展的教师应具备哪些特质，以及城乡教师表现出的特质差异。通观全文，由于学科视野、数据样本、计量方法的限制，本研究对教师特质问题的探讨还存在一些不足，对相关问题的研究还需在今后的学习和工作中进一步深化。

第一，对学生非认知能力发展的研究有待拓展和丰富。非认知能力具有广泛的内涵和多元维度，本研究只选取了学生自尊、学习兴趣和自我管理能力等三个方面开展研究，具体理由已在概念界定部分进行阐述。但对非认知能力中其他重要维度的研究，例如学生的人际交往能力、团队协作能力等，还需在今后的研究与实践中不断拓展和丰富。

第二，科任教师对学生非认知能力的影响有待挖掘。本研究主要探讨班主任教师的特质对学生非认知能力发展的影响。虽然班主任教师在学生发展过程中发挥着直接作用，但事实上在学校教育中，学生的非认知能力发展是多位教师综合作用的结果，其他科任教师的影响作用不容忽视。因此，在未来的研究中还需将班级其他教师的特质变量纳入研究范围，方能更为全面地了解教师对学生非认知能力发展的影响作用。

① 米歇尔·福柯.规训与惩罚:监狱的诞生[M].杨远婴,刘北成,译.北京:生活·读书·新知三联书店,1999:219.

② 陈振华.中小学教师管理制度建设:问题与改进策略[J].教育研究,2015(9):99-103.

第三，学生认知能力与非认知能力发展内在联系有待探究。从学生发展视野看，其认知能力与非认知能力通常交织在一起，相互促进，共同发展，如何统筹考虑学生的认知与非认知发展是本研究需要进一步探讨的问题。虽然本研究选取的自尊、学习兴趣、自我管理能力与学生学业成绩有显著的相关性，但教师对学生认知与非认知发展的影响是否存在差异？教师特质在学生认知与非认知发展中的影响权重还有待进一步揭示。今后的研究将尝试采用结构方程模型，统筹考虑学生认知能力和非认知能力发展，探讨教师特质对学生发展的影响，比较教师特质对学生认知能力与非认知能力发展的差异。

第四，教师特质的内涵和测量有待深化。本研究在分析过程中以学历、教师资格证书、工作经验作为教师知识和技能的代理变量，以教育信念作为教师品性的代理变量，并在此基础上纳入了教师的人格特质。从教育实践层面看，这些教师特质是通过教师的教育教学行为对学生非认知能力发展产生直接影响，受到测量工具和方法的限制，本研究的计量模型没有纳入教师行为变量，教师具备的知识和技能是否可以高效灵活应用？教师的教育信念与教育实践能否知行合一？这都需要通过对教师行为的观察加以验证。

第五，对策建议有待细化。本研究基于研究结论针对教师补充机制，教师教育发展提出了对策建议。但相关对策建议还有待进一步细化，例如师范生培养与教师资格认证需要加强教师专业特质和人格特质的考察权重，各自的权重应是多少？具体到教师教育中应如何培养教师的专业特质和塑造教师的人格特质？对这一问题的回答还需进行心理学、教育学、教师教育等领域研究者开展跨学科研究。

参 考 文 献

一、著作类

［1］赫尔巴特. 普通教育学［M］. 李其龙，译. 北京：人民教育出版社，1989.

［2］雅思贝尔斯. 什么是教育［M］. 邹进，译. 北京：生活·读书·新知三联书店，1991.

［3］福柯. 规训与惩罚：监狱的诞生［M］. 杨远婴，刘北成，译. 北京：生活·读书·新知三联书店，1999.

［4］布鲁维尔，麦克伊万. 教育经济学［M］. 刘泽云，等译. 北京：北京师范大学出版社，2017.

［5］卡诺伊，莱文. 教育大百科全书：教育经济学［M］. 杜育红，等译审. 重庆：西南大学出版社，2011.

［6］塔沙克里，特德莱. 混合方法论：定性与定量方法的结合［M］. 唐海华，译. 重庆：重庆大学出版社，2018.

［7］科恩，等. 教育经济学［M］. 3 版. 范元伟，译. 上海：格致出版社，2009.

［8］贝克尔. 家庭经济分析［M］. 彭洪建，译. 北京：华夏出版社，1987.

［9］汉密尔顿. 应用 STATA 做统计分析［M］. 郭志刚，等译. 重庆：重庆大学出版社，2011.

［10］科伦奇-史密斯，费曼-尼姆塞尔，麦金太尔. 教师教育研究手

册：变革世界中的永恒问题［M］. 3版. 范国睿，等译. 上海：华东师范大学出版社，2008.

［11］麦克伊万. 培养造就优秀教师：高效能教师的十大特征［M］. 胡荣堃，译. 北京：北京师范大学出版社，2007.

［12］克雷斯威尔. 混合研究方法导论［M］. 李敏谊，译. 上海：格致出版社，上海出版社，2015.

［13］杜威. 民主主义与教育［M］. 王承绪，译. 北京：人民教育出版社，2001.

［14］杜威. 我的教育信条［M］. 王承绪，赵祥麟，编译. 北京：人民教育出版社，2001.

［15］赫克曼. 幼儿教育的经济学［M］. 百花学习塾，译. 上海：上海科学技术文献出版社，2017.

［16］胡森，波斯尔斯韦特. 教育大百科全书：教学、教师教育第8卷［M］. 郭华，綦春霞，译. 重庆：西南大学出版社，2006.

［17］苏霍姆林斯基. 给教师的建议［M］. 杜坤殿，译. 北京：教育科学出版社，1984.

［18］哈蒂. 可见的学习：对800多项关于学业成就的元分析的综合报告［M］. 彭正梅，等译. 北京：教育科学出版社，2015.

［19］森. 以自由看待发展［M］. 任赜，于真，译. 北京：中国人民大学出版社，2013.

［20］马歇尔. 经济学原理［M］. 刘生龙，译. 南昌：江西教育出版社，2014.

［21］陈强. 高级计量经济学及Stata应用［M］. 北京：高等教育出版社，2014.

［22］付淑琼. 美国中小学卓越教师职前培养的质量保障机制研究［M］. 上海：华东师范大学出版社，2016.

［23］国际21世纪教育委员会. 教育：财富蕴含其中［M］. 联合国教科文组织总部中文科，译. 北京：教育科学版社，2012.

［24］何其宗. 教师胜任力实证研究［M］. 北京：中国社会科学出

版社，2019.

［25］李云森. 父母外出与农村孩子非认知能力发展［M］. 北京：经济科学出版社，2018.

［26］李镇西. 我这样做班主任：李镇西 30 年班级管理精华［M］. 广西：漓江出版社，2012.

［27］联合国教科文组织. 学会生存：教育世界的今天和明天［M］. 华东师范大学比较教育研究所，译. 北京：教育科学出版社，1996.

［28］林崇德. 21 世纪学生发展核心素养研究［M］. 北京：北京师范大学出版社，2016.

［29］刘金花. 儿童发展心理学［M］. 上海：华东师范大学出版社，1997.

［30］刘丕君. 教育心理学：小学版［M］. 北京：中国经济出版社，2012.

［31］陆学艺. 当代中国社会结果变迁研究［M］. 北京：社会科学文献出版社，2001.

［32］毛亚庆. 社会情感学习教学用书　3 年级［M］. 北京：北京师范大学出版社，2019.

［33］皮连生. 教育心理学［M］. 4 版. 上海：上海出版社，2011.

［34］沈德立. 脑功能开发的理论与实践［M］. 北京：教育科学出版社，2001.

［35］汪丁丁. 新政治经济学评论［M］. 上海：上海人民出版社，2014.

［36］王道俊，郭文安. 教育学［M］. 北京：人民教育出版社，2009.

［37］王宪平. 课程改革与教师教学能力发展研究［M］. 上海：学林教育出版社，2009.

［38］温忠麟，刘红云，侯杰泰. 调节效应和中介效应分析［M］. 北京：教育科学出版社，2012.

［39］伍雪辉. 教育家型教师的特质及标准［M］. 北京：科学出版

社，2016.

［40］谢宇. 回归分析［M］. 北京：社会科学文献出版社，2010.

［41］许燕. 人格心理学［M］. 北京：北京师范大学出版社，2009.

［42］张红岩. 社会资本与就业绩效［M］. 银川：阳光出版社，2012.

［43］张晓艳. 非智力因素研究与实践［M］. 北京：兵器工业出版社，2005.

［44］赵英. 美国教师质量问责机制研究［M］. 北京：北京师范大学出版社，2019.

［45］钟启泉，崔允漷. 核心素养与教学改革［M］. 上海：华东师范大学出版社，2018.

［46］钟启泉. 学校的变革［M］. 上海：华东师范大学出版社，2019.

［47］BECKER G S. Human capital：a theoretical and empirical analysis，with special reference to education［M］. Chicago：University of Chicago Press，1964.

［48］BOWLES S，GINTIS H. Schooling in capitalist America：educational reform the contradictions of economic life［M］. New York：Basic book，1976.

［49］BURTLESS G T. Does money matter? the effect of school resources on student achievement and adult success［M］. Massachusetts：Brookings Institution Press，1996：4.

［50］COLLABORATIVE FOR ACADEMIC，SOCIAL，AND EMOTIONAL LEARNING（CASEL）. Safe and sound：an educational leader's guide to evidence-based social and emotional learning programs：Illinois edition［M］. Chicago，IL：Author，2005.

［51］DARLING-HAMMOND L，BRANSFORD L. Preparing teachers for a changing world：what teachers should learn and be able to do［M］. San Francisco：Jossey-Bass，2005：11.

［52］ DAY C, SAMMONS P, STOBART G. Teachers matter: connecting work, lives and effectiveness ［M］. UK: McGraw-Hill Education, 2007.

［53］ HARGRAVES A, FULLAN M. Professional capital: transforming teaching in every school ［M］. New York: Teacher College Press, 2012.

［54］ MICHEL L, BERNSTEIN J, SCHIERHOLTZ H. The state of working America 2008/2009 ［M］. Ithaca, New York: Cowell University Press, 2009.

［55］ NATIONAL BOARD FOR PROFESSIONAL TEACHING STANDARDS. I am a better teacher ［M］. Arlington, VA: Author, 2010.

二、期刊论文类

［1］ 步社民. 教师成长中的“技能”及其超越 ［J］. 教育发展研究，2014（4）：48-53.

［2］ 蔡明兰，高政. 基础教育阶段城乡教师资源差距之审视 ［J］. 中国教育学刊，2010（7）：5-8.

［3］ 陈斌开，林毅夫. 发展战略、城市化与中国城乡收入差距 ［J］. 中国社会科学，2013（4）：81-102.

［4］ 陈纯槿. 中学教师工作满意度影响因素的实证研究：基于 PISA2015 教师调查数据的分析 ［J］. 教师教育研究，2017（2）：84-91.

［5］ 陈向明. 实践性知识：教师专业发展的知识基础 ［J］. 北京大学教育评论，2003（1）：104-112.

［6］ 陈振华. 中小学教师管理制度建设：问题与改进策略 ［J］. 教育研究，2015（9）：99-103.

［7］ 迟艳杰. “进步即质量”：指向学生成长过程的教育质量观与价值追求 ［J］. 教育研究，2019（7）：36-43.

［8］ 褚宏启. 城乡教育一体化：体系重构与制度创新 ［J］. 教育研究，2009（11）：3-10.

［9］ 崔秀兰，姜君. 英国教师专业标准评价指标及价值取向的变迁

[J]. 黑龙江高教研究，2019（4）：63-69.

［10］崔宇，石艳. 教师的社会学知识：公平视域下教师知识的专项及其实践路径［J］. 教育发展研究，2019（4）：36-43.

［11］段成荣，谢东虹，吕利丹. 中国人口的迁移转变［J］. 人口研究，2019（2）：12-20.

［12］郭戈. 关于兴趣教学原则的若干思考［J］. 教育研究，2013（3）：119-124.

［13］郭华. 深度学习及其意义［J］. 课程·教材·教法，2016（11）：26-32.

［14］郭华. 新媒体时代的教学与教学改革［J］. 中小学教育管理，2014（12）：4-6.

［15］郭婧. 基于 PISA 测试结果的英国基础教育改革政策评析［J］. 外国中小学教育，2014（2）：6-10.

［16］韩继伟，马云鹏. 中学数学教师的教师知识状况的调查研究［J］. 全球教育展望，2016（4）：106-117.

［17］胡咏梅，杜育红. 中国西部农村小学教育生产函数的实证研究［J］. 教育研究，2009（7）：58-67.

［18］胡咏梅，范文凤，丁维莉. 影子教育是否扩大教育结果的不均等：基于 PISA2012 上海数据的经验研究［J］. 北京大学教育评论，2015（3）：29-45.

［19］黄超. 家长教养方式的阶层差异及其对子女非认知能力的影响［J］. 社会，2018（6）：216-240.

［20］尼克·温鲁普，简·范德瑞尔，鲍琳·梅尔. 教师知识和教学的知识基础［J］. 北京大学教育评论，2008（1）：21-38.

［21］金玉梅，靳玉乐. 论教学观的后现代转换［J］. 课程·教材·教法，2006（3）：23-26.

［22］靳莹，王爱玲. 新世纪教师能力体系探析［J］. 教育理论与实践，2000（4）：41-44.

［23］雷万鹏，黄旭中. 教师教育发展现状调查与政策启示：基于湖

北省的实证调查［J］. 华中师范大学学报（人文社会科学版），2017（6）：164-171.

［24］雷万鹏，钱佳，马红梅. 中部地区义务教育投入塌陷问题研究［J］. 教育与经济，2014（6）：3-9.

［25］雷万鹏. 家庭教育需求的差异化与学校布局调整政策转型［J］. 华中师范大学学报（人文社会科学版），2012（6）：147-152.

［26］李波. 父母参与对子女发展的影响：基于学业成绩和非认知能力的视角［J］. 教育与经济，2018（3）：54-64.

［27］李春玲. 教育不平等的年代变化趋势（1940—2010）：对城乡教育机会不平等的再考察［J］. 社会学研究，2014（2）：65-89.

［28］李广平. 从国际教师资格制度的发展趋势看我国教师资格证书制度的完善［J］. 外国教育研究，2004（3）：39-43.

［29］李丽，赵文龙，边卫军. 家庭背景对非认知能力影响的实证研究［J］. 教育发展研究，2017（1）：45-52.

［30］李晓曼，曾湘泉. 新人力资本理论：基于能力的人力资本理论研究动态［J］. 经济学动态，2012（11）：120-126.

［31］李志涛. PISA 测试推动下的德国教育政策改革：措施、经验、借鉴［J］. 外国中小学教育，2017（6）：1-8.

［32］李忠路，邱泽奇. 家庭背景如何影响儿童学业成就?：义务教育阶段家庭社会经济地位影响差异分析［J］. 社会学研究，2016（4）：121-144.

［33］李子江，张斌贤. 我国教师资格制度建设：问题与对策［J］. 教育研究，2008（10）：43-62.

［34］梁桂莲. 借鉴国外经验更新教师资格制度［J］. 中国教育学刊，2014（5）：103-104.

［35］林崇德，王耘，姚计海. 师生关系与小学生自我概念的关系研究［J］. 心理发展与教育，2001（4）：17-22.

［36］林毅夫，蔡昉，李周. 论中国经济改革的渐进式道路［J］. 经济研究，1993（3）：3-11.

［37］刘翠航，朱旭东. 教师资格“国考”研究热点、问题与建议［J］. 课程·教材·教法，2015（9）：97-102.

［38］刘丽红. 教师人格特质对其职业成就的影响［J］. 心理科学，2009（6）：1462-1464.

［39］刘晓婷，郭衎，曹一鸣. 教师数学教学知识对小学数学学业成绩的影响［J］. 教师教育研究，2016（4）：42-48.

［40］刘雄英. 职业性向：教师评价的重要维度［J］. 教育发展研究，2011（8）：59-62.

［41］刘义兵. 教师专业能力训练的体系构建与教学探索［J］. 教育研究，2013（8）：156-158.

［42］柳夕浪. 从“素质”到“核心素养”：关于“培养什么样的人”的进一步追问［J］. 教育科学研究，2014（3）：5-11.

［43］陆学艺. 21世纪中国的社会结构：关于中国的社会结构转型［J］. 社会学研究，1995（2）：3-11.

［44］罗小兰. 中学教师胜任力模型探究［J］. 教育理论与实践，2010（12）：50-53.

［45］马红梅，雷万鹏，钱佳. 教师工作环境的经济价值：基于地区经济地理特征的工资成本补偿［J］. 华东师范大学学报（教育科学版），2018（5）：129-137.

［46］毛亚庆，杜媛，易坤权，等. 基于学生社会情感能力培养的学校改进：教育部-联合国儿童基金会“社会情感学习”项目的探索与实践［J］. 中小学管理，2018（11）：31-33.

［47］金子元久，刘文君. 教育经济学的20年：从教育社会科学全面的视点［J］. 教育与经济，2005（1）：1-5.

［48］申继亮，辛涛. 论教师教学的监控能力［J］. 北京师范大学学报（社会科学版），1995（1）：67-75.

［49］申继亮. 中学生学习兴趣的评估［J］. 心理发展与教育，1988（4）：11-16.

［50］沈伟，王娟. 社会情感学习为国家人才培养带来了什么：基于

政策流动的视角［J］. 教育发展研究，2019（20）：9-17.

［51］孙德芳. 教师教育中“为考而教”的现象与对策［J］. 教育研究，2017（4）：112-116.

［52］孙季林，周飞舟. 土地财政与分税制：一个实证解释［J］. 中国社会科学，2010（4）：40-59.

［53］波克维茨，吴明海，梁芳. 国际学生评估项目（PISA）对学校课程影响：成绩排名、标准及学校课程炼金术［J］. 教育学报，2015（2）：73-86.

［54］王春超，钟锦鹏. 同群效应与非认知能力：基于儿童的随机实地试验研究［J］. 经济研究，2018（12）：177-192.

［55］王红姣，卢家楣. 中学生自我控制能力问卷的编制及其调查［J］. 心理科学，2004（6）：1477-1482.

［56］王坤庆，方红. 多重身份下的教师知识立场及其境界追求［J］. 教育研究，2012（8）：108-112.

［57］王强. 我国 K-12 教师胜任力深层结构实证研究［J］. 教育研究，2012（10）：136-140.

［58］王世存，王后雄. 国家教师资格考试：必要性、导向及问题思考：基于对浙江、湖北两个试点省份首次考试情况的统计分析［J］. 教师教育研究，2012（4）：32-37.

［59］王树涛，毛亚庆. 寄宿对留守儿童社会情感能力发展的影响：基于西部 11 省区的实证研究［J］. 教育学报，2015（5）：111-119.

［60］魏运华. 自尊的概念与结构［J］. 社会心理科学，1997（1）：35-39.

［61］魏运华. 学校因素对少年儿童自尊发展影响的研究［J］. 心理发展与教育，1998（2）：12-16.

［62］吴刚平. 教师实践性知识的行动逻辑与理解转向［J］. 全球教育展望，2017（7）：76-87.

［63］吴高岭，夏洪文，黄鹏. 中小学教师信息素养与教学效能研究：以浙江省乐清市为例［J］. 中国电化教育，2010（2）：101-103.

［64］吴秋芬. 教师专业性向与专业发展［J］. 教育研究，2008（5）：68-78.

［65］谢军. 3—9岁儿童自我控制能力的发展［J］. 心理发展与教育，1994，10（4）：30-32.

［66］邢春冰，贾淑艳，李实. 教育回报率的地区差异及其对劳动力流动的影响［J］. 经济研究，2013（11）：114-126.

［67］邢祖礼，陈杨林，邓朝春. 新中国70年城乡关系演变及其启示［J］. 改革，2019（6）：20-31.

［68］徐建平，张厚粲. 中小学教师胜任力模型：一项行为事件访谈研究［J］. 教育研究，2006（1）：57-61.

［69］薛海平，闵维芳. 中国西部教育生产函数研究［J］. 教育与经济，2008（2）：18-25.

［70］薛海平，王蓉. 教育生产函数与义务教育公平［J］. 教育研究，2010（1）：9-17.

［71］薛海平，王蓉. 我国义务教育公平研究：教育生产函数的视角［J］. 教育与经济，2009（3）：1-8.

［72］薛海平. 西部农村初中教师素质与教育质量关系的实证研究［J］. 教师教育研究，2008，20（4）：55-60.

［73］薛海平. 义务教育学校和家庭联合生产机制实证研究［J］. 教育与经济，2013（6）：16-29.

［74］燕国材. 非智力因素与教育改革［J］. 课程·教材·教法，2014（7）：5-9.

［75］杨传利，毛亚庆，张森. 东西部农村地区小学生社会情感能力差异研究：教师与家长教育行为的中介效应［J］. 西南大学学报（社会科学版），2017（4）：81-87.

［76］杨东平. 对我国教育公平问题的认识和思考［J］. 教育发展研究，2000（8）：5-8.

［77］杨洁. 能力本位：当代教师专业标准建设的基石［J］. 教育研究，2014（10）：79-85.

［78］杨丽珠，宋芳. 幼儿健全人格培养的意义与模式［J］. 学前教育研究，2009（9）：3-6.

［79］杨丽珠，宋辉. 幼儿自我控制能力发展的研究［J］. 心理与行为研究，2003（1）：53-58.

［80］叶澜. 实现转型：新世纪初中国学校变革的走向［J］. 探索与争鸣，2002（7）：10-14.

［81］袁丽，吴娱. 面向未来教育的教师专业性与教师教育：第十四届东亚教师教育国际研讨会综述［J］. 教师教育研究，2019（6）：123-128.

［82］袁丽，朱旭东，王军. 比较视野中的教师资格定期注册与考试类型分析［J］. 比较教育研究，2014（12）：51-56.

［83］张大均，胥兴春. 近20年来教育心理学研究对我国教育改革的推动作用［J］. 心理科学，2005（6）：140-142.

［84］张光陆. 学生核心素养视角下的教师知识：特征与发展［J］. 课程·教材·教法，2018（3）：62-67.

［85］张华. 论教师发展的本质与价值取向［J］. 教育发展研究，2014（22）：16-24.

［86］张炜. 改革开放40年教师职业吸引力嬗变循证研究：基于教师教育现代化视角［J］. 教师发展研究，2018（4）：27-36.

［87］张野. 小学生自我调节能力的测评维度研究［J］. 中国心理卫生杂志，2004（10）：705-707.

［88］赵春华. 学校氛围对学生学业成绩的影响：基于2012PISA测试结果的分析［J］. 外国中小学教育，2014（8）：11-20.

［89］周飞舟. 锦标赛体制［J］. 社会学研究，2009（3）：55-77.

［90］周金燕. 15周岁学生如何看待学校教育的适应性：来自中国上海PISA的证据及影响因素分析［J］. 清华大学教育研究，2016（2）：80-90.

［91］周金燕. 人力资本内涵的拓展：非认知能力的经济价值与投资［J］. 北京大学教育评论，2015（1）：78-95.

［92］周鹏，韩正彪. 非智力心理因素对情报分析过程的影响机理［J］. 图书情报工作，2011（16）：26-28.

［93］朱旭东，袁丽. 教师资格考试政策实施的制度设计［J］. 教育研究，2016（5）：105-109.

［94］朱旭东. 教师专业发展研究述评［J］. 中国教育学刊，2007（5）：68-73.

［95］朱永新. 切实提高地位待遇，提升教师职业吸引力［J］. 中国教育学刊，2018（4）：1-4.

［96］宗晓华，杨素红，秦玉友. 追求公平而有质量的教育：新时期城乡义务教育质量差距的影响与均衡策略［J］. 清华大学教育研究，2018（6）：47-57.

［97］ASPELIN J. Enhancing pre-service teacher's socio-emotional competence［J］. International journal of emotional education，2019，11（1）：153-168.

［98］BARRICK M R，MOUNT M K. The big five personality dimensions and job performance：a meta-analysis［J］. Personal psychology，1991，44（1）：1-26.

［99］BAUMEISTER R F，CAMPBELL J D，KRUEGER J I，et al. Does high self-esteem cause better performance，interpersonal success，happiness，or healthier lifestyles?［J］. Psychological science in the public interest，2003，4（1）：1-44.

［100］BECKER G S，NIGEL T. Child endowments and the quantity of children［J］. Journal of political economy，1976，85：143-162.

［101］BENABOU R. Tax and education policy in a heterogeneous agent economy［J］. Econometrica，2002，70（2）：481-517.

［102］BERESTOVA A，GAYFULLINA N，TIKHOMIROV S. Leadership and functional competence development in teachers：world experience［J］. International journal of instruction，2020，13（1）：607-622.

［103］BOE M V，HENRIKSEN E K，LYONS T，et al. Participation

in science and technology: young people's achievement-related choices in late modern societies [J]. Studies in science education, 2001, 47 (1): 37-72.

[104] BORGHANS L, WEEL B T, WEINBERG B A. Interpersonal styles and labor market outcomes [J]. Journal of human resources, 2008, 43 (4): 815-858.

[105] BOWLES S, GINTIS H, OSBORNE M. The determinants of earnings: a behavioral approach [J]. Journal of economic literature, 2001, 39 (4): 1137-1176.

[106] BOYD D, GOLDHABER D, LANKFORD H, et al. The effect of certification and preparation on teacher quality [J]. Future of childeren, 2007, 17 (1): 45-68.

[107] BOYD D, GROSSMAN P, LANKFORD H, et al. How changes in entry requirements alter the teacher workforce and affect student achievement [J]. Education finance and policy, 2006, 1 (2): 176-216.

[108] JACKSON C K. What do test scores miss? the importance of teacher effects onnon-test score outcomes [J]. Journal of political economy, 2018, 124 (5): 2072-2107.

[109] CARNEIRO P, HECKMAN J J. The evidence on credit constraints in post-secondary schooling [J]. The economic journal, 2002, 112 (482): 705-734.

[110] CARRELL S E, SACERDOTE B I, WEST J E. From nature variation to optimal policy? the importance of endogenous peer group formation [J]. Econometrica, 2013, 81 (3): 855-882.

[111] CHOI H S, BENSON N F, SHUDAK N J. Assessment of teacher candidate dispositions: evidence of reliability and validity [J]. Teacher education quarterly, 2016, 43 (3): 71-89.

[112] CLOTFELTER C T, LADD H F, VIGDOR J. Teacher-student matching and the assessment of teacher effectiveness [J]. Journal of human resources, 2006, 41 (4): 778-820.

[113] COLLINS K M T, ONWUEGBUZIE A J, SUTTON I L. A model incorporating the rationale and purpose for conducting mixed methods research in special education and beyond [J]. Learning disabilities: a contemporary journal, 2006 (4): 67-100.

[114] CORNELIUS-WHITE J. Learner centered teacher-student relationships are effective: a meta-analyses [J]. Review of educational research, 2007, 77 (1): 113-143.

[115] CUNHA F, HECKMAN J J, LOCHNER L, et al. Interpreting the evidence on life cycle skill formation [J]. Handbook of the economics of education, 2006 (1): 697-812.

[116] CUNHA F, HECKMAN J J, SCHENNACH S M. Estimating the technology for cognitive and noncognitive skill formation [J]. Econometrica, 2010, 78 (3): 883-931.

[117] DARLING-HAMMOND L, SKES G. A national teacher supply policy for education: the right way to meet "high qualified teacher" challenge [J]. Education policy analysis archives, 2003, 11 (33): 1-55.

[118] DARLING-HAMMOND L, YOUNGS. Defining "highly qualified teachers": what does "scientifically-based research" actually tell us? [J]. Educational research, 2002, 31 (9): 13-25.

[119] DEE T, WEST M. The non-cognitive returns to class size [J]. Education evaluation and policy analysis, 2011, 33 (1): 23-46.

[120] DEWEY J, HUSTED T A, KENNY L W. The ineffectiveness of school inputs: a product of mis specification [J]. Economics of education review, 2000, 19 (1): 27-45.

[121] DIEHL M, HAY E L. Risk and resilience factors in coping with daily stress in adulthood: the role of age, self-concept incoherence, and personal control [J]. Developmental psychology, 2006, 46 (5): 1132-1146.

[122] DOUMEN S, BUYSE E, COLPIN H, et al. Teacher-child conflict and aggressive behavior in first grade: the intervening role of children's

self-esteem [J]. Infant & child development, 2011, 20: 449-265.

[123] DRAGO F. Self-esteem and earnings [J]. Journal of economic psychology, 2011, 32 (3): 480-488.

[124] DUCKWORTH A L, TSUKAYAMA E, MAY H. Establishing causality using hierarchical linear modeling: an illustration predicting achievement from self-control [J]. Social psychological and personality science, 2010, 1 (4): 311-317.

[125] DURALARK J A. The impact of enhancing students' social and emotional learning: a meta-analysis of school-based universal interventions [J]. Child development, 2011, 82 (1): 405-432.

[126] EIDE E, GOLDHABER D, BREWER D. The teacher labor market and teacher quality [J]. Oxford review of economic policy, 2004, 20 (20): 230-244.

[127] ETUK N E, AFANGIDEH M E, UYA A O. Student's perception of teacher's characteristics and their attitude towards mathematics in oren education zone, nigeria [J]. International educational studies, 2013, 6 (2): 197-204.

[128] FERIMAN-NEMESER S. From preparation to practice: designing a continuum to strengthen and sustain teaching [J]. Teachers college record, 2001, 103 (6): 1031-1055.

[129] FINN J, PANNOZZO G, ACHILLES C. The "whys" of class size: student behavior in small classes [J]. Review of education research, 2003, 73 (3): 321-368.

[130] FORZANI F M. Understanding "core practices" and "practice-based" teacher education learning from the past [J]. Journal of teacher education, 2014, 65 (4): 357-368.

[131] FRANCIS O B. Principal's personal characteristic skills: a predictor of teacher's classroom management in Ekiti state secondary school [J]. International journal of educational leadership and management, 2019, 7

(1): 72-103.

[132] FULLAN M. The change leader [J]. Educational leadership, 2002, 59 (8): 16-20.

[133] GALANOU C, GALANAKIS M, ALEXOPOULOS E, et al. Rosenberg self-esteem scale greek validation on student sample [J]. Psychology, 2014, 5 (8): 819-827.

[134] GALUSTYAN O V, BEREZHNAYA I F, BELOSHITSKY A V. Professional and career development of teachers [J]. Journal of contemporary educational studies, 2017, 68 (4): 158-172.

[135] GARET M S, PORTER A C, DESIMONE L, et al. What makes professional development effective? results from a national sample of teachers [J]. American educational research journal, 2001, 38 (4): 915-945.

[136] GESTSDOTTIR S, LERNER R M. Positive development in adolescence: the development and role of intentional self-regulation [J]. Human development, 2008, 51: 202-224.

[137] GLAZERMAN S, MAYER D, DECKER P. Alternative routes to teaching: the impacts of teach for America on student achievement and other outcomes [J]. Journal of policy analysis and management, 2006, 25 (1): 75-96.

[138] GOLDHABER D, BREWER D. Does teacher certification matter? high school teacher certification status and student achievement [J]. Educational evaluation and policy analysis, 2000, 22 (2): 129-145.

[139] GOLDHABER D, ANTHONY E. Can teacher quality be effectively assessed? national board certification as a signal of effective teaching [J]. Review of economics and statistics, 2007, 89 (1): 134-150.

[140] GOLDHABER D. Everyone's doing it, but what does teacher testing tell us about teacher effectiveness? [J]. The journal of human resources, 2007, 42 (4): 765-794.

[141] GONZALEZ-DEHASS A R, WILLEMS P P, HOLBEIN M F D. Examine the relationship between parental involvement and student motivation [J]. Educational psychology review, 2005, 17 (2): 99-123.

[142] GOYETTE K, XIE Y. Educational expectations of Asian American youths: determinants and ethnic differences [J]. Sociology of education, 1996, 72: 22.

[143] GRAHAM B. Identifying social interactions through conditional variance restrictions [J]. Econometria, 2008, 76 (3): 643-660.

[144] GREENE J C, CARACELLI V J, GRAHAM W F. Toward a conceptual framework for mixed-method evaluation design [J]. Educational evaluation and policy analysis, 1989, 11 (3): 255-274.

[145] GREENWALD R, HEDGES L V, LAINE R D. Have times changed? the effect of school resources on student achievement [J]. Review of educational research, 1996, 66 (3): 361-396.

[146] HAKIM A. Contribution of competence teacher (pedagogical, personality, professional competence and social) on the performance of learning [J]. The international journal of engineering and science, 2015, 4 (2): 1-12.

[147] HANUSHEK E A. The economics of schooling: production and efficiency in public schools [J]. Journal of economic literature, 1986, 24 (9): 1141-1171.

[148] HANUSHEK E A, KAIN J F, RIVKIN S G. Teachers, school, and academic achievement [J]. Econometrica, 2005, 73 (2): 417-458.

[149] HANUSHEK E A. Conceptual and empirical issues in estimating educational production function issues [J]. Journal of human resources, 1979, 14 (3): 351-388.

[150] HARME B K, PIANTA R C. Early teacher-child relationships and the trajectory of children's school outcomes through eighth grade [J]. Child development, 2001, 72: 625-638.

[151] HATANO G, OURA Y. Commentary: reconceptualizing school learning using insight from expertise research [J]. Educational researcher, 2003, 32 (8): 26-29.

[152] HECKMAN J J, RUBINSTEIN Y. The importance of noncognitive skills: lessons from the GED testing program [J]. American economic review, 2001, 91 (2): 145-149.

[153] HECKMAN J J. Policies to foster human capital [J]. Research in economics, 2000, 54 (1): 3-56.

[154] HECKMAN J J, MATEROV D V. The productivity argument for investing in young children [J]. Revises of agricultural economics, 2007, 29 (3): 446-493.

[155] HECKMAN J J, CHASE O CORBIN. Capabilities and skills [J]. Journal of human development and capabilities, 2012, 17 (3): 342-359.

[156] HECKMAN J J, STIXRUD J, URZUA S. The effects of cognitive and noncognitive abilities on labor market outcomes and social behavior [J]. Journal of labor economics, 2006, 24: 411-482.

[157] HEINICKE G, SILKE A. The returns to cognitive abilities and personality traits in germany [J]. Laboure economics, 2010, 17 (3): 535-546.

[158] HELM C. Teacher dispositions affecting self-esteem and student performance [J]. Clearing house, 2007, 80 (3): 109-110.

[159] HIDI S. Interest: a unique motivational variable [J]. Educational research review, 2006, 1: 69-82.

[160] HIDI S, RENNINGER K. The four-phase model of interest development [J]. Educational psychologist, 2006, 41: 111-127.

[161] HILL H, ROWAN B, BALL D. Effects of teacher's mathematical knowledge for teaching on student achievement [J]. American educational research journal, 2005, 42 (2): 371-406.

[162] HSIN A, XIE Y. Life-course changes in the mediation of cognitive and non-cognitive skills for parental effects on children's academic achievement [J]. Social science research, 2017, 63: 150-165.

[163] HURTZ G M, DONOVAN J J. Personality and job performance: the big five revisited [J]. Journal of applied psychology, 2000, 85 (6): 869.

[164] INELMEN E. Integrating all learning activities around a city study curriculum [J]. Cypriot journal of educational sciences, 2011, 6 (1), 37-45.

[165] JACKSON C K. What do test scores miss? the importance of teacher effects on non-test score outcomes [J]. Journal of political economy, 2018, 126 (5): 2072-2107.

[166] JACOB B. The challenges of staffing urban schools with effective teachers [J]. Future of children, 2007, 17 (1): 129-153.

[167] JAMIL F M, DOWNER J T, PIANTA R C. Association of pre-service teachers' performance, personality, and beliefs with teacher self-efficacy at program completion [J]. Teacher education quarterly, 2012, 39: 119-138.

[168] JENNINGS J L, DIPRETE T A. Teacher effects on social and behavioral skills in early elementary school [J]. Sociology of education, 2010, 83 (2): 135-159.

[169] JOHNSON R B, ONWUEGBUZIE A J, TURNER L A. Toward a definition of mixed methods research [J]. Journal of mixed methods research, 2007, 2: 112-133.

[170] JOHNSON D W, JOHNSON R T. Social interdependence and perceived academic and personal support in the classroom [J]. The journal of social psychology, 1983, 120: 77-82.

[171] JOHNSON S, KARDOS S, KAUFMAN D, et al. The support gap: new teacher's early experiences in high-income and low-income schools

[J]. Education policy analysis archives, 2004, 6 (12): 12-61.

[172] JOHNSTON P, WILSON A, ALMERICO G M. Meeting psychometric requirements for disposition assessment: valid and reliable indicators of teacher dispositions [J]. Journal of instructional pedagogies, 2018, 21: 1-12.

[173] JUDGE T A, RODELL J B, KLINGER R L, et al. Hierarchical representations of the five-factor model of personality in predicting job performance: integrating three organizing frameworks with two theoretical perspectives [J]. Journal of applied psychology, 2013, 98: 875-925.

[174] KANE T J. What does certification tell us about teacher effectiveness evidence from New York city [J]. Harvard graduate school of education, 2008, 5: 25-26.

[175] KITSANTAS A, ZIMMERMAN B J. College students' homework and academic achievement: the mediating role of self-regulatory beliefs [J]. Metacognition and learning, 2009, 4 (2): 1556-1623.

[176] KIZKAPAN O, BEKTAS O, SAYLAN-KIMIZIGUL A. Examining self-regulation skills of elementary school students [J]. Cypriot journal of educational science, 2018, 13 (4): 613-624.

[177] KOCHANSKA G, COY K C, MURRAY K T. The development of self-regulation in the first four years of life [J]. Child development, 2001, 72 (4): 1091-1111.

[178] KOCHANSKI J. Competence based management [J]. Training & development, 1997, 51 (10): 40-44.

[179] KRAPP A, PRENZEL M. Research on interest in science: theories, methods, and findings [J]. International journal of science education, 2001, 33 (1): 27-50.

[180] KRUEGER A B. Experimental estimates of education production functions [J]. Quarterly journal of economics, 1999, 114 (2): 497-532.

[181]KIM L E, ILAN DAR-NIMROD, MACCANN C. Teacher person-

ality and teacher effectiveness in secondary school: personality predicts teacher support and student self-efficacy but not academic achievement [J]. Journal of educational psychology, 2018, 110 (3): 309-323.

[182] LANKFORD H, LOEB S, WYCKOFF J. Teacher sorting and the plight of urban schools: a descriptive analysis [J]. Educational evaluation and policy analysis, 2002, 24 (1): 38-62.

[183] LAZEAR E P. Educational production [J]. Quarterly journal of economics, 2001, 116: 777-803.

[184] LINDQVIST E, VESTMAN R. The labor market returns to cognitive and noncognitive ability: evidence from the Swedish enlistment [J]. American economic journal: applied economics, 2011, 3 (1): 101-128.

[185] LINN R L. Assessment and accountability [J]. Educational researcher, 2000, 29 (2): 4-16.

[186] MAHON E G, TAYLOR S N, BOYATZIS R E. Antecedents of organizational engagement: exploring vision, mood and perceived organizational support with emotional intelligence as a moderator [J]. Frontiers in psychology, 2014, 5: 1322.

[187] MATVIYEVSKAYA E G, TAVSTUKHA O G. Formation of information and communication competence of future teachers [J]. International journal of emerging technologies in learning, 2019, 14: 65-76.

[188] MEYER D K, TURNER J C. Re-conceptualizing emotion and motivation to learn in classroom contexts [J]. Educational psychology review, 2006, 18: 377-390.

[189] MINCER J. Investment in human capital and personal income distribution [J]. Journal of political economy, 1968, 88: 281-302.

[190] MOORE D W, ANDERSON A G M. Increasing on-task behavior in students in a regular classroom: effectiveness of a self-management procedure using a tactile promat [J]. Journal of behavioral education, 2013 (13): 302-311.

[191] MOSS P, TILLY C. Skills and race in hiring: quantitative findings from face to face interviews [J]. Eastern economic journal, 1995, 21 (3): 347-374.

[192] MPOFU N, NTHONTHO M. Connecting the dots: exploring dispositions in teacher education [J]. Gender and behaviour, 2017, 15: 290-303.

[193] MUELLER G E P. Estimating the effect of personality on male and female earnings [J]. Industrial & labor relations review, 2006, 60 (1): 3-22.

[194] NOTAR C E, RILEY G W, TAYLOR P W, et al. Dispositions: ability and assessment [J]. International journal of education, 2009, 1: 2-14.

[195] O'CONNELL M. Is the impact of SES on educational performance overestimated? evidence from the PISA survey [J]. Intelligence, 2019, 75: 41-47.

[196] O'MARA A, MARSH H W, CRAVEN R G, et al. Do self-concept interventions make a difference? a synergistic blend of construct validation and meta-analysis [J]. Educational psychologist, 2006, 41: 181-206.

[197] OLSON C, WYETT J L. Teacher need affective competencies [J]. Project innovation summer, 2000, 7: 30-33.

[198] ONES D S, DILCHERT S, VISWESVARAN C, et al. In support of personality assessment in organizational settings [J]. Personal psychology, 2007, 60: 999-1027.

[199] PIANTA R C, HAMRE B K. Conceptualization, measurement, and improvement of classroom processes: standardized observation can leverage capacity [J]. Educational research, 2009, 38 (38): 109-119.

[200] PONG S L, JOHNSTON J, CHEN V. Authoritarian parenting and Asian adolescent school performance: insights from the us and Taiwan [J]. International journal of behavioral development, 2010, 34 (1): 62-72.

[201] RIKE C, SHARP L K. Assessing preservice teachers' dispositions: a critical dimension of professional preparation [J]. Childhood education, 2008, 84: 150-153.

[202] RIVKIN S G, HANUSHEK E A, KAIN J F. Teachers, schools, and academic achievement [J]. Econometrica, 2005, 73 (2): 417-458.

[203] ROBERTS B W. Back to the future: personality and assessment and personality development [J]. Journal of research in personality, 2009, 43 (2): 137-145.

[204] ROBINS P K, HOMER J F, FRENCH M T. Beauty and the labor market: accounting for the additional effects of personality and grooming [J]. Labor, 2011, 25 (2): 228-251.

[205] ROCKOFF J E. The impact of individual teachers on student achievement: evidence from panel data [J]. American economic review, 2004, 94 (2): 247-252.

[206] ROMI D J, MAINHAR T, TARTWIJK. How pre-service teachers' personality traits, self-efficacy, and discipline strategies contribute to the teacher-student relationship [J]. British journal of educational psychology, 2014, 84: 294-310.

[207] ROTHSTEIN J. Teacher quality policy when supply matters [J]. American economic review, 2015, 105 (1): 100-130.

[208] SALGADO J F. A theoretical model of psychometric effects of faking on assessment procedures: empirical findings and implications for personality at work [J]. International journal of selection and assessment, 2016, 24: 209-228.

[209] SANGEETA K, TYAGI A. Role of student teacher relationship in educational adjustment and self-esteem of fifth, sixth and seventh grade students [J]. Indian journal of health and wellbeing, 2014, 5 (12): 1472-1476.

[210] SCHLEICHER A. Where immigrant students succeed: a compar-

ative review of performance and engagement [J]. PISA 2003 intercultural education, 2006, 17 (5): 507.

[211] SCHULTZ T W. Investment in human capital [J]. American economic review, 1961, 51 (1): 1-17.

[212] SCHULTZ T W. The value of the ability to deal with disequilibria [J]. Journal of economic literature, 1975: 827-846.

[213] SHIELDS C C, EDENS K M. Thin-slicing teacher dispositions through assessment practices [J]. Teacher education and practice, 2009, 22: 131-144.

[214] SHIVELEY J, MISCO T. But how do I know about their attitudes and beliefs? a four-step process for integrating and assessing disposition in teacher education [J]. The clearing house: a journal of educational strategies, issues and idieas, 2010, 83: 9-14.

[215] SHULMAN L S. Knowledge and teaching: foundations of the new reform [J]. Harvard educational review, 1987, 57 (1): 1-22.

[216] SHULMAN L S. Those who understand: knowledge growth in teaching [J]. Educational researcher, 1986, 15 (2): 4-14.

[217] SOMMER K L, BAUMEISTER R F. Self-evaluation, persistence, and performance following implicit rejection: the role of trait self-esteem [J]. Personality and social psychology bulletin, 2002, 28 (1): 926-938.

[218] SPENCE A M. Job market signaling [J]. Quarterly journal of economics, 1973, 87: 355-374.

[219] STEWART P, DAVIS S. Development dispositions of preservice teachers through membership in professional organizations [J]. Journal of authentic learning, 2005, 2: 37-46.

[220] TETT R P, JACKSON D N, ROTHSTEIN M. Personality measures as predictors of job performance: a meta-analytic review [J]. Personal psychology, 1991, 44 (4): 703-742.

[221] THOMAS K M, BUSH S B, BUCALOS A. Can it be fixed? the

challenge of remediating problem dispositions and lessons learned [J]. Ailacte journal, 2012, 9: 34-38.

[222] TORRECILLA S E M, OLMOS M S, MARTÍNEZ A F. Explanatory factors as predictors of academic achievement in PISA tests: an analysis of the moderating effect of gender [J]. International journal of educational research, 2019, 96: 111-119.

[223] WADDELL G R. Labor-market consequences of poor attitude and low self-esteem in youth [J]. Economic inquiry, 2006, 44 (1): 69-97.

[224] WALDRIP B, FISHER D. Identifying exemplary science teachers through their classroom interactions with students [J]. Learning environments research, 2003, 6 (2): 157-174.

[225] WALKER J M T. Authoritative classroom management: how control and nurturance work together [J]. Theory into practice, 2009, 48: 122-129.

[226] WASICSKO M M, WIRTZ P, RESOR C. Using dispositions in the teacher admission process [J]. SRATE journal, 2009, 18 (2): 19-26.

[227] WATTS D. Can campus-based pm-service teacher education survive? part Ⅱ: professional knowledge and professional studies [J]. Journal of teacher education, 1982, 33 (2): 37-41.

[228] WEEL B T. The noncognitive determinants of laboure market and behavioral outcomes: introduction to the symposium [J]. Journal of human resources, 2008, 4: 729-737.

[229] WEST M R, KRAFT M A, FINN A S. Promise and paradox: measuring non-cognitive traits of students and the impact of schooling [J]. Educational evaluation and policy analysis, 2016, 38 (1): 148-170.

[230] ZAHORIK J, MOLNAR A, SMITH P. SAGE advice: research on teaching in reduced-size classes [J]. Education policy studies laboratory, 2003, 1 (103): 14-15.

附　录

附录1：学生问卷

中小学生发展现状调查问卷（学生卷）

亲爱的同学：

你好！为了解你的学习和生活情况，我们设计了以下问卷。本问卷答案没有对错之分，请你根据真实情况回答，感谢你的配合与支持！

Q1. 你是男生还是女生？________。①男生　②女生

Q2. 你今年几岁？________岁。

Q3. 你的民族是________。①汉族　②少数民族

Q4. 你是否上过幼儿园？________。

①没有　②是的，上过一年或一年不到　③是的，上幼儿园超过一年

Q5. 你有________个亲生的兄弟姐妹（没有请填“0”），你排行第____。

Q6. 这学期你住在学校吗？________。①住在学校　②不住在学校

Q7. 有没有家人在学校附近租房，照顾你生活，陪你读书？________。

①有　②没有

Q8. 你现在的整体健康情况如何？________。

①很不好　②不太好　③一般　④比较好　⑤很好

Q9. 过去的一年中，你经常生病吗？（例如感冒、拉肚子）________。

①没有　②很少　③经常

Q10. 在过去的七天时间里，你是否有如下感觉？（请在下表每一行选择一个方框打“√”）

	没有	很少	有时	经常	总是
感觉很累					
做什么事情都没有精神					
不快乐					
觉得生活没有意思					
伤心					
紧张、焦虑					
感觉有不好的事情发生					
不想和别人说话，只想自己一个人待着					

Q11. 你爸爸的受教育程度是________。

①小学及以下　②初中　③高中　④中专　⑤大专　⑥本科及以上

Q12. 你妈妈的受教育程度是________。

①小学及以下　②初中　③高中　④中专　⑤大专　⑥本科及以上

Q13. 平常和你住在一起的家人有？（请在下表每一行选择一个方框打“√”）

	是	不是
①爸爸		
②妈妈		
③继父		
④继母		
⑤爷爷奶奶、外公外婆		
⑥兄弟（哥哥、弟弟）		
⑦姐妹（姐姐、妹妹）		
⑧其他（如叔叔、姑妈、姨妈等）		

Q14. 你父母外出工作的情况是________。

①爸妈从外地来本地工作　②爸妈一直在本地工作

③爸妈在外地工作（爸妈在外地工作的同学，请回答方框里的题目）

（1）今年你爸爸或妈妈在外地工作的情况是________。
①爸爸一人在外地工作　②妈妈一人在外地工作　③爸妈都在外地工作
（2）你爸爸每年回来________次，你妈妈每年回来________次。
（3）上个月，你爸爸妈妈与你联系（电话、语音、视频）的次数为________次。

Q15.（1）请用一个句子描述你爸爸的工作，例如，我的爸爸是一名卡车司机。
我的爸爸是____。
（2）请用一个句子描述你妈妈的工作，例如，我的妈妈是一位商店售货员。
我的妈妈是____。
Q16. 你平均每天的零花钱大约是________元/天。
Q17. 你每周用手机或电脑上网学习的时间约________小时，上网娱乐的时间约________小时。（没有请填“0”）
Q18. 你用手机或电脑上网主要做什么？________。（可多选）
①平时不上网　②上网聊天　③查找学习资料或观看视频课程
④看新闻或查找有用信息　⑤用网站展示个人作品　⑥使用电子邮箱　⑦玩游戏　⑧看视频（动漫、电影等）
Q19. 你的家里有多少下列物品？（请在下表每一行选择一个方框打“√”）

	没有	有 1 个	有 2 个	有 3 个以上
手机				
电视机				
电脑				
摩托车				
小汽车				

Q20. 你家里有下列物品吗？（请在下表每一行选择一个方框打“√”）

	有	没有
一张学习用的书桌		
一个你自己的房间		
一台你可以使用的电脑（包括平板电脑）		
教育软件（如视频课程等）		
电脑可以上网		
经典文学作品（如《西游记》）		
古诗词（如《唐诗三百首》）		
艺术品（如画作、雕塑等）		
教辅读物（如课外作业、参考书、练习册）		
字典、词典		

Q21. 你的爸爸妈妈会陪你做下面哪些事情？（请在下表每一行选择一个方框打“√”）

	从来没有	每年 1—2 次	每月 1—2 次	每周 1—2 次	几乎每天
问我在学校的表现					
陪我一起吃晚饭					
和我一起聊天					
检查我的家庭作业					
教我写家庭作业					
陪我一起看书					
陪我一起看电视					
陪我一起运动或玩耍					
跟我讨论正在读的书					
带我去书店看书或买书					

Q22. 你家中大约有________本课外书。(不含课本和教辅资料)

①0—10 本 ②11—25 本 ③26—100 本 ④101—200 本

⑤201—500 本 ⑥超过 500 本

Q23. 你跟爸爸的关系怎么样？______你跟妈妈的关系怎么样？______。

①很不好　②不太好　③一般　④比较好　⑤非常好

Q24. 你的爸爸和妈妈经常吵架吗？______。

①经常吵架　②偶尔吵架　③不吵架　④我不知道

Q25. 爸爸妈妈对你的成绩有什么要求？______。

①没有要求　②中等　③中等偏上　④前几名

Q26. 你的爸爸妈妈期望你将来做什么？______。

①领导干部　②企业老板　③科学家、工程师、大学老师　④医生、律师、中小学老师　⑤会计、护士、银行职员、管理员　⑥快递员、售货员、厨师、理发师　⑦司机、水电工、修理工、工厂工人　⑧农民　⑨保姆、环卫工人、保安　⑩自己开店　⑪不知道　⑫无所谓

Q27. 你每天放学之后花多少时间做以下事情？（请在下表每一行选择一个方框打"√"）

	没有	不到 1 小时	1—2 小时	3—5 小时	5 小时以上
1. 看电视					
2. 玩电脑或手机游戏					
3. 与朋友玩耍					
4. 做作业					
5. 看课外书					
6. 参加补习班					
7. 参加兴趣小组					

Q28. 以下说法中，请选出最符合你实际情况的选项。（请在相应的位置打"√"）

描述	从不	偶尔	经常	总是
1. 我可以自己决定每天穿什么衣服	1	2	3	4
2. 我可以像其他小朋友一样做自己喜欢的事情	1	2	3	4
3. 父母总是很关注我晚上干什么	1	2	3	4
4. 遇到不开心的事时，父母总会鼓励我、安慰我	1	2	3	4
5. 父母总是担心我生病	1	2	3	4

续表

6. 如果我在家里不听话，父母就会发火	1	2	3	4
7. 父母喜欢跟别人说我不好的地方，这使我感到很没面子	1	2	3	4
8. 父母总是教育我，希望我成为一个优秀的人	1	2	3	4
9. 父母经常对我说他们不喜欢我在家里的表现	1	2	3	4
10. 有时为了一点儿小事，父母也会严厉地惩罚我	1	2	3	4
11. 父母曾无缘无故地打过我	1	2	3	4
12. 父母对我该做什么、不该做什么都有严格的限制而且绝不让步	1	2	3	4
13. 当我取得成功时，我父母会为我向豪	1	2	3	4

Q29. 当爸爸妈妈和你意见不一致时，爸爸妈妈通常都是如何解决的？______。

①大多顺着你　②说服你接受他们的意见　③强迫你接受他们的意见

④谁有道理，就听谁的　⑤不了了之　⑥其他________（请注明）

Q30. 在学习或生活上遇到困难，你常常向谁寻求帮助？________。（可多选）

①老师　②同学　③父母　④好朋友

⑤邻居　⑥亲戚　⑦兄弟姐妹　⑧其他

Q31. 在班上，你是否担任班干部？________。①是　②否

Q32. 在班上你关系最好的朋友有几个？________个。

Q33. 你的学习成绩在班上处于什么位置？________。

①前几名　②中等偏上　③中等　④中等偏下　⑤后几名

Q34. 你希望自己将来做什么？________。

①领导干部　②公司老板　③科学家、工程师、大学老师　④医生、律师、中小学老师　⑤会计、护士、银行职员、管理员　⑥快递员、售货员、厨师、理发师　⑦司机、水电工、修理工、工厂工人　⑧农民　⑨保姆、环卫工人、保安　⑩自己开店　⑪不知道

Q35. 如果条件允许，你以后最希望在哪里上学？________。

①农村　②中小城市　③大城市　④不知道

Q36. 你将来希望到哪里生活和工作？________。

①农村　②中小城市　③大城市　④不知道

Q37. 你对自己的未来有信心吗？________。

①一点信心都没有　②没什么信心　③有一点信心　④很有信心

Q38. 以下说法中，请选出最符合你实际情况的选项。（请在相应的位置打“√”）

描述	非常同意	同意	不同意	非常不同意
1. 班主任老师经常表扬我	1	2	3	4
2. 我经常被老师批评	1	2	3	4
3. 我觉得班上大多数同学都很友好	1	2	3	4
4. 我在其他班级也有很多朋友	1	2	3	4
5. 我的班级是一个团结友爱的班级	1	2	3	4
6. 我喜欢学校里的老师和同学	1	2	3	4
7. 我经常参加学校或班级组织的活动	1	2	3	4
8. 我觉得待在学校里很没有意思	1	2	3	4
9. 我希望换一所学校上学	1	2	3	4
10. 我很喜欢待在学校里的感觉	1	2	3	4
11. 老师上课经常点我回答问题	1	2	3	4

Q39. 你觉得下面这些说法像你吗？1 代表“非常不像我”，2 代表“不像我”，3 代表“有点像我”，4 代表“很像我”。（请在相应的位置打“√”）

描述	非常不像我	不像我	有点像我	很像我
1. 我觉得自己是个有用的人，至少和其他人差不多	1	2	3	4
2. 我觉得自己有许多优点	1	2	3	4
3. 总的来说，我认为自己是一个失败者	1	2	3	4
4. 我能像其他同学一样把事情做好	1	2	3	4
5. 我觉得自己没什么值得自豪的地方	1	2	3	4
6. 我对自己持一种肯定态度	1	2	3	4
7. 总的来说，我对自己感到很满意	1	2	3	4
8. 我希望能为自己赢得更多尊重和赞扬	1	2	3	4

续表

9. 我时常感到自己很没用	1	2	3	4
10. 我时常认为自己一无是处	1	2	3	4

Q40. 你会有下面的感觉吗？1 代表“非常不像我”，2 代表“不像我”，3 代表“有点像我”，4 代表“很像我”。（请在相应的位置打“√”）

	非常不像我	不像我	有点像我	很像我
1. 学习时，我很有精神	1	2	3	4
2. 我觉得学习很有意思和价值	1	2	3	4
3. 学习的时候，时间总是过得很快	1	2	3	4
4. 学习或上课时，我充满活力	1	2	3	4
5. 我对学习很感兴趣	1	2	3	4
6. 学习时我很专心，周围发生的事情不会影响我	1	2	3	4
7. 学习可以让我学会很多新知识	1	2	3	4
8. 早晨一起床，我就充满学习的力量	1	2	3	4
9. 专心学习或看书时，让我感到快乐	1	2	3	4
10. 我对自己的学习感到满意	1	2	3	4
11. 作业没做完，小朋友来找我玩，我也不会去	1	2	3	4
12. 我能够安静地看书、学习	1	2	3	4
13. 学习时遇到不懂的，我总是想办法弄懂	1	2	3	4
14. 学习时，我会忘记吃饭、睡觉	1	2	3	4
15. 我看书、学习的时候，不会觉得累	1	2	3	4
16. 学习时，我能集中注意力，不分心	1	2	3	4
17. 学习上遇到困难，我也不灰心，会继续努力	1	2	3	4

Q41. 你觉得下面这些说法像你吗？1 代表“非常不像我”，2 代表“不像我”，3 代表“有点像我”，4 代表“很像我”。（请在相应的位置打“√”）

描述	非常不像我	不像我	有点像我	很像我
1. 我上课的时候会忍不住动来动去	1	2	3	4
2. 我上课时脑子里会想其他事情	1	2	3	4
3. 我上课时总是忍不住和旁边的同学小声说话	1	2	3	4
4. 没有爸爸妈妈的监督，我也会按时完成作业，按时睡觉	1	2	3	4
5. 不管作业做完了没有，有小朋友来找我，我都会跟他一起玩	1	2	3	4
6. 有我喜欢的动画片时，我会忍不住看完再做作业	1	2	3	4
7. 我喜欢的玩具或者衣服，就一定要得到	1	2	3	4
8. 我吃饭的时候只吃我喜欢的食物	1	2	3	4
9. 不是我的东西，即使我很喜欢，我也不会拿	1	2	3	4
10. 我上学从来不迟到	1	2	3	4
11. 我早上总是起不来，喜欢赖床	1	2	3	4
12. 我每天睡觉前都会把书包整理好	1	2	3	4
13. 我会把自己的房间和桌子收拾得整整齐齐	1	2	3	4
14. 答应借给小伙伴的故事书或者玩具，我一定会记得带给他	1	2	3	4
15. 当需要排队的时候，我能安静地等待	1	2	3	4
16. 我总是把一件事情做完之后，才去做另一件事	1	2	3	4
17. 我不高兴的时候，很容易对其他人发脾气	1	2	3	4
18. 当别人说我不对的时候，我会很生气	1	2	3	4
19. 如果摔倒或者生病了，我很容易哭出来	1	2	3	4
20. 和同学、朋友吵架后，我愿意先跟他说话	1	2	3	4
21. 我能原谅同学、朋友犯的错误	1	2	3	4

问卷到此结束，祝你学习进步，天天开心！

附录2：教师问卷

中小学发展现状调查问卷（教师卷）

尊敬的老师：

您好！为了解您的教育、教学状况，推动教师专业发展，我们设计了以下问卷。请您根据真实情况回答，请在横线上填空或在相应选项上打"√"。如未特别说明，题目一般为单项选择题。所有信息仅供学术研究之用。衷心感谢您的配合与支持。

1. 您的性别是：________。①男　②女
2. 您的民族是：________。①汉族　②少数民族（________族）
3. 您的年龄是________岁，您的教龄有________年。
4. 您的婚姻状况是：________。①未婚　②已婚　③其他
5. 您的家乡在________。①本乡镇　②本县其他乡镇　③本省其他地区　④外省
6. 您的孩子现在多大？________。
   ①没有孩子　②学龄前　③幼儿园　④读小学　⑤读初中　⑥读高中　⑦读大学　⑧已参加工作
7. 您现在的教师身份是________。
   ①公办教师　②支教、临聘（代课）教师　③特岗（省编）教师　④退休返聘　⑤其他________。
8. 您现在的职称是________。
   ①暂未评级　②三级（中教三级，小教二、三级）　③二级（中教二级，小教一级）
   ④一级（中教一级，小教高级）　⑤高级（中教高级）　⑥正高级
9. 您目前所获得的荣誉称号中，最高级别的荣誉是________。
   ①国家级　②省级　③地市级　④县级　⑤校级　⑥未获得
10. 您接受义务教育时主要是在：________。①城市学校　②县城学校

③乡镇学校　④乡村学校

11. 您高考或中考时在当地排名约为________。

①名列前茅　②中上　③中等　④中下　⑤靠后

12.（1）您的第一学历是________，毕业于□□□□年。

①中师或高中　②大学专科　③大学本科　④研究生

（2）您的最高学历是________。

①高中或以下　②大学专科　③大学本科　④研究生

13. 您获取第一学历的院校属于________。

①中职（中师）　②高职高专　③三本　④二本

⑤普通一本　⑥一类重点院校（“211 工程”“985 工程”院校）

14. 您是否有教师资格证？________。①有　②没有

15. 您是否担任班主任？________。①是　②否

16. 您兼职的行政职务有________。①没有任职　②教研组长　③中层干部　④副校长　⑤校长

17. 您是否毕业于师范专业？________。

①否

②是⟶

（1）您接受的培养类型是：______。①全科培养　②分科培养

（2）攻读师范专业之前的家庭经济状况是________。

①富裕　②小康　③一般　④贫困

（3）您选择就读师范专业的原因是________。（可多选）

①我喜欢和学生们在一起　②父母和家庭对我的影响

③师范院校学费相对较低　④教师工作稳定

⑤我的考试成绩不够上其他学校（或专业）　⑥我喜欢做教师　⑦教师受尊重，有一定的社会地位　⑧教育工作对社会发展非常重要　⑨其他________

18. 您是□□□□年开始在本校工作的？

19. 您之前的工作地点是在哪里？________。

①一直在本校工作　②在城市工作　③在县城工作　④在乡镇工作

⑤在村里工作

20. 您之前的工作学校类型是？________。

①普通学校　②县级示范学校　③市级示范校　④省级示范校

⑤其他

21. 您的实际年收入（扣除五险一金）约为________万元/年。

22. 您的住房情况是：________。

①学校周转房　②宅基地自建房　③自购商品房　④租房

23. 您家到现工作学校的距离约有________公里，一周需要在学校和家之间往返________次。

24. 您从家到学校主要的通勤方式是________，约需要花费________分钟。

①步行　②自行车　③电动车、摩托车　④公共汽车　⑤自驾

25. 本学期您共担任________个年级，________个班，________个科目的教学任务，每周总课时量约为________节。

26. （1）您现在主要任教的科目是________。（限选1项）上学期，您主要任教科目的班级平均分是________分。

①语文　②数学　③英语　④化学　⑤物理　⑥音乐　⑦美术　⑧历史　⑨生物　⑩信息技术　⑪体育　⑫政治/思想品德　⑬地理　⑭心理　⑮科学　⑯综合实践活动　⑰其他

（2）您是否有兼任科目？________。

1）是⟹

> 兼任科目是________。（可多选）
> ①语文　②数学　③英语　④化学　⑤物理　⑥音乐　⑦美术　⑧历史　⑨生物　⑩地理　⑪体育　⑫政治/思想品德　⑬信息技术　⑭心理　⑮科学　⑯综合实践　⑰其他

2）否

27. 除教材、教辅书外，您每周工作之余的阅读时间约为________小时。

28. 您平均每周的工作时间总时长约为________小时，各项工作的时间分配比例是________。

①教学工作（备课、上课、批改作业等）________%　②班级和学生管理工作（班会、家访等）________%　③教研活动________%　④学校行政性事务（应对上级考核、检查等）________%　⑤与学生、家长互动________%　⑥其他________%

29. 目前您有离开现在学校的想法吗？________。

1）没有

2）有⟹

> A. 如果打算离开现在的学校，您的去向是到______。
> ①更好的学校　②和现在学校差不多的学校　③比现在学校差的学校　④转行，离开教师行业
> B. 您打算离开现在学校的原因是________。（可多选）
> ①收入低　②工作量大　③工作条件差　④教师社会地位低　⑤学校风气不好　⑥不能实现自我价值　⑦家庭因素的影响

30. 您是不是轮岗交流教师？________。
①是　②不是（如您不是轮岗交流教师，请跳至第 37 题）
31. 您参加轮岗交流的周期是________年，当前是第________年。
32. 在您开始教这个班时，和本校同年级的其他班相比，您这个班的学习成绩处于什么水平？________。
①最差的　②中下等　③中等　④中上等　⑤最好的
33. 和本校同年级的其他班相比，目前您这个班的学习成绩处于什么水平？________。
①最差的　②中下等　③中等　④中上等　⑤最好的
34. 您因参与流动而新增的经济支出有哪些？

	是否产生新增费用		每年支出金额（元）
	是	否	
交通费			
伙食费			
住宿费（例如租房）			
通信费			
其他________（请说明）			
________（请说明）			

35. 您流动前后年收入（含工资、津贴、绩效等）变化情况是________。
①提高了，约________%　②基本不变　③降低了，约________%

36. 您目前因参与流动而直接获得的补贴约为________元/年。(无则填“0”)

37. 您对当地中小学教师流动政策的态度________。
①非常不满意 ②不太满意 ③一般 ④较满意 ⑤非常满意

38. 平常哪一类学生的家长经常主动联系您？________。
①孩子学校表现比较好的家长 ②孩子学校表现一般的家长
③孩子学校表现较差的家长

39. 家长平时和您沟通最多的内容是什么？________。(可多选)
①学习习惯 ②学习成绩 ③身心健康 ④人身安全 ⑤道德品质
⑥社会交往 ⑦行为习惯 ⑧兴趣特长或爱好

40. 家长平时和您联络最常用的方式是什么？________。(可多选)
①面对面交流 ②家长会、学校开放日等活动 ③电话交流 ④QQ、微信等网络交流 ⑤家长开放日活动 ⑥其他______（请注明）

41. 在以下各项描述中，请根据您的实际感受在代表相应等级的数字上打“√”。(1—5代表“完全不同意”到“完全同意”的程度)

描述	完全不同意——→完全同意				
1）我无忧无虑	1	2	3	4	5
2）与其一个人待着，我更喜欢周围人多	1	2	3	4	5
3）我不喜欢幻想	1	2	3	4	5
4）我尽量有礼貌地对待遇到的每个人	1	2	3	4	5
5）我将自己的物品保持得干净整齐	1	2	3	4	5
6）我常常觉得自己不如别人	1	2	3	4	5
7）我很容易发笑	1	2	3	4	5
8）我发现哲学问题没有兴趣，甚至觉得很无聊	1	2	3	4	5
9）我常常跟家人或同事起争执	1	2	3	4	5
10）我善于安排，以便如期完成事情	1	2	3	4	5
11）当我承受巨大压力下，有时我觉得自己快要崩溃	1	2	3	4	5
12）我并不认为我自己心情非常愉快	1	2	3	4	5
13）艺术及大自然中的各种图案经常让我感到着迷	1	2	3	4	5

续表

14）有些人认为我自私和以自我为中心	1	2	3	4	5
15）我不是个做事很有条理的人	1	2	3	4	5
16）我很少觉得孤单或忧郁	1	2	3	4	5
17）我真的很喜欢与人交谈	1	2	3	4	5
18）我认为让学生听到具有争议的言论会误导他们	1	2	3	4	5
19）如果选择和他人合作或者竞争，我宁愿和他人合作	1	2	3	4	5
20）我会认真地完成交给我的所有工作任务	1	2	3	4	5
21）我常常觉得紧张或神经过敏	1	2	3	4	5
22）我喜欢付诸行动的过程	1	2	3	4	5
23）诗歌对我没有或极少有影响力	1	2	3	4	5
24）我常会怀疑他人的意图	1	2	3	4	5
25）我有明确的奋斗目标，并以有条理的方式朝它迈进	1	2	3	4	5
26）有时我觉得自己毫无价值	1	2	3	4	5
27）我通常宁愿独立做事	1	2	3	4	5
28）我常常尝试新奇的、外国的食物	1	2	3	4	5
29）我认为好说话的人容易吃亏	1	2	3	4	5
30）我在安定下来做工作前浪费很多时间	1	2	3	4	5
31）我很少觉得害怕或紧张	1	2	3	4	5
32）我常常觉得自己似乎充满能量	1	2	3	4	5
33）我很少注意到不同环境所引起的感觉上的差异	1	2	3	4	5
34）我认识的大部分人都喜欢我	1	2	3	4	5
35）我为达到我的目标不懈努力	1	2	3	4	5
36）我常常因为他人对待我的态度和方式生气	1	2	3	4	5
37）我是个快活、精力充沛的人	1	2	3	4	5
38）某些音乐能够引发我无限的想象	1	2	3	4	5
39）有些人认为我很冷漠、精于算计	1	2	3	4	5
40）当我开始或者承诺做某件事时，我总会坚持做完	1	2	3	4	5

续表

41）当事情出错时，我常觉得沮丧，想要放弃	1	2	3	4	5
42）我不是个乐观主义者	1	2	3	4	5
43）当阅读诗歌或欣赏艺术作品时，我会震撼和激动	1	2	3	4	5
44）我很固执，不轻易改变自己的态度	1	2	3	4	5
45）有时候我不是那么值得信赖或依靠的	1	2	3	4	5
46）我很少悲伤或沮丧	1	2	3	4	5
47）我的生活节奏很快	1	2	3	4	5
48）我没什么兴趣思索宇宙或人类的本质	1	2	3	4	5
49）我一般情况下比较细心且为他人着想	1	2	3	4	5
50）我是个办事效率高并且总能完成工作的人	1	2	3	4	5
51）我常常觉得无助，并希望其它人来帮我解决问题	1	2	3	4	5
52）我是个很活跃的人	1	2	3	4	5
53）我有很强烈的求知欲	1	2	3	4	5
54）如果我不喜欢他人，我会让他们知道	1	2	3	4	5
55）我从不感到自己做事有头绪	1	2	3	4	5
56）我有时感到羞愧，以至于想要躲起来	1	2	3	4	5
57）与其领导他人，我宁可走自己的路	1	2	3	4	5
58）我常常喜欢用理论或抽象的概念	1	2	3	4	5
59）假如必要的话，为达成我的目的我会利用别人	1	2	3	4	5
60）对于所做的每件事我都努力做到完美	1	2	3	4	5

42. 在以下各项描述中，请根据您的实际感受在代表相应等级的表格内上打“√”。(1—5代表“完全不同意”到“完全同意”的程度)

描述	完全不同意——→完全同意				
1）在教育上，体罚是不可避免的	1	2	3	4	5
2）当学生犯错时，老师要善于使用沟通和辅导技巧	1	2	3	4	5
3）只要不造成身体上的伤害，适度的体罚是可以允许的	1	2	3	4	5
4）管理学生应从爱护学生的角度出发	1	2	3	4	5

续表

5）教师应尊重学生不同的意见	1	2	3	4	5
6）教师应培养学生的自我管理能力，培养其自主性	1	2	3	4	5
7）对学生友善，会让他们变得太随意	1	2	3	4	5
8）学生无法分辨民主和放任两种管理方式的差别	1	2	3	4	5
9）学生通常会故意捣乱，让老师难堪	1	2	3	4	5
10）班级制度应该由老师和学生共同讨论后制定	1	2	3	4	5
11）教师和学生要保持距离，以维持教师的威严	1	2	3	4	5
12）老师要常常提醒学生：在学校中学生的地位和老师不同	1	2	3	4	5
13）教学的主要目标是培养学生的自尊、成就感和学习主动性	1	2	3	4	5
14）教师备课的时候应主要关注教材和教学大纲	1	2	3	4	5
15）教师应完全按照课程进度开展教学活动	1	2	3	4	5
16）教师应具备课程设计和选择教材的自主能力	1	2	3	4	5
17）教学的内容、过程和评价应该由教师主导，学生不应参与	1	2	3	4	5
18）教材里的内容是专家确认的知识，教师教学时不必质疑	1	2	3	4	5
19）教学应与学生的生活经验相联系	1	2	3	4	5
20）课程设计应结合学生的兴趣、需要和认知能力	1	2	3	4	5
21）教师除书本知识和技能外，也应强调情感、态度和价值观	1	2	3	4	5
22）教学的主要任务是增进学生的内在学习动机	1	2	3	4	5
23）教师在学习上应引导学生思考，而不是死记硬背	1	2	3	4	5
24）教师应鼓励学生根据自己的特点，采用不同的方式学习	1	2	3	4	5
25）对所有的学生，可以用相同的教学方式，教授相同的内容	1	2	3	4	5

续表

26）教师不应简单地用考试成绩来评价一个学生	1	2	3	4	5
27）教师不应该用统一标准来评价所有学生	1	2	3	4	5
28）按考试成绩排名有利于教师了解学生	1	2	3	4	5
29）进行学习评价时，除了知识，还要包含情意和技能的评价	1	2	3	4	5
30）纸笔测验比观察学生更能了解学生的学习情况	1	2	3	4	5
31）教师的主要工作是传授知识和技能	1	2	3	4	5
32）只要能够提高学生的学习成绩就是好老师	1	2	3	4	5
33）学生都有依赖性，不会主动学习	1	2	3	4	5
34）学生应该服从教师的管教	1	2	3	4	5
35）教师讲述教学的效果往往比学生自己摸索的好	1	2	3	4	5
36）学生的主要任务就是把书念好，按时交作业	1	2	3	4	5
37）教师“怎么教”比学生“如何学”重要	1	2	3	4	5
38）学生通常没有能力运用逻辑推理来解决自己的问题	1	2	3	4	5

问卷到此结束，感谢您的支持！祝您身体健康，工作顺利！

附录3：学校问卷

中小学发展现状调查问卷（学校卷）

尊敬的校长：

您好！为了解学校发展的基本状况，我们设计了以下问卷。请您根据真实情况回答，请在横线上填空或在相应选项上打“√”。如未特别说明，题目一般为单项选择题。所有信息仅供学术研究之用。衷心感谢您的配合与支持。

1. 您的性别：________。①男　②女
2. 您今年________岁，您的教龄有________年。
3. 您已在本校工作________年。
4. 您之前的工作地点在哪里________。
   ①一直在本校工作　②在城市工作　③在县城工作　④在乡镇工作　⑤在村里工作
5. 您的第一学历是________，最高学历是（包括目前在读的）________。
   ①高中（中师）②大学专科　③大学本科　④研究生
6. 您现在的职称是________。
   ①暂未评级　②三级（中教三级，小教二、三级）　③二级（中教二级，小教一级）　④一级（中教一级，小教高级）　⑤高级（中教高级）　⑥正高级
7. 贵校的基本情况是________。
   （1）①教学点　②完全小学　③初中　④九年一贯制学校　⑤完全中学
   （2）①乡村学校　②乡镇学校　③城区学校
   （3）①寄宿制学校　②非寄宿制学校
8. 为提升本校教育教学质量，贵校参与实施过哪些政策________。（可

多选)

①联校走教　②联校网教　③集团化办学　④第三方托管　⑤学校联盟　⑥校点帮扶　⑦其他________（请说明）

9. 贵校到当地县（区）政府部门的距离约为________公里。

10. 学校所在社区的居民、村民委员会对学校发展的支持力度如何？________。

①没有支持　②支持较少　③一般　④比较支持　⑤非常支持

11. 你认为贵校所在地区尊师重教的氛围如何？________。

①非常淡薄　②比较淡薄　③一般　④比较浓厚　⑤非常浓厚

12. 贵校当前的生存与发展现状是________。

①生存堪忧　②生存无忧、发展乏力　③发展势头良好　④步入优质学校行列　⑤优质发展（有特色、口碑好）

13. 从办学质量看，贵校目前在本县（区）属于________。

①较差　②中下　③中等　④中上　⑤最好

14. 贵校近几年的生源变化情况是________。

①持续减少　②相对稳定　③略有回升

15. 贵校留守儿童比例约为______%，贫困家庭儿童比例约为______%，特殊儿童比例约为______%。

16. 贵校目前配备的信息化设备有哪些？________。(可多选)

①教师办公电脑　②交互式一体机　③电子白板　④投影机　⑤大屏幕触摸屏电视　⑥多媒体讲台　⑦校园宽带　⑧校园广播系统　⑨校园安全监控系统

17. 当前信息化设备的使用是否存在问题？________。

1）是

2）否⟶

存在的主要问题有哪些？________。

①设备故障率高　②网络信号不稳定　③日常维护成本高　④检修不及时　⑤操作程序复杂　⑥软件资源匮乏　⑦使用频率低　⑧其他________

18. 贵校目前开设专递课堂或同步课堂的科目有哪些？________。(可多选)

①语文　②数学　③英语　④科学　⑤艺术（音乐、美术）　⑥其他

19. 您觉得引入信息化教学资源对贵校开齐开好国家课程的帮助程度是？________。
①效果非常好　②有一定效果　③不好说　④几乎没效果　⑤完全没效果

20. 您对贵校信息化教学的效果评价是？________。
①非常好　②比较好　③一般　④比较差　⑤非常差

21. 贵校目前配备的功能室有________。（可多选）
①实验室　②微机室　③语音室　④体育活动室　⑤图书室　⑥音乐室　⑦美术室　⑧多功能室

22. 贵校于□□□□年正式实施教师轮岗交流，贵校共派出教师______名，接收教师________名。

23. 您觉得教师轮岗交流政策对贵校师生发展的帮助程度是________。
①效果非常好　②有一定效果　③不好说　④几乎没效果　⑤完全没效果

24. 贵校参与轮岗交流的教师是通过什么方式选拔的？________。
①由学校领导决定　②学校末位淘汰　③教师轮流排队　④教职工大会投票选择　⑤教师自愿参与　⑥抓阄选派　⑦县级教育部门指定　⑧其他

25. 2017—2018 学年度，全校的经费总支出是________元，其中人员性经费支出________元，公用经费支出________元。

26. 2017—2018 学年度，学校基本概况：

数　量	学前班	一年级	二年级	三年级	四年级	五年级	六年级
班级数							
学生数							
寄宿生人数							
复式班级	总数________个，复式班 1 包括：________年级和________年级 复式班 2 包括：________年级和________年级 复式班 3 包括：________年级和________年级						

27. 2017—2018 学年度，学校师资情况：

	在岗教职工数			教师变动情况（近 5 年）			
	公办教师	临聘教师	工勤人员	新补充教师	退休教师	离职教师	休假教师
教师人数							
	教师学历结构				教师年龄结构		
	高中(中师)	大学专科	大学本科	研究生	35 岁以下	36—50 岁	50 岁以上
教师人数							

28. 学校办学条件：

教学及辅助用房（平方米）	办公用房面积（平方米）	教工宿舍面积（平方米）	学生宿舍面积（平方米）	食堂面积（平方米）	图书数量（册数）

29. 在以下各项描述中，请根据您的实际感受在代表相应等级的数字上打“√”。(1—7 代表“完全不符合”到“完全符合”的程度)

描述	完全不符合——→完全符合						
1）我对学校工作有详细的规划和明确的进度、时限	1	2	3	4	5	6	7
2）我能敏锐地感觉教职工的需要，并给予高度关怀	1	2	3	4	5	6	7
3）我会嘉奖有突出工作表现的教职工	1	2	3	4	5	6	7
4）我能引领教师专业发展，并强调教育工作的专业性	1	2	3	4	5	6	7
5）我能够通过各种仪式或象征性的事物，让教职工形成价值共识	1	2	3	4	5	6	7
6）我很注重工作的细节	1	2	3	4	5	6	7
7）我能尊重、关心和支持广大教职员工	1	2	3	4	5	6	7
8）我总是热忱待人	1	2	3	4	5	6	7
9）我鼓励教师不断研修，增强教师的专业能力	1	2	3	4	5	6	7
10）我能就学校现有的条件，积极开拓学校的发展机会	1	2	3	4	5	6	7
11）我能制定并实施合理明确的政策、规章	1	2	3	4	5	6	7
12）我经常帮助教职工，并尽力满足他们的需要	1	2	3	4	5	6	7
13）在校内不同利益的问题上，我触觉敏锐、处事灵活	1	2	3	4	5	6	7

续表

14）我经常教师讨论教育教学的新理念和新方法	1	2	3	4	5	6	7
15）我能激发教职工的使命感和责任感	1	2	3	4	5	6	7
16）我做事情之前总是经过深思熟虑	1	2	3	4	5	6	7
17）我能通过坦诚合作与他人建立互信	1	2	3	4	5	6	7
18）我获得了校内不同利益人士的支持	1	2	3	4	5	6	7
19）我会收集各种前沿的咨询来改进学校的教育教学	1	2	3	4	5	6	7
20）我认为自己有较强的创新意识	1	2	3	4	5	6	7
21）我能制订明确的目标并让教职工清楚各自的责任	1	2	3	4	5	6	7
22）我能预见并妥善处理校内的各种矛盾和冲突	1	2	3	4	5	6	7
23）我乐于听取和接受教职工的意见	1	2	3	4	5	6	7
24）我善于争取校外的各种资源来促进学校发展	1	2	3	4	5	6	7
25）我能为教师争取并提供所需要的各种教学资源	1	2	3	4	5	6	7
26）我可以激发教师的工作积极性，鼓舞他们的士气	1	2	3	4	5	6	7
27）我重视学校组织机构建设并发挥指挥、命令的功能	1	2	3	4	5	6	7
28）我有掌握了与人沟通、交流的技巧	1	2	3	4	5	6	7
29）我有明确的教育理念和信念	1	2	3	4	5	6	7
30）我能以事实依据和理性判断来处理问题	1	2	3	4	5	6	7
31）我能迅速而巧妙地处理各种冲突，缓和紧张关系	1	2	3	4	5	6	7

问卷到此结束！感谢您的支持！